GOLDMANN

Buch

Glücklich und harmonisch leben Ivan und Polly Farrell mit ihren beiden Kindern in einer idyllischen Kleinstadt im amerikanischen Bundesstaat Massachusetts. Da beginnt ihre elfjährige Tochter eines Tages zu kränkeln. Und was Ivan und Polly anfangs für eine harmlose Grippe hielten, entpuppt sich plötzlich als eine heimtückische Krankheit.

Von einem Tag auf den anderen hat sich das Leben der Farrells völlig verändert. Amandas Eltern und ihr Bruder Charlie müssen sich nicht nur mit der hoffnungslosen Gewißheit abfinden, daß Amanda sterben wird; sie haben sich auch mit den Vorurteilen von Schulkameraden und mit ängstlichen Eltern auseinanderzusetzen, die eine Ansteckung ihrer Kinder befürchten. Und Amanda selbst muß lernen, die Angst vor dem Tod zu bewältigen und mit ihrem Schicksal zu leben.

Unter diesem fast unerträglichen Druck wird die Familie von einer schweren Krise erschüttert, drohen Ängste, Schuldgefühle und Aggressionen allen Zusammenhalt und inneren Frieden zu zerstören. Am Ende jedoch sind es gerade die schmerzvollen Erfahrungen und Konflikte, die die Farrells stärker als je zuvor zusammenwachsen und zu einer neuen, positiven Sicht des Lebens finden lassen. So endet das Buch trotz aller Tragik nicht im Zorn und in der Auflehnung gegen ein ungerechtes, grausames Schicksal, sondern in der Versöhnlichkeit eines inneren Reichtums, dem Krankheit und Tod nichts anzuhaben vermögen.

»Alice Hoffman schreibt mit einer solchen Natürlichkeit über menschliche Leidenschaften, daß man ihre Gestalten nicht mehr vergessen kann.« *(The New York Times)*

»Einer der besten Romane, die ich je gelesen habe. Und ein wichtiges Buch über ein tragisches Schicksal, wie es letztlich jede Familie treffen kann.« *(Jill Kremetz)*

Autorin

Alice Hoffman wurde 1952 in New York geboren. Sie ist Autorin von acht Romanen und zahlreichen Erzählungen und lebt mit ihrem Mann und zwei Söhnen in der Nähe von Boston.

Von Alice Hoffman ist als Goldmann-Taschenbuch außerdem erschienen:

Die Nacht der tausend Lichter. Roman (9378) · Das erste Kind. Roman (9784) · Der siebte Himmel. Roman (41029) · Herzensbrecher. Roman (42181) · Das halbe und das ganze Leben. Roman (41349)

ALICE HOFFMAN

WO BLEIBEN VÖGEL IM REGEN

ROMAN

Aus dem Amerikanischen
von Elke vom Scheidt

GOLDMANN VERLAG

Deutsche Erstveröffentlichung
Die Originalausgabe erschien unter dem Titel »At Risk«
bei G. P. Putnam's Sons, New York

Umwelthinweis:
Alle bedruckten Materialien dieses Taschenbuches
sind chlorfrei und umweltschonend.
Das Papier enthält Recycling-Anteile.

Der Goldmann Verlag
ist ein Unternehmen der Verlagsgruppe Bertelsmann

Umschlaggestaltung: Design Team München
Umschlagillustration: Edward Hopper, Wichita Art Museum, Kansas
Satz: IBV Satz- und Datentechnik GmbH, Berlin
Druck: Elsnerdruck, Berlin
Verlagsnummer: 9379
AR · Herstellung: Sebastian Strohmaier/sc
Made in Germany
ISBN 3-442-09379-1

7 9 10 8 6

I

Eine Wespe ist in der Küche. Angezogen vom Duft der Aprikosenmarmelade, träge von der Wärme des Morgens, surrt sie über den Kindern. In der ganzen Stadt liegt gelbes Licht auf den grünen Rasenflächen und den Rhododendronbüschen. Bei Einbruch der Dunkelheit wird ein Gewitter kommen mit Regentropfen, die erstaunlich kalt sein werden, aber natürlich werden die Vögel in den Hintergärten und draußen im Sumpfland inzwischen davongeflogen sein. Wohin fliegen Vögel im Regen? Wie schaffen sie es, so völlig zu verschwinden? Die Spatzen im Kastanienbaum sind schon unruhig. Sie lassen sich nicht täuschen von dem reinen gelben Licht und auch nicht vom letzten Aufflackern der Augusthitze.

»Schau mal den Bauch von der Wespe an«, sagte Charlie. »Er ist voller Eier.«

Amanda, mit elf drei Jahre älter als ihr Bruder, legt sich ein Geschirrtuch über den Kopf. »Schaff sie hier raus!« sagt sie. »Schlag sie sofort tot, wirklich.«

»Kommt nicht in Frage«, sagt Charlie. Er sammelt verschiedene Tiergattungen und liebt alles, was ein bißchen unappetitlich ist: Frösche, Insekten in Flaschen, Fledermausflügel, Tausendfüßler. »Ich lass' mir nichts befehlen von jemandem, der noch Zahnspangen trägt«, läßt Charlie seine Schwester wissen.

»Mami!« schreit Amanda.

Die Wespe flieht erschrocken an die Zimmerdecke.

»Na, toll«, ächzt Charlie. Er klettert auf seinen Stuhl und hält das Marmeladenglas in die Luft, um die Wespe aus ihrem Versteck zu locken.

»Du bist wirklich widerlich«, sagt Amanda zu ihrem Bruder. »Mami!« ruft sie.

»Dummes Huhn«, sagt Charlie zu seiner Schwester.

»Trottel«, antwortet Amanda.

Ihre Mutter, Polly Farrell, die draußen im Garten ist, hört die Kinder streiten. Es war nicht leicht, aber sie hat sich angewöhnt, sich aus ihren Auseinandersetzungen herauszuhalten; sonst würde sie den größten Teil ihrer Zeit damit zubringen, Streitereien zu schlichten. Auch um ihren Garten kümmert sie sich gewöhnlich nur nebenbei. Dieses Jahr allerdings fanden die Wühlmäuse das kleine, ungepflegte Stückchen Erde offenbar unwiderstehlich. In der Gartenabteilung des Supermarktes an der Ecke riet ihr Jack Larson, Dynamitstangen unter ihren Gemüsen zu vergraben, der Schwefelgeruch werde die Wühlmäuse vertreiben. Aber der Gedanke, daß ihre Gemüse auf Sprengstoff wachsen, war Polly zu unbehaglich. Statt dessen steckte sie rund um jede Pflanze Streichhölzer mit blauen Köpfen in die Erde. Natürlich verschwanden trotzdem ganze Broccoli-Pflanzen und sämtliche Karotten und Salatköpfe im Untergrund. Das einzige, was die Wühlmäuse nicht anrührten, waren die Zucchini, und die wucherten wie wild. Polly hat sie unter jedes Gericht gemischt, aber inzwischen können ihre Kinder sie herausschmecken, ganz egal, wie sehr sie sich bemüht, sie zu verstecken. Gestern hat sie sie fritiert und versucht, sie als Zwiebelringe auszugeben, aber Charlie kratzte sofort die knusprige Teighülle ab und entlarvte die Zucchini. Amanda hat neulich ein Gelübde abgelegt, nichts zu essen, was grün ist.

Polly pflückt zwei große Zucchini und versteckt sie unter ihrem weißen Baumwollhemd. Heute abend will sie sie fein raspeln und heimlich unter den Hackbraten mischen. Sie muß wirklich etwas unternehmen. Schon wachsen dünne grüne Triebe am Drahtzaun rings um den Garten hoch, und selbst ihr Mann Ivan, der so ziemlich alles ißt – fett, angebrannt oder fade –, fängt an, sich zu beschweren und im Tiefkühlschrank nach grünen Bohnen oder italienischen Mischgemüsen zu stöbern. Bevor sie die Tür mit dem Fliegengitter öffnet, wischt Polly sich die Hände an ihren ausgeblichenen Jeans ab; im Haus schlüpft sie sofort in die Vorratskammer und versteckt die Zucchini, die sie gepflückt hat, hinter einer Reihe von Haferflockenpaketen.

»Mami, das ist kein Spaß mehr«, ruft Amanda. »Ehrlich!«

Polly streicht ihr Hemd glatt und geht in die Küche. Sie zieht Amanda das Geschirrtuch vom Kopf, so daß das blonde Haar ihrer Tochter in hellen, strähnigen Büscheln hochsteht. Rasch befühlt sie Amandas Stirn. Seit Juni schlägt sich das Mädchen mit einer Sommererkältung herum, und obwohl sie behauptet, keine Halsschmerzen mehr zu haben, fühlt sich ihre Stirn noch immer heiß an.

»Ich möchte, daß du Tylenol einnimmst«, sagt Polly. »Jetzt sofort.«

»Charlie hat eine Wespe hier drin«, sagt Amanda.

Polly blickt zur Decke. »Charlie!« sagt sie. Sie zieht Charlie von seinem Stuhl herunter.

»Ich hab' sie nicht ins Haus gebracht«, behauptet Charlie. »Sie ist ganz allein reingekommen. Und überhaupt«, belehrt er seine Schwester, »hat sie dasselbe Recht wie du, hier zu wohnen.«

Polly, die allergisch gegen Bienenstiche ist, nähert sich der Tür für den Fall, daß die Wespe auf sie herunterschießen sollte.

»Ivan«, ruft sie. »Eine Wespe!«

»Eine was?« ruft Ivan zurück.

Amanda und Charlie sehen sich an und verbeißen sich das Lachen; ihre Mutter beschwert sich dauernd, daß ihr Vater nur hört, was er hören will.

»Sehr lustig«, sagt Polly zu den Kindern. »Eine Wespe«, ruft sie laut.

»Ein Weibchen«, brüllt Charlie. »Sie hat ungefähr eine Milliarde Eier im Bauch.« Dann sieht Charlie seine Mutter entschuldigend an. »Das macht ihm sicher Beine«, erklärt er.

Ivan kommt in die Küche und scheucht alle hinaus. Er ist groß und hat die typische Haltung hochgewachsener Männer; wenn er läuft, gleicht er einem Storch. Für Polly sieht Ivan noch genauso jung aus wie damals, als sie sich kennenlernten, obwohl er vorigen März achtunddreißig geworden ist. Ganz gleich, wie böse sie auf ihn ist – und sie ist oft böse, vor allem, weil Ivan vergeßlicher und merkwürdig achtlos ihr gegenüber geworden ist –, Polly liebt sein Aussehen noch immer, gerade weil sie weiß, daß Ivan nie einen Gedanken daran verschwendet. Am glücklichsten ist er, wenn er ausgefranste Sweater und ungewaschene, lockere Baumwollhosen trägt; wenn Polly ihn nicht daran erinnerte, würde er sich nie die Haare schneiden lassen.

»Euer Held schleicht sich jetzt an die Wespe an«, sagt Ivan.

»O ja!« rufen die Kinder begeistert aus dem Flur.

»Direkt über dir!« sagt Polly.

Die Kinder spähen in die Küche und kichern, als ihr Vater ein Sieb von der Arbeitsfläche nimmt und es sich über den Kopf stülpt.

»Schutzmaßnahme«, ruft Ivan durch die Löcher im Sieb.

Ivan öffnet die Fenster und die Hintertür, rollt eine Zeitung zusammen und steigt dann auf einen Stuhl. Er wedelt mit der Zeitung nach der Wespe, aber Polly merkt, daß er nicht wirklich auf das verdammte Ding zielt. Er will es nicht verletzen.

»Ivan«, sagt Polly kalt. In diesem Augenblick ist er alles andere als ihr Held. »Bring sie doch einfach um.«

Ivan nimmt das Sieb vom Kopf, damit er sie ansehen kann. Er muß sich bücken, um nicht an die Decke zu stoßen.

»Möchtest du's versuchen?« schlägt er vor.

»Mach's, wie du meinst«, sagt Polly und läßt die Kinder allein zuschauen, wie Ivan die Wespe behutsam aus einem offenen Fenster treibt, während sie auf die Suche nach ihren Autoschlüsseln geht.

Es ist gut, daß der August fast vorbei ist. Sie waren den ganzen Sommer zusammen und haben schon längst den Punkt überschritten, an dem sie sich gegenseitig auf die Nerven gehen. Im Haus herrscht unzufriedene Stimmung; die Tage sind zu heiß und zu lang, und sie haben zuviel Zeit für Streitereien. Ivan, der Astronom ist, teilt seine Arbeitsstunden gewöhnlich zwischen seiner eigenen Forschungsarbeit und der Lehrtätigkeit in einem Graduiertenseminar des Instituts, das er mitbegründet hat. Diesen Sommer hatte er keine Vorlesungen und arbeitete an einem Vortrag, den er in ein paar Wochen bei einer Konferenz in Florida halten soll. Der Vortrag gefällt ihm nicht, er hat ihn immer wieder umgeschrieben. Ihm mißfällt auch die Tatsache, daß er als einer der letzten Redner an die Reihe kommen soll, und zwar zu so später Stunde, daß die meisten anderen Astronomen schon abgereist sein werden. Auch Polly ist mit ihrer Arbeit nicht glücklicher. Sie ist ihr irgendwie peinlich; vor Leuten wie ihren Eltern hat sie sie geheimgehalten, weil sie weiß, daß die sie mißbilligen würden. Sie ist an etwas beteiligt, was die Kinder als Geister-Projekt bezeichnen: Sie fotografiert die Séancen eines lokalen Mediums und arbeitet dabei mit Betsy Stafford zusammen, einer Autorin, deren Bücher sie schon zweimal mit Fotos illustriert hat. Am unzufriedensten von allen aber ist Charlie. Er hat die letzten zwei Monate damit zugebracht, seine Unarten durch Dauerfernsehen zu vervollkommnen und eine Sammlung von Tierarten anzulegen, die den ganzen Keller füllt, darunter auch einige Feldmäuse, die Polly nachts quieken hören kann. Charlie beklagt sich, seine Eltern bevorzugten Amanda und behandelten ihn wie ein Baby; der einzige Mensch, dessen Gesellschaft er ertragen kann, ist sein bester Freund Sevrin, der Sohn von Betsy Stafford. Aber immer, wenn die Jungen zusammen sind, und sie sind Tag und Nacht zusammen, tun sie etwas Unverantwortliches – verfolgen ein Stinktier durch die Wälder oder radeln durch den dichtesten Verkehr zum Einkaufszentrum –, was beweist, daß Ivan und Polly ihm zu Recht Privilegien verweigern.

Amanda ist die einzige, die in diesem Sommer ein wirkliches Ziel hat. Sie ist eine begeisterte Turnerin und von der gehemmten Anfängerin, die sie letztes Jahr war, zu einer der besten Schülerinnen des Kursus in Kunstturnen geworden, den die Schule diesen Sommer veranstaltet hat. Amanda kann nicht über einen Parkplatz gehen, ohne auf den gelben Absperrgittern zu balancieren; die Schaukel, die von der Weide im Garten hing, ist durch eine hölzerne Turnstange ersetzt worden. Polly staunt immer wieder, daß dieses Mädchen, das sich mit geradezu fliegender Anmut auf einen Barren werfen kann, ihre Tochter ist. Irgendwie, während Polly gerade nicht hinsah, ist Amanda ein eigenständiger Mensch geworden. Wenn sie ihre Tochter bei Wettbewerben beobachtet, spürt Polly das, was Laurel Smith, das Medium, das sie fotografiert, als »kalte Hand« bezeichnet: eine durchdringende körperliche Reaktion auf etwas Außergewöhnliches. Bei solchen Anlässen ist Amanda nicht das Kind, das Polly nachts mit einer zusätzlichen Decke zudeckt, das seine Turntrikots auf dem Fußboden liegenläßt und mit Engelszungen überredet werden muß, zum Kieferorthopäden zu gehen. Sie ist ein Geschöpf, das Polly nicht benennen kann und das nicht aus Fleisch und Blut besteht, sondern aus leuchtenden Lichtpunkten.

»Statt die blöde Wespe umzubringen, hättest du lieber zugelassen, daß sie Daddy sticht«, sagt Amanda zu Charlie, nachdem die Wespe aus dem Fenster dirigiert, die Autoschlüssel gefunden und sämtliche Rucksäcke und Sporttaschen eingesammelt worden sind.

Besorgt schaut Amanda zu Ivan hinüber. Es ist ein Blick, den Polly in letzter Zeit ziemlich häufig beobachtet hat. Auf einmal interessiert Amanda sich dafür, wie Ivan sich fühlt und was er denkt. Wenn er spricht, hört Amanda zu. Wenn Polly etwas sagt, setzt Amanda ihren Walkman auf. Und Polly weiß, das ist nur der Anfang. Wenn Amanda erst einmal vierzehn ist, wird Polly Glück haben, wenn ihre Tochter überhaupt noch mit ihr spricht, von Zuhören ganz zu schweigen. Polly entsinnt sich nur zu gut, wie sie sich damals vor Claire, ihrer eigenen Mutter, verschlossen hat. In der Erinnerung kommt es ihr vor, als hätte sie zwei Mütter gehabt: die warmherzige Person, die sie gern berührte und in ihrer Nähe hatte, und die schwache, enttäuschende Frau, als die sie ihre Mutter erkannte, kaum daß sie dreizehn geworden war. Natürlich waren damals die Umstände anders. Claire hatte Polly wirklich enttäuscht. Aber Polly hat ihr jugendliches Urteil über ihre Mutter nie revidiert, und das macht ihr heute Sorgen. Amanda war ein problemloses Kind von der Art, der man nie sagen muß, sie solle einem die Hand geben, wenn man die Straße überquert. Früher oder später wird sie ihre Mutter hassen müssen, und Polly kann nur hoffen, daß der Bruch zwischen ihnen bloß vorübergehend sein wird und keinen bleibenden Schaden anrichtet.

Während Ivan die Kinder durch die Vordertür hinausläßt, drückt Polly mit dem Absatz ihres Schuhs die zerbrochene Eingangsstufe fest. Das Haus ist weiß und hat schwarze Läden; die Decke im Hausflur ist von einem zarten Blau, als sei ein Stück des Mittagshimmels in dem Holz gefangen. Mit seinen ovalen Fenstern im Treppenhaus und seinen breiten, unebenen Dielen ist es die Art von Haus, die Polly sich als Kind immer erträumt hat. Doch Charlie und Amanda nehmen es als selbstverständlich hin und behandeln es schlecht. Sie schlagen die Türen und beklagen sich über Zugluft; ihre Vorstellung von einem tollen Haus ist etwas Modernes, Glattes mit Oberlichtern und riesigen Räumen und Kabelfernsehen.

»Du machst mich wirklich krank«, sagt Amanda zu ihrem Bruder.

»Vielen Dank«, sagt Charlie mit einer förmlichen Verbeugung.

Ursprünglich waren Polly und Ivan der Kinder wegen von Boston nach Cape Ann gezogen. Doch wie sich herausstellte, sind sie diejenigen, die jetzt am meisten daran hängen. Es war nicht nur das Haus, in das sie sich verliebt hatten, sondern auch die Stadt. Morrow hat eine düstere Geschichte, die die Kinder nicht interessiert, eine Geschichte, die hübsch kaschiert ist durch die großen, weißen Häuser der Seekapitäne, den von Läden umgebenen Stadtplatz und die Tagesausflügler aus Boston, die den ganzen Sommer über an die breiten Strände kommen. Ob in dem Brunnen in der Mitte des Platzes zwei Hexen ertränkt wurden oder nicht, ist ungewiß, aber viele Städte in Massachusetts könnten Anspruch auf ein solches Erbe erheben. Was Morrow beinahe zu einer Geisterstadt machte, war die Tuberkulose-Epidemie in den zwanziger Jahren. In einzelnen Zimmern starben ganze Familien, reihenweise waren Kinder zu beklagen. Ehefrauen schlossen sich in Dachstuben ein, um ihre Männer nicht anzustecken. Noch Jahre später war niemand an den Häusern der Seekapitäne oder an den Sommerhäusern interessiert, obwohl der Grund, aus dem man sie aufgegeben hatte, schon lange vergessen war. In den sechziger Jahren begannen Neuankömmlinge aus Boston, die nichts von der Epidemie wußten, die Häuser billig aufzukaufen, und einige der vegetarischen Restaurants und Handwerksläden, die sie eröffneten, bestehen noch, obwohl ihre Preise heute sehr viel höher sind. Der Schulinspektor begann, Absolventen aus Harvard anzuheuern, die wohl in anderen Zeiten Betriebswirtschaft oder Jura studiert hätten, die sich aber 1965 von einer kleinen Stadt angezogen fühlten, wo ihre Hunde frei herumlaufen konnten und man den Sommer damit verbrachte, nach Muscheln zu graben und sich Sonnenbrände zu holen. Als Polly und Ivan ein Haus gesucht hatten, gehörte der Schuldistrikt von Morrow zu den zehn besten in ihrem Bundesstaat. Das allein war Grund genug für einen Umzug.

Natürlich erzählen ihnen die Kinder immer wieder, daß sie die Stadt verlassen wollen, sobald sie achtzehn sind. Amanda möchte in Manhattan leben. Charlie schwankt zwischen Alaska und Kalifornien.

»Gut. Geht. Ich zahle euch die Flugkarten«, sagt Ivan zu ihnen, wenn sie bei Meinungsverschiedenheiten damit auftrumpfen, wieviel Entfernung sie zwischen sich und ihre Eltern zu legen gedenken, sobald sie frei sind, das zu tun, was sie wollen. Doch wenn die Kinder im Bett liegen und Polly und Ivan draußen auf der Veranda sitzen und zusehen, wie Glühwürmchen zwischen den Büschen schweben, ertappen sie sich bei dem Wunsch, die Zeit anzuhalten und Amanda und Charlie für alle Zeit Kinder bleiben zu lassen.

Unmöglich, und doch hoffen sie.

»Keine Laurel Smith heute?« neckt Ivan Polly, während sie die Kinder in das Auto, einen Blazer, scheucht.

»Mach dich nicht lustig über Laurel«, sagt Polly zu Ivan. Sie stützt sich auf die offene Tür des Blazers und erinnert sich erst jetzt daran, daß sie den Wagen heute nachmittag wegen neuer Stoßdämpfer in die Werkstatt bringen muß.

»Ich wußte es!« sagt Ivan. »Du fällst auf ihren Quatsch herein. Du bist so leicht zu beeinflussen.«

»Bin ich nicht«, sagt Polly.

In diesem Sommer hat sich Polly ihr langes, dunkles Haar zu einer kurzen Stufenfrisur schneiden lassen, weil sie meinte, ihrem sechsunddreißigsten Geburtstag das schuldig zu sein. Aber statt ihrem Alter entsprechend sieht sie mit der neuen Frisur so jung aus wie ein Schulmädchen.

»Wie wär's, wenn wir die Kinder mit einem Taxi losschickten und zurück ins Bett gingen?« flüstert Ivan.

Polly grinst ihn an, ohne seinen Vorschlag ernst zu nehmen.

»Für Laurel Smith hast du Zeit«, beschwert sich Ivan.

»Das ist mein Job«, sagt Polly ärgerlich.

»Mami«, ruft Amanda vom Rücksitz, »ich möchte nicht als letzte ankommen.«

»Sie möchte nicht als letzte ankommen«, sagt Polly zu Ivan, dankbar für die Unterbrechung des Gesprächs; sie weiß, es würde mit dem Vorwurf enden, sie arbeite zuviel, obwohl das auch auf Ivan selbst zutrifft.

»Ein Schicksal, schlimmer als der Tod«, sagt Ivan. Er küßt Polly, und Polly erwidert seinen Kuß. Bevor Ivan sich zurückzieht, beißt sie ihn leicht in die Lippe.

»Das ist für die gemeine Bemerkung über meinen Job«, sagt Polly, während sie in den Wagen steigt.

»Ich war nicht gemein«, behauptet Ivan. Er beugt sich durchs Fenster und küßt Amanda, geht um den Blazer herum zu dem alten Karmann-Ghia, von dem er sich nicht trennen kann, und tritt dann an das Fenster, wo Charlie sitzt. »Ich mach' mir bloß nicht viel aus Medien wie Laurel Smith«, sagt er grinsend, und beide Kinder lachen auf.

»Das war gut, Dad«, sagt Charlie.

»Und jetzt laßt mich«, sagt Ivan. »Ich gehe irgendwohin, wo man mich zu schätzen weiß.«

»Ach, ja?« erwidert Polly, die weiß, wie gering Ivan sich vor kurzem geschätzt fühlte. »Wo ist denn das?«

»Mutter, mußt du immer streiten?« fragt Amanda vom Rücksitz.

Ivan und Polly sehen einander an. Er ist amüsiert, sie nicht.

»Glotz nicht«, sagt Polly zu Ivan. »Dich werden sie sich als nächsten vorknöpfen.«

Ivan grinst und steigt in seinen Wagen. Er winkt, während er rückwärts aus der Einfahrt fährt. Als er fort ist, greift Polly nach ihrer Sonnenbrille und macht sich auf den Weg zur Cheshire-Schule. Charlie sitzt mürrisch neben ihr; wie immer begleitet er sie äußerst unwillig. Für ihn ist jeder außer seinem besten Freund Sevrin Luft. Während Polly in der Einfahrt zurücksetzt, blickt sie im Rückspiegel kurz auf Amandas nachdenkliches, undurchschaubares Gesicht. Vor einem Wettkampf ist Amanda immer weit weg; ihre Nervosität nimmt die Form unirdischer

Ruhe an, so daß Polly alles zweimal sagen muß, bis Amanda sie hört.

Heute findet eine Séance statt, die Polly versäumt, aber die Sache ist es wert. Sie hat seit Juni Séancen fotografiert – Laurel Smith bezeichnet sie als Lesungen –, und bisher ist noch kein einziger Geist auf den Bildern erschienen. Polly hat längere Belichtungszeiten und empfindlichere Filme ausprobiert und ist von Farbe zu Schwarzweiß übergegangen. Einige der Fotos sind allerdings bemerkenswert. Auf manchen ist Laurel Smith, die einige Jahre jünger ist als Polly, völlig unkenntlich. Es gibt ein Foto, auf dem sie wie eine alte, dunkelhäutige Frau aussieht, und ein anderes, auf dem sie wie ein Kind wirkt und ihr schweres, farbloses Haar herunterhängt, als sei es tropfnaß. Das Bild, das Polly sich unwillkürlich immer wieder ansieht, wurde bei einer Lesung aufgenommen, als Laurel Kontakt mit dem Mann einer Klientin hatte, der bei einem Autounfall umgekommen war. Auf diesem Bild hat Laurel Smith zweifelsfrei eine Narbe auf der Stirn.

»Entweder ist sie eine fabelhafte Schauspielerin«, hatte Polly zu ihrer Partnerin Betsy Stafford gesagt, »oder hier geht wirklich etwas vor.«

Betsy, die wesentlich zynischer ist als Polly, hatte gelächelt und gemeint: »Wart's ab und lies mein Buch, wenn du die Antwort wissen willst.« Auch nachdem sie einige der Fotos gesehen hatte, wollte Betsy nicht zugeben, daß Laurel etwas anderes sein konnte als ein Scharlatan. »Nehmen wir Laurel doch als das, was sie ist«, hatte sie beharrt, »eine Spinnerin.«

Polly wird Betsy ewig dankbar sein. Sie ist nämlich diejenige, die Polly aus ihrer Unschlüssigkeit gerissen hat, als sie nicht wußte, ob sie Berufsfotografin werden sollte oder nicht, etwas, das man ihr nicht hoch genug anrechnen kann. Ihre erste Zusammenarbeit – ein Bastelbuch für Vorschulkinder – kam zustande, nachdem die beiden Frauen sich durch ihre Söhne kennengelernt hatten, die denselben Kindergarten besuchten. Charlie und Sevrin sind seither beste Freunde, aber die Beziehung zwischen ihren Müttern bleibt bewußt auf den Beruf beschränkt, obwohl Polly durch Charlie alle möglichen eigenartigen und intimen Einzelheiten über Betsys Leben erfährt, von denen sie sonst nichts wüßte, etwa, daß sie gezuckerte Frühstücksflocken erlaubt, über die Polly die Stirn runzelt, oder daß Betsys Mann Frank, ein Staatsanwalt, der in Boston arbeitet, häufig erst nach neun Uhr abends heimkommt, oder daß Betsy und er sich, wenn sie streiten, nicht die Mühe machen, die Schlafzimmertür zu schließen. Wenn sie streiten, schreien sie sich an. Das hat Charlie ihr erzählt.

Polly räumt ein, daß sie die passive Partnerin ist. Betsy ist diejenige, die die Exposés schreibt und dann losgeht und Buchverträge besorgt. Danach heuert sie Polly an. Vielleicht ist es also gar keine echte Partnerschaft. Besonders weil ihr letztes Buch, eine eingehende Studie, wie Menschen den Tod bewältigen, eine Wahl war, die Polly selbst nie getroffen hätte. Fast hätte sie das Projekt abgelehnt, aber das Honorar war zu verlockend, genug, um jahrelang Turnkurse, Kieferorthopäden und Hamsterkäfige zu bezahlen. Nachdem sie ihren ersten sterbenden Patienten fotografiert hatte, hatte Polly sich am Straßenrand eine halbe Stunde lang übergeben müssen. Es wurde nie leichter, ob die Fototermine nun in einem Krankenhaus, einem Altersheim oder bei dem Betreffenden zu Hause stattfanden. Nur zwei von den Leuten, die sie fotografiert hat, sind noch nicht gestorben, eine ältere Frau mit Krebs und ein junger Mann in Boston, der an der Schädelbasis einen inoperablen Tumor hat. Beide schreiben Polly gelegentlich, und sie antwortet immer, aber sie schaut nie in das fertige Buch, obwohl diese Arbeit sie für alle Zeiten davon befreit hat, Geburtstagsparties und Hochzeiten fotografieren zu müssen.

Der Band über Laurel Smith sollte sie beide aufheitern. Er sollte ein leichteres Buch und eine milde Entlarvung werden. Aber es ist anders gekommen. Laurel sieht eher wie eine Bibliothekarin als wie ein Medium aus, und außerhalb der Séancen benimmt sie sich vollkommen vernünftig. Sie hat langes blondes Haar wie Amanda und tiefliegende graue Augen. Mit Make-up hält sie sich nicht auf, und Polly hat sie nie anderen Schmuck tragen sehen als zwei Ringe: eine kleine, in Gold gefaßte Perle und einen schmalen Silberreif. Obwohl ihre Klienten anscheinend jeden Preis zahlen würden, um mit den ersehnten Geistern in Verbindung zu treten, erhöht Laurel ihr Honorar nie. Ganz gleich, wie reich der Klient ist, sie verlangt immer zweihundert Dollar für eine Lesung. Betsy, die sich ohne Laurels Wissen nach deren Verhältnissen erkundigt hat und auf ein kleines Treuhandvermögen gestoßen ist, das ihre Eltern ihr hinterließen, hält sie nicht für großzügig. Doch Polly ist nicht so schnell bereit, ein Urteil über Laurel zu fällen. In Laurels Landhaus hat Polly sich manchmal dabei ertappt, daß sie an ein Leben nach dem Tod glaubte. Sie selbst sagt sich, daß das der Einfluß von Laurels Kunden ist, die so verzweifelt davon überzeugt sind, jemanden, den sie geliebt und verloren haben, noch erreichen zu können. Vielleicht ist es aber auch der Ort selbst, die Bewegung der Gräser und Schilfkolben im Sumpfland und die Art, wie das Licht einfällt und sich in der Perle fängt, die Laurel am Finger trägt.

Als Polly auf den Parkplatz der Schule fährt, steigt die Hitze schon in schlangenförmigen Wellen vom Asphalt auf. Die gläsernen Fenster der Turnhalle sehen rauchig und dunkel aus, als sei sie leer, doch das täuscht. Die Fenster sind behandelt, um die Sonne fernzuhalten; auf der anderen Seite der Scheiben füllt sich die Halle bereits mit Eltern. Polly weiß, sie kann nicht verhindern, daß Amanda ein Teenager wird, aber sie ist dankbar, daß die High School und die Junior High School, die im selben Gebäude untergebracht sind, auf der anderen Seite der Stadt liegen, so daß Amanda noch ein weiteres Jahr davor bewahrt bleibt, mit Schülern der High School zusammenzukommen.

Amanda steigt aus dem Wagen. Sie trägt ihre rosafarbene Sporttasche aus Nylon wie ein Profi, wirft sie sich über die Schulter, als bemerke sie ihr Gewicht nicht. Einige Haarsträhnen sind aus dem elastischen Band gerutscht, das ihren Pferdeschwanz hält. Dies ist der letzte Wettkampf des Sommers, und Amanda freut sich auf ihre drei besten Übungen: Bodenturnen, Stufenbarren und Pferdsprung. In ihrer Tasche hält sie die Kassette für das Bodenturnen bereit, Duran Durans *Hungry Like the Wolf*. Amanda schwitzt zu stark; die Hitze setzt ihr zu. Vielleicht ist sie auch nervöser, als sie dachte. Als sie heute morgen aufwachte, waren ihre Laken schweißnaß. Sie möchte diesen Wettkampf gewinnen. Sie erwähnt die Olympiade nicht mehr, weil Leute wie ihre Eltern einen herablassenden Ausdruck bekommen, wenn sie es tut. Sie weiß, daß Hunderte von Mädchen davon träumen, nach Texas zu gehen und Bela Karolyi als Trainer zu haben, doch Amanda spart tatsächlich ihr Geld. Alles, was sie will, ist, bei ihm vorzuturnen. Wenn er ihr sagt, sie sei nicht gut genug, wird sie das akzeptieren müssen.

Natürlich kann sie sich nicht vorstellen, daß er das sagen wird.

»Zeig es ihnen«, sagt Polly zu ihr, als sie die Tür der Schule erreichen. Sie drückt Amanda fest an sich. Als Amanda zum Umkleideraum läuft, machen Polly und Charlie sich auf den Weg in die Turnhalle. Charlie liest weiter, während er durch die Zuschauerreihen geht; es macht Polly verrückt, daß er nicht sieht, wohin er tritt, aber sie beißt sich auf die Zunge. Sie hat gelernt, mit Belehrungen sparsam umzugehen und sie sorgfältig zu dosieren in der Hoffnung, sie könnten tatsächlich beachtet werden.

Als sie einen Platz in den Reihen gefunden haben, nimmt Charlie seinen Rucksack ab, setzt sich hin, zieht den Reißverschluß des Rucksacks auf und holt ein weiteres Saurierbuch heraus. Er ist ein Fan des *Tyrannosaurus rex*. Er weiß, wie lang der Zahn eines Tyrannosaurus war, und kann genau angeben, wo Paläontologen dessen Überreste gefunden haben. Charlie ist ganz ähnlich wie sein Vater, als er im gleichen Alter war. Ivan sagt immer, den zukünftigen Wissenschaftler erkenne man mit Sicherheit daran, daß er überallhin Bücher mitnimmt, um nicht von Leuten gelangweilt zu werden.

»Man hört ja seltsame Sachen über dich, Polly.«

Das ist Evelyn Crowleys Mutter, Fran. Die Crowleys wohnen auf der anderen Straßenseite, gegenüber den Farrells, und Evelyn ist eine der besten Turnerinnen der Cheshire-Schule, vor allem am Stufenbarren, an dem sie ihren schmalen Körper vehement herumschleudert. Fran setzt sich neben Polly. »Befaßt du dich jetzt mit Okkultismus?«

Draußen herrscht eine Temperatur von etwa dreiunddreißig Grad, doch hier in der Turnhalle ist es mindestens fünf Grad heißer, und der Wettbewerb hat noch nicht einmal begonnen. Polly hofft, daß Fran die Röte auf ihrem Gesicht der Hitze und nicht der Verlegenheit zuschreiben wird.

»Wenn du meinst, daß ich Laurel Smith fotografiere, dann hast du recht«, sagt Polly kühler als beabsichtigt. »Wenn du das als okkult bezeichnest...«, fügt sie mit einem Lachen hinzu.

»Ich wünschte, ich hätte einst so viel Engagement aufgebracht wie diese Mädchen«, sagt Fran, als die Türen des Umkleideraums aufgestoßen werden.

»Vielleicht sind sie bloß blöde«, sagt Charlie, ohne von seinem Buch aufzusehen.

Polly und Fran sind schon jahrelang Freundinnen – was vermutlich der Grund ist, warum Amanda und Evelyn einander nicht ausstehen können. Polly nimmt es nicht übel, daß Charlie Fran beleidigt hat, es stört sie nicht einmal, daß Charlie an ausgestorbenen Reptilien eindeutig mehr interessiert ist als am Erfolg seiner Schwester. Die Mädchen treten nun in einer Reihe aus dem Umkleideraum, und Polly kann ihre Nervosität nicht unterdrücken. Fünfzehn Turnerinnen gehören zu Amandas Mannschaft, weitere fünfzehn kommen aus einer Schule in Gloucester. In ihren Trikots wirken die Mädchen linkisch und verlegen, als die Zuschauer sie bejubeln. Amanda ist leicht auszumachen, weil sie die Blondeste und mit einem Meter fünfundfünfzig eine der Größten ist. Einige der Mädchen lächeln, wenn sie Verwandte im Publikum entdecken, doch Amanda, die sich immer ihrer Zahnspangen bewußt ist, hält den Mund fest geschlossen. Polly weiß, daß Amanda hofft, nicht mehr zu wachsen; je kleiner eine Turnerin ist, desto besser stehen ihre Chancen, bei diesem Sport zu bleiben. Amanda ist die zweite in der Reihe, die über das Pferd springen muß, und sie tut es mit Leichtigkeit, wirklichem Schwung und Anmut. Polly klatscht so heftig, daß ihre Hände schmerzen.

»Mach sie doch nicht verlegen, Mami«, sagt Charlie zu ihr.

Auf dem Schwebebalken ist Amanda weniger sicher, aber gewiß ist sie besser als die meisten anderen. Ein armes Mädchen stürzt direkt zu Beginn ihrer Übung, und sie stürzt unglücklich und verstaucht sich einen Fußknöchel so heftig, daß sie nicht weitermachen kann. Selbst Charlie blickt auf, als sie tränenüberströmt aus der Turnhalle hinkt. Polly ist dankbar, daß die Tochter von jemand anderem gestürzt ist und nicht ihre eigene, und dann ist sie über diese Gefühle verstört. Sie merkt, daß sie die Hände zu Fäusten geballt hat. Ein Sonnenstrahl malt ein helles Viereck auf das Parkett der Turnhalle. Polly lockert ihre Fäuste, als Amanda ihre Übung am Stufenbarren beendet hat. Sie bekommt die bisher höchste Wertung, doch danach setzt Amanda sich neben einen Stapel Matten, und der Trainer hockt sich an ihre Seite. Polly sorgt sich, daß etwas nicht in Ordnung ist, aber da steht Amanda auf und geht hinüber zu ihrer Mannschaft, wo sie auf ihre letzte und beste Übung wartet: Bodenturnen.

»Unsere Mädchen sind fabelhaft«, sagt Fran zu Polly. Und Polly stimmt ihr zu. Wenn sie Kampfrichter wäre, fiele es ihr schwer, zwischen den beiden zu wählen. Vielleicht ist das der Grund, warum Fran und sie bei Wettkämpfen nebeneinander sitzen können. In sämtlichen Zuschauerreihen beobachten andere Mütter und ein paar Väter nur ihre eigenen Töchter.

Charlie hat die Knie angezogen, um eine Ablage für sein aufgeschlagenes Buch zu haben. Sein kurzgeschnittenes Haar ist schweißfeucht. Polly glaubt, die Darstellung eines Hadrosaurus zu erkennen. Sie kennt inzwischen die meisten Dinosaurier, weiß, welche kühne Fleischfresser waren und welche sich nur von Sumpfpflanzen ernährten. Sie würde gern den Arm um Charlie legen, aber da sie weiß, daß er das entsetzlich fände, berührt sie nur mit der Hand sein Knie. Charlie schaut zu ihr auf und meint irrtümlich, sie sollten gehen. Dann hören sie beide die ersten Takte von *Hungry Like the Wolf*. Charlie zieht ein Gesicht.

»Kannst du nicht das Buch wegtun?« flüstert Polly.

»Nein«, sagt Charlie, »kann ich nicht.« Er hat dieses Buch schon Dutzende von Malen gelesen und ist nicht weniger interessiert als bei der ersten Lektüre. Manchmal bewegen sich beim Lesen seine Lippen, und Polly weiß dann, daß er Fakten auswendig lernt. Wenn sie ihn anschaut, sieht sie ihn oft als Krabbelkind vor sich, wie er feierlich Steine oder Perlen zählte. Er war damit zufrieden, einer Spinne beim Bau ihres Netzes zuzusehen, und sein Wesen war schon so ausgeprägt, daß sein erstes Wort, an einem Teich gesprochen, nicht Mama oder Papa lautete, sondern Quak.

Amanda beginnt ihre Übung mit einem Rad, zwei Überschlägen rückwärts und einem Salto rückwärts. Polly, die zwar schwimmt, aber sonst unsportlich ist, spürt ein kaltes Gefühl im Nacken. Amandas Füße berühren kaum die Matte. Sie macht eine Rolle vorwärts, dann einen Handstand und eine volle Pirouette. Vereinzelt ertönt Applaus. Ihre Kür ist glänzend, und alle wissen es. Als Amanda fertig ist, verbeugt sie sich graziös. Polly kümmert sich nicht darum, ob sie jemanden in Verlegenheit bringt. Sie springt auf und klatscht.

»Nicht schlecht«, räumt Charlie mürrisch ein, als Polly sich wieder hinsetzt.

Polly grinst und gibt ihm einen Rippenstoß. Als Amanda die Höchstwertung bekommt, steht Polly wieder auf und applaudiert. Andere Eltern in den Reihen vor ihr stehen ebenfalls auf, und Polly muß sich anstrengen, um Amanda zu sehen. Sie ist so gefaßt, daß niemand erraten würde, daß sie gesiegt hat. Amanda verbeugt sich und verläßt rasch die Turnhalle, als habe sie jetzt, nach der Wertung, kein Interesse mehr an den Übungen.

»Sie hat verdient gewonnen«, sagt Evelyns Mutter zu Polly.

»Sie waren alle phantastisch«, sagt Polly mit mehr Großmut, als sie empfindet.

Polly schiebt Charlie auf die Tür zu und sagt ihm, sie werde ihn draußen beim Auto treffen. Sie begrüßt unterwegs einige Eltern, die sie kennt, und bleibt dann stehen, um dem Trainer die Hand zu schütteln. »Ich habe gesehen, wie hart Sie mit ihnen gearbeitet haben, Jack«, sagt Polly.

»Sie können stolz auf sie sein«, sagt Jack Eagan zu ihr.

»Bin ich auch«, sagt Polly, entzückt, daß endlich jemand da ist, vor dem sie ihre Erregung nicht zu verbergen braucht.

»Sie hat sich nach dem schlechten Start wieder prima gefangen«, sagt der Trainer.

Polly, die nichts von einem schlechten Start bemerkt hat, lächelt und macht sich auf den Weg in den Umkleideraum. Heute abend werden sie Amanda zur Feier des Tages zum Essen ausführen, vielleicht zu Dexter's, wo es wunderbare gebratene Muscheln gibt. Polly wird Ivan anrufen, damit er auf dem Heimweg ein paar Blumen besorgt; nach all ihrer harten Arbeit verdient Amanda, daß man sie wie einen Champion behandelt.

Im Umkleideraum riecht es muffig, und die Türen der Garderobenschränke stehen offen. Hier sehen die Turnerinnen eher wie die kleinen Mädchen aus, die sie sind. Eine bedeckt, als sie Polly sieht, rasch ihre nackte, unentwickelte Brust. Polly geht an den Kabinen entlang und hält nach Amanda Ausschau. Statt dessen trifft sie auf Evelyn Crowley.

»Du hattest ein paar großartige Übungen«, sagt sie zu ihr.

Evelyn lächelt, doch Polly kann ihre Enttäuschung sehen.

»Ich hab' nicht genug trainiert«, sagt Evelyn.

»Hast du Amanda gesehen?« fragt Polly.

Evelyn zuckt die Achseln. Amanda ist wahrscheinlich der letzte Mensch, den sie jetzt sehen möchte.

»Vielleicht ist sie unter der Dusche«, sagt Evelyn.

Polly geht auf den rückwärtigen Teil des Umkleideraums zu. Sie sieht Amandas offene Sporttasche in einem Spind hängen. Sie enthält Haarspangen und eine Bürste und eine Halskette aus kleinen Plastikperlen, die wie Samenkörner aussehen und die Amanda manchmal vor Wettkämpfen als Glücksbringer trägt.

Alle Duschen laufen, und Polly kann die Stimmen der kleinen Mädchen hören, ein Murmeln, das ebenso leicht zu einem Kichern wie zu einem vernichtenden Urteil über vorgeturnte Übungen explodieren kann. Polly hat beschlossen, daß sie heute abend auf jeden Fall gebratene Muscheln essen werden. Und wenn sie nach Hause kommen, werden sie sich draußen auf die Veranda setzen, um die letzten Glühwürmchen zu sehen. Sie werden einen Chor von Fröschen hören, sowohl aus den Sumpfgebieten rund um Morrow als auch aus dem Aquarium im Haus, in dem Charlie vorübergehend einen Ochsenfrosch hält; er hat geschworen, das sei der letzte seiner Art, den er ins Haus bringen werde, ebenso wie er schwört, es sei für ihn eine Sache von Leben und Tod, die Anzahl seiner Quaktöne pro Stunde unter verschiedenen Wetterbedingungen aufzuzeichnen. Vielleicht kann Polly Amanda überreden, einmal einen Tag nicht zu trainieren und statt dessen morgen mit ihr an den Strand zu gehen, nur sie beide allein. Als die Kinder klein waren, fiel es Polly schwer, ihre Zeit gleichmäßig auf beide zu verteilen. Charlie und Amanda hatten so unterschiedliche Wünsche, daß einer von ihnen immer zurückstehen mußte, und jedesmal fühlte Polly sich zwischen ihnen hin und her gerissen. Ganz gleich, was sie tat, sie hatte immer das nagende Gefühl, eines der Kinder zu enttäuschen. Doch inzwischen haben sich die Dinge geändert; die Kinder sind lieber mit ihren Freunden zusammen, und Polly muß ihnen gemeinsame Stunden abschmeicheln. Das fällt ihr oft ein, wenn ihre Mutter aus New York anruft, aber es hindert sie nicht daran, immer diejenige zu sein, die als erste auflegt.

Je näher Polly den Duschen kommt, desto stärker wird der Geruch nach Ammoniak. Sie benutzen anscheinend ein scharfes Reinigungsmittel, und das Ergebnis ist betäubend.

»Hi, Polly«, sagt eine hohe Stimme, und Polly dreht sich um und umarmt Amandas beste Freundin, Jessie Eagan, die Tochter des Trainers. Jessie ist eine gute Turnerin, aber sie ist nicht so besessen wie Amanda, und vielleicht ist das der Grund, warum sie Amanda anfeuern kann, ohne eifersüchtig zu sein. Zu schade, daß Jessie die Sache nicht ernst nimmt, denn sie hat den perfekten Körper für eine Turnerin, nur knapp einen Meter vierzig groß und erstaunlich leicht. Sie hat kurzgeschnittenes braunes Haar und goldene Augen. Sie und Amanda sind beide in den Sänger einer Rockgruppe verliebt, den sie beim Vornamen nennen, Brian, als stünden sie auf vertrautem Fuß mit ihm.

»Amanda war phantastisch«, sagt Jessie. »Sogar mein Vater sagt das.« Der Trainer ist also jemand, der nicht leichtfertig Komplimente verteilt.

»Komm heute abend mit uns zum Essen«, sagt Polly.

»Kann ich nicht«, sagt Jessie traurig. »Sagen Sie nicht, daß Sie Muscheln essen gehen, weil ich zu meiner Tante muß und irgendwas Scheußliches bekommen werde.«

Polly umarmt Jessie noch einmal und geht weiter auf die Duschen zu. Sie zwingt sich, nicht zu lachen, als sie eines der Mädchen im Büstenhalter duschen sieht; tatsächlich ist sie ein wenig schockiert, daß eine Elf- oder Zwölfjährige überhaupt einen Büstenhalter trägt. Das Geräusch der Duschen erweckt den Eindruck, als stünde der Raum unter Wasser. Die Kacheln sind grün, und hier hinten gibt es keine Fenster. Polly sieht, wie eine Hand aus einer der Duschen greift und sich an der Seitenwand festklammert. Ohne nachzudenken, beginnt sie zu laufen.

Amanda kauert vornübergebeugt; ihr blondes Haar sieht grün aus. Sie erbricht sich unter der Dusche, ihr ganzer Körper bebt. Ein Handtuch, das sie sich umzubinden versuchte, ist auf den Boden gefallen und tropfnaß. Das Wasser läuft noch immer. Polly fühlt, wie ihr eiskalt wird. Vielleicht liegt das an all dem Wasser, den Kacheln, der grünlichen Farbe des fluoreszierenden Lichts. Sie legt ihre Hände auf Amandas Schultern und versucht, sie zu stützen. Amanda scheint nicht zu bemerken, daß ihre Mutter da ist. Sie erbricht sich weiter, bis sie nichts mehr hervorbringt als gelbe Galle. Danach ist sie so schwach, daß Polly sie nur mit Mühe aufrecht halten kann.

»Das wird schon wieder«, sagt Polly.

»Mir ist nicht gut«, sagt Amanda zu ihr.

Zuviel Aufregung, denkt Polly. Zuviel Druck. Sie legt eine Handfläche auf Amandas Stirn und merkt, daß ihre Tochter Fieber hat, hohes Fieber. Polly stellt das heiße Wasser ab, dann hält sie die Hand auf, um kaltes Wasser in Amandas Gesicht zu spritzen. Sie sind einander zugewandt, Amanda gegen Polly gelehnt, so daß Pollys Kleider ganz naß sind.

»Ich friere«, sagt Amanda.

In Wirklichkeit ist sie heißer als vorher.

Polly schleppt Amanda aus der Dusche, setzt sie auf eine Bank, nimmt ein Handtuch und wickelt sie darin ein. Sie läuft zum Garderobenspind, holt die rosa Sporttasche, rennt dann zurück und beginnt, ihre Tochter rasch anzuziehen. Amanda fühlt sich schwer und schlaff an wie eine Puppe.

»Au«, sagt Amanda, als Polly ihr Bein in die Hose schiebt.

Sanft berührt Polly Amandas Kniekehle und spürt, daß das Gelenk geschwollen ist. Sie zieht sie fertig an und hilft ihr aufzustehen. »Morgen früh wird's dir bessergehen«, sagt Polly.

Das sagt sie immer, wenn die Kinder krank sind, und immer glauben sie ihr. Doch diesmal irrt sich Polly. Kurz nach Einbruch der Dämmerung wird der Regen einsetzen, und er wird keine Linderung bringen. Morgen, am letzten Tag des Augusts und dem heißesten seit Menschengedenken, wird Amanda noch immer unter zwei Bettdecken vor Kälte zittern.

2

Laurel Smith liebt Kaffee mit Sahne. Das ist ihre Schwäche. Schon der Duft veranlaßt sie, sich die Lippen zu lecken wie eine Katze. Sie gießt eine zweite Tasse aus der gläsernen Kaffeekanne in einen gelben Becher, einen billigen Tonbecher, dessen Griff genau die richtige Größe hat. Draußen ist Ebbe, und die Silberreiher sind ihrem Landhaus näher als gewöhnlich. Die Fenster haben keine Fliegengitter, doch wenn Laurel ihren Kaffee trinkt, öffnet sie sie immer, damit sie den Vögeln lauschen kann, selbst wenn das bedeutet, daß sie hinterher unter den Stichen der Mükken zu leiden hat, die hereinkommen.

Sie hat vergessen, die Katze Stella zu füttern. Stella ist schwarz und eigentlich keine Hauskatze. Sie benimmt sich überhaupt nicht katzenhaft, sondern gleicht mehr einem Hund. Sie apportiert einen Ball, wenn man ihr einen wirft; sie geht mit auf Spaziergänge und hat nichts gegen Wasser. Es ist schon vorgekommen, daß sie einer Ente oder Gans nachsprang, die doppelt so groß war wie sie. Laurel geht in die Vorratskammer, um eine Packung Katzenfutter zu holen, und Stella folgt ihr und reibt sich an Laurels weißem Kimono. Draußen herrscht brütende Hitze, doch hinter dem Landhaus stehen hohe Kiefern, die es immer kühl halten; im November oder mitten im Februar ist das kein reines Vergnügen, aber heute fühlt sich das Linoleum unter Laurels Füßen wunderbar kalt an. Da sie schon einmal dabei ist, nimmt Laurel ein Ei, füllt einen blauen Blechtopf mit Wasser und stellt ihn auf den Herd. Sie hatte früher einen Ehemann, der behauptete, sie könne nicht einmal ein Ei kochen. Er irrte sich also.

Er irrte sich über viele Dinge. Laurel hatte ihn nicht mit Tricks dazu gebracht, sie zu heiraten. Er verliebte sich ganz von selbst in sie; er wollte nicht merken, wie schüchtern sie war, wie unbeholfen Menschen gegenüber, ihn selbst eingeschlossen. Er hatte so vieles an ihr auszusetzen, woran Laurel sich gar nicht mehr recht erinnern kann. Aber sie weiß noch genau, wie oft er behauptete, sie sei in den Tod verliebt. Darin irrte er sich mehr als in allem anderen; Laurel empfindet und empfand immer großes Entsetzen vor dem Tod. Wenn ein Baby schreit, hört sie einen Todesschrei. Die Zweige einer weißen Birke sind Totengebeine. Sie kann keine aufgeworfene Erde sehen, selbst wenn es nur die Ecke eines Vorstadtrasens ist, die jemand umgegraben hat, um einen neuen Rhododendronbusch zu pflanzen.

Sie hat sich nie gewünscht, Botschaften zu empfangen. Es passierte einfach, als sie zwölf war, und fing mit etwas an, das sie für einen Traum hielt. Sie ging einen langen Korridor entlang, der immer enger wurde; Wände und Boden zogen sich zusammen, bis er zu einem Tunnel wurde. Sie blieb stehen. Alles um sie herum war kalt. In der Ferne konnte sie ihre Großmutter stürzen sehen. Laurels Großmutter trug ein blaues Seidenkleid und eine lange Perlenkette, und sie stürzte abwärts, als führe der Tunnel senkrecht vom Himmel zur Erde. Es gab keine Schwerkraft, jeder Weg war eine langsame, kreisende Spirale.

Am Morgen kam der Anruf, Laurels Großmutter sei gestorben. Sie war bei einer Hochzeit gewesen und gestürzt; sie hatte einen Schlaganfall erlitten und das Bewußtsein nicht wiedererlangt. Laurel erhielt eine weitere Botschaft von ihrer Großmutter; sie war entsetzt, aber sie erzählte niemandem davon. Die Botschaften, die sie im Traum bekam, wurden immer genauer, als versuche jemand, ihr etwas zu beweisen. Sie träumte, ihre Großmutter ziehe die Uhr in ihrer Küche auf, und am nächsten Tag traf die Uhr ein, per Luftpost. Sie träumte, ihre Großmutter führe sie zu einem Engel, der seine Flügel eng um den Körper gefaltet hatte, und als ihre Eltern sie zum Friedhof mitnahmen, war da der Engel, in den Grabstein ihrer Großmutter gemeißelt.

Als sie dreizehn war, begannen die Botschaften sie auch im Wachzustand zu erreichen, Botschaften von Leuten, die sie im Leben gar nicht gekannt hatte. Wenn sie im Mathematikunterricht die Augen schloß, konnte sie eine Kinderstimme hören, die Stimme der bei der Geburt gestorbenen Schwester einer Klassenkameradin. Sie fürchtete sich vor dem kalten, klammen Gefühl in ihren Händen, das sie immer befiel, wenn jemand in der Nähe war, der kürzlich einen Angehörigen verloren hatte. Während andere Mädchen ihres Alters an Lippenstiftfarben und Samstagabende dachten, mußte Laurel immer wieder darüber nachgrübeln, wie kurz ein Menschenleben ist. Nachts hatte sie schreckliche Träume von Friedhöfen, Stille und weißem Vollmond.

Als sie siebzehn war, unternahm Laurel eine große Anstrengung, ließ sich Valium verschreiben und schaffte es beinahe, nicht mehr an den Tod zu denken. Sie schloß die High School ab, ging aufs College und heiratete mit einundzwanzig. Zuerst machte ihr Mann sich nichts aus ihren eigenartigen Gewohnheiten. Er sah darüber hinweg, daß sie sich bei Gewitter in Wandschränken versteckte, daß sie sich, nachdem ihre Katze von einem Auto überfahren worden war, drei Wochen lang weigerte, das Haus zu verlassen, daß sie ihn nicht zur Beerdigung seines Vaters begleiten konnte. Sicher, er hatte genügend Grund, sich zu beschweren; alles, was sie tat, tat sie halbherzig. Sie begann, sich die Wäsche vorzunehmen, doch sie machte sie nicht fertig, so daß ihr Mann in feuchten Kleidern zur Arbeit gehen mußte. Die Tiefkühlgerichte, die sie zubereitete, waren in der Mitte stets kalt. Sie empfing noch immer Botschaften, doch nun waren sie verworren, als sei die Verbindung gestört, und sie litt ständig unter dumpfen Kopfschmerzen. Was Laurel nie verstehen konnte, war, warum ihr Mann so überrascht wirkte, als er ihre Fehler zu bemerken und zu registrieren begann.

Nach ihrer Scheidung zog sie in das Landhaus in Morrow und begann, »Lesungen« zu halten. Zuerst kamen die Botschaften mit großer Klarheit an, doch in letzter Zeit hat sie bemerkt, daß sie abgelenkt war, und ihre Zuflucht zu Lügen genommen. Das ist ganz leicht; ihre Klienten verraten sich auf tausend Arten. Sie braucht nur ihre Hinweise aufzunehmen, zu lauschen, wann ihr Atem schneller geht, und nachzuschauen, ob ihre Fingernägel abgebissen sind. Heute um elf hat sie eine neue Klientin. Eine schlechte Tageszeit für eine Lesung; besser ist die Dämmerung oder wenigstens der späte Nachmittag, aber der

Mann dieser Klientin hält nichts von Séancen, und er kommt um zwei Uhr vom Golfspielen nach Hause.

Laurel macht das Bett, duscht sich und zieht sich ein weißes Hemd und einen Wickelrock aus Jeansstoff an. Sie bürstet ihr langes Haar, das einzige, worauf sie stolz ist, so, wie der Kaffee ihr einziges Laster ist. In ihrem Bücherschrank stehen hauptsächlich Romane und Kochbücher und, in der hinteren Reihe verborgen, ein paar Kriminalgeschichten. Nichts über Okkultismus. Laurel vermeidet okkulte Zusammenkünfte; sie windet sich, wenn sie von Medien liest, die öffentliche Séancen mit Hunderten von Anhängern abhalten. In ihrem Landhaus gibt es keine Kerzen, keine Kristallkugeln und keine Schalen mit Kräutern. Die Einrichtung besteht größtenteils aus Korb- und Eichenmöbeln, die sie auf Auktionen und in Second-Hand-Läden erstanden hat. Ihre neueste und teuerste Anschaffung ist eine hohe Messingstehlampe mit rosa Seidenschirm. Sie hat zuviel dafür bezahlt. Sie wollte sie neben das Fenster hinter dem Korbsofa stellen, doch als sie die Lampe nach Hause brachte, versteckte sie sie in einer dunklen Ecke in ihrem Schlafzimmer. Laurel verstand nicht, warum sie das getan hatte, bis die Fotografin, die manchmal kommt, die Lampe erspähte. Polly fand sie so hübsch, daß sie sie mit auf allen Fotos haben wollte, die sie aufnahm, und fragte, ob man sie neben den Tisch stellen könnte, an dem Laurel ihre Lesungen abhielt. Laurel hatte behauptet, die Lampe würde zu sehr ablenken. Ganz plötzlich hatte sie erkannt, daß sie sie niemals hätte kaufen dürfen. Rosa Seide und Tod paßten nicht zusammen.

Es ist der letzte Tag im August, und der letzte Tag jedes Monats deprimiert Laurel. Sie erinnert sich jetzt, daß sie von ihrer Kindheit geträumt hat, obwohl sie normalerweise nicht mehr träumt. Ihr Schlaf ist gewöhnlich leer und tief, als verbrauche sie ihre ganze Traumzeit in ihren wachen Stunden. Gleich wird Betsy, an die Laurel immer als »Bossy« denkt, seit sie sich von ihr hat überreden lassen, Gegenstand ihres Buches zu sein, mit der Fotografin kommen. Dummerweise hat Laurel vergessen, ihrer neuen Klientin gegenüber die Anwesenheit einer Autorin und einer Fotografin zu erwähnen; die Frau ist so nervös und heimlichtuerisch, daß sie vielleicht kehrtmacht und wegläuft, wenn sie eine Kamera sieht. Es wird schon schwer genug sein, sich bei dieser Hitze auf eine Lesung zu konzentrieren.

Das Sonnenlicht draußen ist dicht wie ein Schwarm gelber Bienen. Früher konnte Laurel solches Sonnenlicht leicht aushalten; sie glaubt nicht einmal, daß sie es überhaupt bemerkte, ehe sie hierher in das Sumpfland zog. Sie zerschlägt die braune Schale des Eis, das sie hart gekocht hat, und ißt es im Stehen. Sie ist fahrig; etwas stimmt nicht mit ihr. Laurel geht, um die Katze ins Freie zu lassen; dann, ohne Grund, folgt sie Stella hinaus auf das hölzerne Sonnendeck. Dieses Deck, das wie eine Terrasse vor dem Haus liegt, ist auf Stützen direkt über dem Sumpf gebaut. Nachts kann Laurel Krabben durch die Löcher kriechen und im feuchten Untergeschoß graben hören, das oft überflutet wird, wenn bei Vollmond Flut herrscht. Einmal fand sie einen Seestern auf der Kellertreppe. Sie lehnt sich auf die Brüstung und fühlt die Sonne durch ihre Baumwollbluse und auf ihren nackten Beinen. Ehe sie hierherkam, hatte Laurel Smith noch nie einen Eisvogel gesehen; sie kannte den Unterschied zwischen einem Kardinalsvogel und einem Zaunkönig nicht. In ein paar Minuten werden Betsy Stafford und auch die neue Klientin in den Sandweg einfahren, aber Polly wird nicht mitkommen, um die Lesung zu fotografieren. Es spielt keine Rolle, es wird nichts zu fotografieren geben, und Laurel Smith weiß das. Sie spürt einen Druck auf der Stirn wie eine Hand, die sich dagegen preßt.

Draußen im Sumpfland fliegen zwei Silberreiher auf und fliehen so eilig, als fürchteten sie um ihr Leben.

3

Charlie macht sich Arme Ritter. Er läßt die Eierschüssel auf dem Tresen und die verbrannte Bratpfanne auf dem Herd stehen. Der Sommer ist so langweilig, aber er haßt den Gedanken an die Schule. Noch zehn Tage Freiheit. Heute werden Sevrin und er heimlich zu dem Teich radeln, den ihre beiden Mütter für zu weit entfernt halten, und nach Tieren Ausschau halten. Sie haben eine Theorie, der zufolge Zucker nicht nur unschädlich, sondern sogar gut für den Menschen ist, und sie haben die Absicht, ein Experiment zu machen, das ihre Annahme beweist, und zwar bei Sevrin im Keller, den niemand je betritt. Charlies Rucksack ist prall gefüllt mit Einmachgläsern, die er aus der Vorratskammer stibitzt hat. Er hofft, daß seine Mutter ihr Fehlen erst im nächsten Juni bemerken wird, wenn sie Erdbeermarmelade machen will. Vielleicht kann Charlie, wenn das Experiment beendet ist, die Wassermolche freilassen und die Gläser zurückstellen, so daß seine Mutter nie erfahren wird, daß je irgendwelche Amphibien darin waren. Er amüsiert sich über den Gedanken, was seine Mutter auf dem Bord finden könnte: Erdbeermarmelade, Molche in Orangensaft, eingelegte Gurken, kleine grüne Frösche in Essig.

Was immer seine Schwester hat, wenn Charlie es auch kriegt und seine letzte Woche in Freiheit versäumt, wird er Harakiri begehen. In zehn Tagen hat er eine Million Dinge zu tun. Die Tür fällt ins Schloß, während Charlie Sirup über einen Armen Ritter gießt. Ivan war bereits im Drugstore. Er wird sich heute etwas später auf den Weg ins Institut machen.

»He, Kumpel«, sagt Ivan zu Charlie. Er beäugt den Armen Ritter. »Sieht gut aus.«

Polly kommt von oben herunter. Sie hat Amanda mit Alkohol

abgerieben, wie der Doktor ihr riet, als sie ihn telefonisch konsultierte.

»Hast du Tylenol und Gatorade bekommen?« fragte sie Ivan.

Ivan holt das Tylenol hervor. »Gatorade gab es bei Larson's nicht«, sagt er.

»Und sonst hast du es nirgends versucht?« sagt Polly wütend. »Nur in einem einzigen verdammten Laden?«

Charlie hat Mitleid mit seinem Vater. Auch er neigt dazu, Dinge zu vergessen, vor allem, wenn er Besorgungen macht.

»Ich geh' noch mal los«, sagt Ivan.

Polly weiß, daß er sich auf die bevorstehende Konferenz in Florida vorbereiten muß; er wollte früh zur Arbeit gehen und versuchen, seinen Vortrag noch einmal umzuschreiben.

»Laß nur«, sagt Polly. »Ich werde fahren.« Sie wendet sich an Charlie. »Du.«

»Ich hab' nichts getan«, sagt Charlie rasch.

»Du bleibst bei Amanda«, sagt Polly zu ihm.

»Kann ich nicht«, murrt Charlie. »Sevrin wartet auf mich.«

»Laß ihn warten«, sagt Polly.

Polly küßt Ivan zum Abschied nicht, und sie sieht keinen von beiden an, als sie nach ihren Autoschlüsseln greift. Charlie und Ivan wechseln einen schuldbewußten Blick.

»Sie wird sich schon beruhigen«, sagt Ivan.

Ivan nimmt seinen Rucksack und folgt Polly nach draußen in der Hoffnung, sie in der Einfahrt zu treffen und zu versöhnen. Charlie ißt seinen Armen Ritter auf und geht dann nach oben, um das Netz zu suchen, das er und Sevrin brauchen werden. Amandas Tür ist offen, das Zimmer dunkel. Alle Läden sind geschlossen. Charlie bleibt an der Tür stehen und schaut hinein.

»Hi«, sagt Amanda unter den Decken hervor.

Charlie kommt ins Zimmer und schaltet die Lampe auf dem Nachttisch ein. »Mami ist verrückt, daß sie immer alles dunkel haben will, wenn einer krank ist.«

»Ja«, sagt Amanda.

»Ich such' mein Netz«, sagt Charlie. »Ich geh' mit Sevrin sammeln.«

»Viel Glück«, sagt Amanda.

Sie flüstert, weil ihr Hals wirklich weh tut, schmerzhafter denn je. Sie friert, ganz gleich, wie viele Decken über ihr gestapelt sind. Dies ist schlimmer als damals die Windpocken, als sie sich nicht hinsetzen konnte, nicht einmal, um zur Toilette zu gehen. Schlimmer als damals, als sie die ganze Nacht weinte, weil ihre Haut so juckte.

»Na, dann zieh los«, sagt Amanda. »Geh nur zu Sevrin.«

Ihr Hals tut so weh, daß sie vielleicht weinen wird, und sie will nicht, daß Charlie es sieht.

»Ich muß bei dir bleiben«, sagt Charlie zu ihr. »Mami«, fügt er entschuldigend hinzu.

»Oh«, sagt Amanda, die vollkommen versteht. Ihre Mutter hat dasselbe mit ihr getan, sie gezwungen, Charlie Gesellschaft zu leisten, wenn sie nicht einmal mit ihm in einem Zimmer sein wollte.

Charlie setzt sich auf einen Stuhl beim Bett. »Soll ich ein Band für dich auflegen?« fragt er. »Duran Duran?«

Amanda sagt nein; sie hat Kopfschmerzen. Sie kann am Ende des Häuserblocks Kinder hören, die ihre Freiheit genießen.

»Blas bloß nicht deine Bazillen in der Gegend rum«, sagt Charlie. »Nur noch zehn Tage bis zum Gefängnis.«

Darüber muß Amanda lächeln. Sie kann gar nicht erwarten, daß die Schule wieder anfängt; den ganzen Sommer hat sie sich auf die sechste Klasse gefreut. Da Helen Cross jetzt mit der Schule fertig ist und Evelyn Crowley nachlässig wird, wird Amanda die beste Turnerin der Mannschaft sein.

Charlie sitzt neben ihr und denkt an Molukkenkrebse. Wenn er mit dem Rad die längere Strecke nimmt und am Moor entlangfährt, wird er auf dem Weg zu Sevrin vielleicht welche finden. Molukkenkrebse sind für ihn unendlich faszinierend, weil sie schon vor den Dinosauriern da waren. Er kann nicht verstehen, warum niemand das Geheimnis entschlüsselt hat, wie ihnen das Überleben gelungen ist. Charlie ist schon um eine halbe Stunde verspätet, und inzwischen hat Sevrin wahrscheinlich eine Wut auf ihn. Seine Mutter tut ihm und Amanda dauernd solche Sachen an. Sie versteht nicht, wann sie Verabredungen einhalten oder Telefongespräche führen müssen. Sie vergißt, daß Kinder ein eigenes Leben haben.

»Ich könnte dir einen Molch mitbringen«, sagt er zu Amanda. »Du könntest ihn in einem Terrarium halten.«

Er merkt, daß seine Schwester eingeschlafen ist. Sie umklammert die Quilt-Decke, mit der ihre Mutter sie immer zudeckt, wenn sie krank ist. Sie ist blau und weiß und hat einen Rand mit Sternen und ein paar rote Karos in der Mitte. Früher glaubten sie, es sei dieser Quilt, der sie gesund mache, und wenn sie beide krank waren, stritten sie sich darum. Charlie streckt die Hand aus und schaltet die Lampe auf dem Nachttisch aus. Er sitzt auf dem Stuhl, die Hände auf den Knien. Er ertappt sich dabei, daß er die Minuten zählt, bis seine Mutter zurückkommt. Im Dunkeln kann er die weißen Sterne am Rand des Quilts sehen, weißer noch als Knochen.

Nachdem vierundzwanzig Stunden vergangen sind und Amandas Fieber nicht gesunken ist, fährt Polly mit ihr zum Arzt. Ed Reardon ist seit sieben Jahren, seit sie nach Morrow gezogen sind, ihr Kinderarzt. Er legt routinemäßig eine Kultur mit einem Abstrich aus Amandas Hals an, untersucht ihre Ohren, und dann, besorgt über die Anzahl der weißen Blutkörperchen, beschließt er, einige Blutuntersuchungen durchzuführen. Er sagt Polly, die Laborergebnisse würden morgen oder übermorgen vorliegen, und in der Zwischenzeit solle Amanda weiter Tylenol nehmen. Absolute Bettruhe, auch wenn Amanda sich wehrt und behauptet, es ginge ihr besser.

Ed Reardon hat in der letzten Woche mindestens ein Dutzend Kinder mit einem Virus gesehen, das mit hohem Fieber und Erbrechen einhergeht; er denkt wieder einmal, daß er einen Partner oder wenigstens eine weitere Praxishilfe bräuchte. Morgen hat er seinen freien Tag, und er hat ihn nötig. Er weiß, daß er längere Sprechstunden abhalten und den einzelnen Patienten weniger Zeit widmen sollte; das hat ihm sein Steuerberater gesagt. Aber Ed ist nicht Kinderarzt geworden, um mehr Körper pro Stunde abfertigen zu können. Er hat selbst drei Kinder, einen zweijährigen Sohn und zwei Töchter von fünf und acht Jahren.

»Das ist nicht fair«, sagt Amanda, während sie sich anzieht.

»Sie hat keine Ruhe, weil sie trainieren will«, erklärt Polly. »Turnen.«

»Keine Sorge«, sagt Ed Reardon zu Amanda. »Das sehe ich dir an. Du bist besser als Mary Lou Retton.«

Amanda, plötzlich schüchtern, senkt den Kopf, doch Polly weiß, daß sie sich freut. »Danke«, sagt sie zu Ed, nachdem Amanda zur Toilette gegangen ist, um eine Urinprobe zu hinterlassen. »Es scheint ihr schon besserzugehen.«

Polly fügt nicht hinzu, daß auch sie sich durch Ed jetzt besser fühlt. So ist es immer. Hohes Fieber macht sie verrückt vor Angst. Ivan hält das für eine Überreaktion, aber Ed Reardon hört ihr zu; er scheint ihrem Instinkt zu vertrauen.

»Sie ist ein fabelhaftes Kind«, sagt Ed zu Polly.

»Das sagen Sie sicher zu allen Müttern«, scherzt Polly.

»Ganz bestimmt nicht«, sagt Ed. »Ich wette zehn zu eins, daß ihr Fieber bis morgen früh zurückgegangen ist.«

Er hat recht. Amandas Fieber vergeht irgendwann in der Nacht, und zur Frühstückszeit ist ihre Temperatur normal. Sie ist noch immer zu müde, um etwas anderes zu tun, als auf der Couch zu sitzen und fernzusehen, und das kommt Charlie sehr gelegen. Sonst hätte sie vielleicht mit zum Teich gehen wollen, und sie will immer schwimmen. Amanda hat nicht die Geduld, auf besondere Tierarten zu warten.

Charlie und Sevrin haben gestern alle Einmachgläser mit Molchen gefüllt, und abends haben sie sich in Sevrins Keller geschlichen. Die Hälfte der Molche bekam Zuckerwasser; die Kontrollgruppe erhielt nur Salat und Wasser. Jetzt haben sich die Jungen wieder getroffen, sind erneut am Teich, um auf etwas zu warten, das sie gestern nicht erwischt haben. Zumindest Charlie tut das. Sevrin ist damit beschäftigt, ein Sandwich zu essen, und hat es verpaßt. Er glaubt nicht ganz, daß die Schildkröte mindestens drei Fuß groß war.

»Scheiße«, sagt Sevrin jetzt. Er liegt auf dem Bauch, die Hände im kühlen Wasser, Knie und nackte Füße dunkel von Staub. Er hat seinen Hund mitgebracht, einen Golden Retriever namens Felix, den sie an der Leine halten müssen, damit er nicht ins Wasser springt. »Keine Schildkröte kann in einem so kleinen Teich so groß werden.«

»Vielleicht ist sie ein Mutant«, schlägt Charlie vor. »Vielleicht hat jemand radioaktiven Abfall in den Teich geschmissen.«

»Na klar, sicher«, sagt Sevrin und ahmt den zynischen Ton seiner Mutter nach. »Und nur diese hat überlebt.«

»Wir werden sie sehen«, sagt Charlie. »Wenn's sein muß, bleiben wir den ganzen Tag hier sitzen.«

Charlie greift in seinen Rucksack und holt zwei Dosen Orangenlimonade und zwei Mandelriegel heraus. Sevrin lehnt sich zurück und nimmt eine der Limonaden. Laut öffnet er die Dose.

»Ruhe!« flüstert Charlie ärgerlich.

Sevrin rümpft die Nase und schluckt seine Limonade.

Es ist heiß, und Charlie zieht sein Red-Sox-T-Shirt aus. Wenn sie nicht auf die Schildkröte warteten, würde er sofort in den Teich springen. Statt dessen hält er die kalte Limonadendose an seine nackte Haut. Blaue Libellen streichen über die Wasseroberfläche. Hinter den Bäumen entsteht ein neues Wohngebiet, doch die Jungen sind sich dessen nicht bewußt. Noch immer kommen in Morrow Rehe an die Teiche und zu den Sümpfen; Charlie weiß, daß man sie in der Dämmerung sehen kann, wenn man still genug ist.

»Stell dir bloß vor, daß es hier Tyrannosaurier gegeben haben könnte«, sinniert Sevrin. »Sie könnten genau hier, wo wir sitzen, einen Brontosaurier angegriffen haben.«

Charlie öffnet seine Limonadenbüchse und nimmt einen tiefen Schluck. Er macht sich nicht die Mühe, Sevrin zu sagen, daß Tyrannosaurier und Brontosaurier im Abstand von achtzig Millionen Jahren gelebt haben und daß von keinem von beiden in der Nähe von Morrow Fossilien gefunden wurden. Charlie hat schon zu oft gehört, er sei ein Besserwisser, und hat deshalb gelernt, wann er den Mund halten muß.

Sevrin setzt sich auf und nimmt einen Mandelriegel. Er streckt seine Füße ins Wasser, und erschrocken springen kleine Frösche in den Teich. Sevrin sieht sich mit einem entschuldigenden Blick nach Charlie um.

»Glaubst du, daß unsere Mütter reich werden mit dem Buch,

das sie machen?« fragt Sevrin. Felix sitzt vor ihm, hechelnd, und wartet darauf, daß etwas Schokolade herunterfällt. Sevrin ißt den Mandelriegel auf und steckt das zerknitterte Papier in die Tasche. »Vielleicht wird es ein Bestseller. Vielleicht werden wir alle Millionäre. Junge, mein Vater wird durchdrehen. Er sagt meiner Mutter immer, sie solle was Vernünftiges arbeiten.«

»Meine Mutter hat nichts davon gesagt, daß wir Millionäre werden«, sagt Charlie.

»Weißt du, was ich mir kaufen würde?« sagt Sevrin. »Zuerst ein Motorrad und dann eine Yacht.«

Charlie ist gern mit Sevrin zusammen, weil er dann nicht reden muß. Selbst wenn Sevrin eine Frage stellt, erwartet er nicht unbedingt eine Antwort. So war es immer, seit sie drei Jahre alt waren. Sevrin zog im Kindergarten sein Stühlchen neben das von Charlie, und das war's, sie waren beste Freunde. Was Charlie angeht, so hat er kein Bedürfnis nach anderen Freunden, solange er Sevrin hat.

»Ißt du den Mandelriegel auf?« fragt Sevrin.

Charlie hat erst einmal hineingebissen, aber er gibt Sevrin den Rest. Es ist zu heiß für Schokolade; sie schmilzt einem in der Hand.

»Wenn ich auf einer Yacht leben könnte«, fährt Sevrin fort, während er in Charlies Mandelriegel beißt, »würde ich nie in die Schule gehen. Ich würde nach Seesternen tauchen. Und ich würde niemals meine Kleider in den Schrank hängen, weil es keine Schränke gäbe.« Er streckt seine Hände aus, damit Felix die Schokolade ablecken kann.

»Es würde nichts zu essen geben außer Spaghetti«, sagt Charlie.

»Ja. Und zu trinken Orangenlimonade und Kakao.«

Ein Eisvogel fliegt über den Teich, und Charlie stößt Sevrin mit dem Fuß an. Sevrin nickt und notiert den Vogel in dem Logbuch, das er für beide führt.

»Auf der Yacht würde es einen Pool geben«, flüstert Sevrin.

»Ja, mit so einer Rutsche«, flüstert Charlie zurück.

Im Wasser ertönt ein Platschen, als habe der Eisvogel einen Stein hineingeworfen. Als Charlie die Augen verengt, kann er erkennen, daß der Stein sich bewegt. Er stößt Sevrin noch einmal an, und Sevrin schaut automatisch hoch nach dem Eisvogel.

»Ich hab' ihn schon notiert«, sagt Sevrin.

Aus dieser Entfernung sieht sie aus wie ein Stück bemoostes Holz oder ein leeres Faß. Nur, daß Charlie jetzt ihre Augen sehen kann. Charlie hat nicht gewagt, Sevrin zu sagen, was er erhofft. Es ist so irrational, so unwissenschaftlich, aber er hofft, daß sie auf einen Kryptodirus gestoßen sind, eine Schildkröte, die sich im triassischen Zeitalter entwickelt hat, gleichzeitig mit den Dinosauriern, vor etwa zweihundertdreißig Millionen Jahren. Und wenn er darüber nachdenkt, dann scheint es gar nicht so unmöglich, daß noch eine existiert, da alle modernen Schildkröten verwandt sind und sich nicht von denen unterscheiden, die das überlebt haben, was die Dinosaurier nicht überleben konnten.

Wasser spritzt gegen das Ding, das wie ein Faß aussieht. Charlie gibt Sevrin einen festen Tritt, und Sevrin dreht sich zu ihm um.

»He!« sagt Sevrin.

Charlie nickt in Richtung auf den Teich, und Sevrin folgt seinem Blick. Die Schildkröte kommt näher.

»Heilige Scheiße«, sagt Sevrin.

»Das ist sie«, flüstert Charlie.

Sevrin beginnt fieberhaft in sein Logbuch zu schreiben. Charlie sieht zu, wie die Schildkröte noch näher kommt, ehe sie kehrtmacht und untertaucht.

»Das glaubt uns keiner«, flüstert Sevrin.

»Ist doch egal«, flüstert Charlie. »Wir wissen, was wir gesehen haben.«

Sie bleiben noch zwei Stunden, verzichten auf das Mittagessen, aber die Schildkröte kommt nicht wieder an die Oberfläche oder, wenn doch, nur im Schilf, wo sie verdeckt ist. Gegen Abend nehmen sie widerstrebend ihre Räder und machen sich auf den Weg zu Sevrin. Im Unterschied zu vielen Häusern in Morrow, die meist weiß sind und schwarze oder grüne Läden haben, ist Sevrins Haus blau und hat gelbe Fenster. Überall auf der Terrasse hängen Pflanzen an Haken, Töpfe mit Fuchsien und rosa Hängegeranien. Sie lassen den Hund draußen und gehen in die

Küche. Charlie und Sevrin hören das heftige Klappern von Betsys Schreibmaschine. Die Jungen bewegen sich schnell, schnappen sich ein Glas Erdnußbutter, ein Brot, vier Würstchen und ein Paket Zucker, und ehe Betsy sie hören kann, sind sie schon unten im Keller. Betsy möchte oft über etwas Wichtiges mit ihnen reden, wenn sie nichts anderes wollen, als in Ruhe gelassen zu werden, Sevrins weiße Ratte zu füttern oder *Star Trek* anzusehen.

Unten im Keller macht Sevrin die Sandwiches, während Charlie weiteres Zuckerwasser für die Molche anrührt. Die Schildkröte war eine absolut spektakuläre Entdeckung, und doch können sie nicht darüber reden. Noch nicht. Das ist die Sache, die ihre beiden Elternpaare nicht verstehen. Man braucht nicht die ganze Zeit zu reden. Man kann einfach nebeneinander auf alten Holzstühlen sitzen und zwei Sandwiches mit Erdnußbutter und je zwei Würstchen verschlingen, ohne ein einziges Wort zu sagen. Die Molche, die Zuckerwasser bekommen haben, sehen gut aus, viel energiegeladener als die Kontrollgruppe. Charlie macht Notizen in ihrem Logbuch, während Sevrin etwas Erdnußbutter auf den Deckel des Erdnußbutterglases streicht und Cyrus, die Ratte, damit füttert.

Sie gehen erst nach oben, als Sevrins Vater nach Hause gekommen ist und Betsy sie zum Abendessen ruft. Eigentlich ruft sie Sevrin, aber als sie Charlie sieht, legt sie ein weiteres Gedeck auf.

»Weiß deine Mutter, daß du hier bist?« fragt Betsy Charlie, während Sevrin das Glas mit der Erdnußbutter zuschraubt und wieder in den Schrank stellt.

»Ja«, sagt Charlie. »Muß sie wohl.«

Betsy weist auf das Telefon, und Charlie ruft zu Hause an. Er haßt Telefonieren; er versteht nicht, was Amanda und Jessie Eagan sich in all den Stunden, in denen sie miteinander telefonieren, eigentlich zu sagen haben.

»Sag ihr, daß du bei uns schläfst«, flüstert Sevrin Charlie zu.

»Frag sie«, sagt Betsy betont.

Charlie macht einen Kompromiß und sagt zu Polly: »Wenn es okay ist, schlafe ich hier.« Es ist eigentlich keine Frage, und

Charlie weiß, daß seine Mutter ihm keine Schwierigkeiten machen wird; wann immer Charlie oder Amanda krank sind, ist Polly so zerstreut, daß sie demjenigen, der gesund ist, leicht nachgibt.

»Richtig«, sagt Charlie, als er den Hörer auflegt.

»Verstanden, Ende«, sagt Sevrin, als sie sich an den Tisch setzen und darauf warten, etwas zu essen zu bekommen.

»Wie wär's, wenn ihr Jungs helfen würdet«, sagt Sevrins Vater Frank, als er in die Küche kommt.

Sevrins Vater ist groß darin, von ihnen Hilfe zu verlangen, obwohl Charlie bemerkt hat, daß Frank selbst nie viel zu tun scheint.

»Wir hatten einen anstrengenden Tag«, sagt Sevrin zu seinem Vater.

»Ach, wirklich?« sagt Frank.

»Einen richtigen Kryptodirus-Tag«, sagt Sevrin, und er und Charlie lachen hysterisch.

Betsy verteilt aufgewärmte Lasagne, und als Frank enttäuscht aussieht, sagt sie: »Tut mir leid. Ich habe gearbeitet.«

Die Jungen wissen jetzt schon, daß Betsy und Frank sich heute abend streiten werden. Sie streiten sich so ziemlich über alles. Charlie glaubt, daß das für sie ähnlich ist wie Fernsehen. Aber das ist in Ordnung, Sevrin wird sie dann leichter überreden können, ihn und Charlie draußen im Zelt schlafen zu lassen, das sie im Garten aufgestellt haben für den Fall, daß sie allein sein wollen. Gegen neun sind Frank und Betsy oben in ihrem Schlafzimmer und schreien sich an, und Sevrin und Charlie haben sich mit einem Schlafsack, zwei Decken, den fünf restlichen Würstchen, einer Taschenlampe und einer Kanne mit Heidelbeersaft in das Zelt zurückgezogen.

Das haben sie den ganzen Sommer gemacht, manchmal zweimal wöchentlich, und Charlie hat auf alle Sternzeichen gewiesen, die Ivan ihm gezeigt hat: Orion mit seinem weißen Gürtel, Aquarius mit seinem leuchtenden Wasserkrug. Doch heute ist der Himmel so schön, so besternt und schwarz, daß die Jungen schweigend näher zusammenrücken. Es ist beinahe, als hätten sie alles vergessen, was sie wissen, daß nämlich die Sterne aus

Gasen bestehen und größer sind als die Erde. Sie sitzen unter einer riesigen, schwarzen Schüssel, die von Millionen Lichtpunkten durchbohrt ist. Sie sind noch Kinder, vielleicht sollten sie nicht ganz allein hier draußen sein. Vielleicht wird ein Meteor auf die Erde stürzen und ihr Zelt zerschmettern. Als sie ins Zelt krabbeln, einigen sie sich darauf, die Taschenlampe die ganze Nacht brennen zu lassen; sie lassen den Hund zu sich ins Zelt, obwohl er schnarcht, und sie schlafen eng beieinander, Rücken an Rücken gedrängt.

Es ist heiß, sogar noch um Mitternacht, und Charlie und Sevrin schlafen beide unruhig, aber als sie aufwachen, gibt keiner von ihnen zu, daß er Angst gehabt hat. Sie gehen ins Haus, ignorieren das Frühstück, das Betsy für sie hingestellt hat, ehe sie nach oben in ihr Arbeitszimmer ging, und essen statt dessen jeder zwei Stücke kalten Kuchen.

»Laß uns niemand was von der Schildkröte sagen, bis wir beweisen können, daß wir sie gesehen haben«, sagt Charlie.

»Klar«, willigt Sevrin ein.

Charlie weiß, daß der beste Beweis ein Foto wäre, aber er weiß nicht, wie er an eine Kamera kommen soll. Seine Mutter würde nie zulassen, daß er ihre Minolta anrührt; sie behandelt diese Kamera, als sei sie aus Gold, und die alte Polaroid hat er schon seit Ewigkeiten nicht mehr gesehen.

Charlie muß gegen Mittag zu Hause sein, damit er bei Amanda bleiben kann – er soll sie bedienen und ihr Tylenol und Saft bringen, während seine Mutter den Wagen endlich in die Werkstatt bringt, damit er neue Stoßdämpfer bekommt. Sevrin begleitet Charlie den halben Weg mit dem Fahrrad, und sie halten da an, wo sie immer stehenbleiben, an der Ecke Ash- und Chestnut-Street.

»Ich sollte wohl besser nach Hause fahren«, sagt Sevrin. »Wenn ich mein Zimmer aufräume, kauft mein Vater mir vielleicht einen neuen Fußball.«

Charlie nickt, dann schiebt er sein Rad um die Ecke.

»Bis morgen«, sagt Sevrin. Er dreht sein Fahrrad um und beginnt zu treten. »He, Idiot«, ruft er, als Charlie nicht auf Wiedersehen sagt. »Adiós.«

»Adiós«, ruft Charlie zurück.

Auf dem restlichen Heimweg tritt Charlie kräftig in die Pedale. Der Wind ist heiß, aber er fühlt sich trotzdem gut an. Während er am Haus der Crowleys und der Wagoners vorbeifährt, strampelt Sevrin ebenso schnell in die andere Richtung.

Nachmittags läßt die Hitze nicht nach, und bei Pearson's Tierfarm, wohin Ed Reardon und seine Frau Mary die Kinder geführt haben, steigt Staub in dichten Wolken auf und setzt sich in ihr Haar und ihre Kleider. Mary war diejenige, die im Brotkasten altes Brot für die Enten und Gänse gesammelt hat, aber als sie den Streichelzoo erreichen, sagt sie zu Ed: »Geh du mit ihnen rein.« Dann eilt sie in die andere Richtung, wo sie sich auf eine Bank im Schatten fallen läßt.

Eds Töchter betteln um Vierteldollars, damit sie das Babylama mit der Flasche füttern können. Sein Sohn Will klammert sich an seine Beine, weil er sich vor den Zwergziegen fürchtet, die herbeigerannt kommen und sie stoßend und drängend umgeben und nach Brot suchen.

»Sie können dir nichts tun«, sagt Ed zu seinem Sohn.

Um Will zu zeigen, wie lieb die Ziegen sind, beugt Ed sich hinunter, um einer den Kopf zu streicheln, und fängt sich einen Stoß ein. Er hebt Will hoch, damit er den Ziegen Brot hinwerfen kann, ohne zertrampelt zu werden. Im Schatten knöpft Mary einige Knöpfe ihrer Bluse auf und fächelt sich mit der Hand Kühlung zu. Ed beobachtet sie verblüfft, und dann wird ihm klar, was er sieht. Aus dieser Entfernung wirkt sie unzufrieden. Das Glück kam mühelos zu ihnen, sie brauchten nicht darum zu kämpfen. Aber in letzter Zeit herrscht Schweigen zwischen ihnen, und dies läßt Ed an ihrem Glück zweifeln. Er kann Mary Dinge mitteilen, die ihn zutiefst verstören – wie gestern abend, als er Amanda Farrells beunruhigend geringe Anzahl von weißen Blutkörperchen und seinen Entschluß erwähnte, eine Reihe von Tests durchzuführen, Tests, deren positives Ergebnis verheerend wäre –, ohne von Mary eine Antwort zu bekommen. Hört sie ihm nicht zu? Hat sie so viele Geschichten über seine Patienten gehört, daß sie ihn einfach reden läßt?

»Alles in Ordnung mit dir?« fragt er Mary, als die Kinder vom Streichelzoo genug haben.

»Natürlich«, sagt Mary. Sie zieht Will auf ihren Schoß und fühlt nach seiner Windel, um zu sehen, ob sie gewechselt werden muß.

Eds Rufgerät piepst, und er schaltet es rasch ab.

»Wir treffen dich beim Karussell«, sagt Mary.

»Tut mir leid«, sagt Ed. Er sagt das jedesmal, wenn er dienstlich abgerufen wird.

»Wenn ich mich nach all der Zeit nicht daran gewöhnt habe, werd' ich mich nie daran gewöhnen«, sagt Mary, aber Ed macht sich noch immer Gedanken. Manchmal meint er, Mary gebe ihm die Schuld an den Krankheiten seiner Patienten und glaube irgendwie, er benutze seine Arbeit als Ausrede, um sich seiner eigenen Familie zu entziehen.

Ed will es kurz machen und zurückkommen, ehe die Kinder das Karussell verlassen haben, aber er muß zuerst eine Telefonzelle suchen. Endlich findet er eine hinter dem Erfrischungsstand. Es ist drei Uhr, Zeit für den Mittagsschlaf. Überall auf Pearson's Tierfarm sind Kinder weinerlich, wollen getragen werden, verlangen Eis, werden von ihren Eltern gescholten. Als er in seiner Praxis anruft, sagt man ihm, das Labor wolle mit ihm persönlich sprechen. Er muß in seinen Taschen nach Kleingeld suchen und bereut jetzt, daß er seinen Töchtern alle Vierteldollars gegeben hat. Der Telefonhörer in seiner Hand fühlt sich kühl an; die Tasten sind klebrig, als er die Nummer des Labors eintippt. Er weiß, daß etwas nicht stimmt, er spürt es an der Art, wie die Luft vor Hitze prickelt. Er fühlt sich schon schwindlig, ehe er erfährt, daß Amanda Farrell, die er durch Windpocken, Mittelohrentzündungen, Impfungen, einen Armbruch und eine besorgniserregende Blinddarmoperation begleitet hat, sich beim AIDS-Test als positiv erwies. Ed Reardon, Absolvent der Harvard Medical School, der seine Facharztausbildung am Bostoner Kinderkrankenhaus verbracht hat und seit zwölf Jahren eine Privatpraxis führt, setzt sich auf den Boden hinter dem Erfrischungsstand, an dem Limonade und Popcorn verkauft werden.

Er hat vor, sich lange nicht von dort wegzurühren.

Die Nacht ist ruhig, man hört den Chor der Grillen nicht mehr, der den ganzen Sommer lang ertönte. Um Mitternacht weicht plötzlich die Hitze; ein Faden dünner, milchiger Wolken bildet einen Ring um den Mond. Es ist merkwürdig, daß Alpträume sich nicht ebenso in einer Stadt ausbreiten wie Windpocken, nicht durch offene Fenster und angelehnte Türen eindringen.

Ivan liebt kühles Wetter, daher schläft er besonders gut in dieser Nacht. Am nächsten Morgen ist er schon vor neun im Institut. Das Institut liegt in einem kleinen Haus direkt gegenüber dem Stadtplatz, einem kreisrunden Rasen, umgeben von Hortensien und spät blühenden Lilien, der einst als Weideplatz der Gemeinde benutzt wurde. Draußen im Sumpfland in der Nähe des Red-Slipper-Strandes steht das domartige Gebäude, in dem sich das Teleskop befindet. Für Charlie ist dieses riesige Teleskop heute nichts Besonderes mehr, doch Ivan kann sich noch erinnern, wie erstaunt Charlie mit zwei Jahren war, als sich auf einmal die Decke öffnete und den Himmel freigab. Gewöhnlich fährt Ivan nur einmal pro Nacht zum Red-Slipper-Strand hinunter, obwohl in letzter Zeit die graduierten Studenten den größten Teil der Beobachtungen durchgeführt haben, da die Astronomen ihre Vorträge vorbereiten. Ivan hat vor der Konferenz von Miami noch eine Menge Arbeit. Sein besonderes Interesse gilt der Supernova, und soeben ist eine erschienen. In Wirklichkeit erschien sie vor hundertsiebzigtausend Jahren, aber sie ist gerade über Südamerika gesichtet worden. Ivan macht sich unwillkürlich Gedanken darüber, ob er, wenn er am MIT oder an der Universität von Stanford wäre statt bei einem Institut mit geringen Mitteln, jetzt nicht in Chile sein könnte, statt bei der Konferenz auf Informationen aus zweiter Hand angewiesen zu sein. Es gibt am Institut vier Astronomen, fünf graduierte Studenten und zwei Sekretärinnen. Gerade die Kleinheit und die intensive Arbeit des Instituts haben ihm immer gefallen. Jetzt fragt er sich, ob er sich nicht vielleicht mit der zweiten Wahl zufriedengegeben hat.

Als er jung war, wirkte Ivan wie ein umgänglicher, gelassener Junge, aber das war er nicht. Schon im Alter von zehn Jahren hatte er zwei feste Vorsätze: Er wollte Wissenschaftler werden, und er wollte New Jersey und seine Familie verlassen. Noch immer betrachtet er es als seine Rettung, daß das MIT ihn damals akzeptierte. Seine Eltern leben beide nicht mehr, aber seine Schwestern Irene und Natalie wohnen noch immer in Fairlawn. Sie sehen einander jedes Wochenende, und Nat und ihre Familie leben in dem großen Ziegelhaus, in dem sie aufgewachsen sind. Ivan weiß, daß sie über ihn sprechen – nach der Beerdigung seines Vaters hörte er eine Bemerkung in der Küche des alten Hauses mit an. Tatsächlich klatschten sie über Polly, weil sie kein Make-up und keinen anderen Schmuck als ihren Ehering trug, doch es hätte ebensogut ein direkter Angriff auf Ivan sein können. Ivan weiß, es läuft darauf hinaus, daß er und seine Schwestern zwar im selben Haus aufgewachsen sind, aber schon immer in verschiedenen Welten lebten.

Noch immer können sie nicht verstehen, womit Ivan seinen Lebensunterhalt verdient und warum er das tut. Wie es möglich ist, daß sie dasselbe genetische Material haben und trotzdem so total verschieden sind, ist Ivan ein größeres Rätsel als alle Geheimnisse dieser oder einer anderen Galaxie. Und vielleicht ist das der Grund, warum Charlie ihm solche Freude macht. Nicht, daß Ivan eines seiner Kinder mehr liebte als das andere, aber Charlie ist wie er. Er interessiert sich für Wolken und Sternbilder; er hört vielleicht nicht zu, wenn man ihm sagt, er solle sein Zimmer aufräumen, aber er hört zu, wenn im hohen Gras die Grillen zirpen, und Veränderungen am Himmel entgehen ihm nie.

Ivan sitzt früher als alle Kollegen an seinem Schreibtisch, eine heiße Tasse Kaffee und ein Butterhörnchen vor sich, das er unterwegs gekauft hat. Er sichtet die Daten aus ihrem mit der NASA verbundenen Computer, als das Telefon läutet. Er macht sich nicht die Mühe, den Hörer abzunehmen, bis eine der Sekretärinnen, Monica, ihn über die Sprechanlage informiert, daß der Anruf für ihn ist. Er nimmt an, daß es Polly ist, die ihn an etwas erinnern will – in letzter Zeit vergißt er viel –, aber es ist die Stimme eines Mannes, und er erkennt sie nicht.

»Hier spricht Ed«, sagt die Stimme.

»Ed«, wiederholt Ivan und braucht einen Augenblick, bis er diesen Ed als den Kinderarzt identifizieren kann.

»Ich würde Sie gern heute vormittag sehen«, sagt Ed.

Ivan fragt sich, ob sie Dr. Reardon für die letzte Untersuchung der Kinder noch etwas schuldig sind. Er weiß, daß er diesen Monat die Hypothek und die Stromrechnung bezahlt hat, aber an mehr als das kann er sich nicht erinnern.

»Wie wär's um zehn?« sagt Ed.

»Paßt mir eigentlich überhaupt nicht«, sagt Ivan. »Ich muß bis Freitag einen Vortrag fertigmachen. Haben Sie's bei Polly probiert? Sie ist ohnehin diejenige, die die Schecks ausstellt.«

Den ganzen Morgen hat Ed sich gesagt, daß es einfacher sein würde, Ivan allein, ohne Polly, zu unterrichten; ein Wissenschaftler müßte den mutwilligen Weg eines Virus eher akzeptieren können. Jetzt weiß er, daß er sich etwas vorgemacht hat. Niemand kann die Willkür der Grausamkeit akzeptieren. Niemand kann auch nur versuchen, sie zu erklären, und trotzdem muß er sich bemühen, genau das zu tun.

»Dann vielleicht um halb elf?« drängt Ed Reardon.

»Hören Sie, Ed«, scherzt Ivan, »meinen Sie nicht, daß ich für Ihre Praxis ein bißchen zu alt bin?« Schweigen am anderen Ende der Leitung. Ivan kann seinen eigenen Herzschlag hören. »In Ordnung«, sagt Ivan. »Ich fahre gleich los.«

Er sagt Monica, er werde nach dem Essen zurück sein, und geht noch in Max Lymans Büro vorbei, um ihm zu sagen, daß er diese Woche nicht Squash spielen kann. Er braucht weniger als fünfzehn Minuten, um Reardons Praxis zu erreichen. Er sagt der Arzthelferin, der blonden, daß er da ist, und sie geht rasch ins Sprechzimmer des Arztes. Bildet er sich ein, daß sie verlegen aussieht? Bildet er sich ein, daß sie etwas wie Panik ausstrahlt?

Das Wartezimmer ist überfüllt. Ivan findet einen Platz auf der Couch, aber er fühlt sich zu groß für diesen Raum. Er ist seit mehr als einem Jahr mit keinem der Kinder mehr hiergewesen, und er kann sich nicht mehr genau erinnern, ob es daran liegt, daß die Kinder gesund waren, oder ob Polly das übernommen hatte. In den ersten Jahren waren sie dauernd hier, sowohl mit Amanda als auch mit Charlie. Hauptsächlich wegen entzündeter Ohren. Eine Zeitlang sah es so aus, als vergehe kein Monat, ohne daß eines der Kinder eine Mittelohrentzündung hatte.

Ed Reardon kommt heraus, geht direkt auf ihn zu und gibt ihm die Hand. »Gehen wir in mein Sprechzimmer«, sagt Ed. Er läßt Ivans Hand nicht los.

Ein Kleinkind stößt einen Schrei aus, sobald es den Doktor sieht, und die Mutter hält es fest, damit es nicht weglaufen kann.

»Wie ich sehe, sind Sie ja äußerst beliebt«, scherzt Ivan.

Ed öffnet die Tür zu seinem Sprechzimmer und bedeutet Ivan, als erster einzutreten. Ivan spürt, wie er beobachtet wird, als er sich auf einen Stuhl vor dem Schreibtisch setzt. In diesem Augenblick weiß er, daß etwas nicht stimmt.

Später, auf dem Heimweg, wird Ivan an den Straßenrand fahren, nicht weit von der Stelle entfernt, wo die wilden Brombeeren wachsen, die Polly und die Kinder im Sommer gern pflücken. Er hat geweint, seit er Ed Reardons Praxis verließ, doch jetzt beginnt er laut zu schluchzen. Es ist ein entsetzliches Geräusch. Es kommt aus seinem tiefsten Inneren, doch es scheint nicht zu ihm zu gehören, er kann es von außen hören, als wäre es der Schmerz eines anderen. All die Vormittage, an denen er es nicht erwarten konnte, das Haus zu verlassen und ins Institut zu kommen, fallen ihm wieder ein, die Nächte, in denen er zu müde war, um nachzuschauen, wer da weinte, und Polly hinschickte, die verschüttete Milch, das entnervende Geräusch von Zeichentrickfilmen an Samstagen, die Ferien, die Polly und er geplant haben, nur sie beide allein, um einmal den Kindern zu entkommen.

Als das Schluchzen aufhört, sitzt Ivan reglos hinter dem Steuerrad, ohne es loszulassen. Der Gedanke schießt ihm durch den Kopf, Ed Reardon umzubringen. Er ist derjenige, der Amandas Blinddarmentzündung diagnostizierte. Während der Operation kam es zu einer unerwarteten Blutung. Ivan erinnert sich, daß man ihm sagte, sie brauche eine Transfusion. Bei dieser Gelegenheit bekam sie das infizierte Blut. Seither hat er sie fünf Jahre lang allmählich verloren, ohne es zu wissen. Jedesmal, wenn er sie in ihr Zimmer schickte, weil sie frech gewesen war, jedesmal, wenn er nicht zu einem Turnwettkampf ging, in jeder Stunde, in der er tote Sterne betrachtete, verlor er sie ein Stück.

Und jetzt, an einem Donnerstagmorgen, während Amseln in den Brombeersträuchern zwitschern, hat er sie ganz verloren.

4

Sie können den Straßenverkehr von draußen hören. Amanda trägt weiße Jeans und ein mit Wolken bedrucktes T-Shirt; ihr Haar ist mit zwei Spangen zurückgesteckt. Auf dem Schreibtisch der Ärztin steht eine Schachtel mit Geleebohnen von der teuren Sorte, die nach Blaubeeren, Schokolade und Pfefferminz schmekken. Die Ärztin ist hübsch, und Amanda gefallen die Ohrringe, die sie trägt, silberne Mondsicheln, die jedesmal, wenn sie den Kopf bewegt, hin und her schaukeln.

»Verstehst du, was ein Virus ist?« fragt die Ärztin. Sie ist Spezialistin für AIDS bei Kindern und heißt Ellen Shapiro.

Amanda nickt bejahend. Sie sieht so ernst aus wie in der Schule, wenn sie eine Lektion lernt, die später geprüft wird. Polly zwingt sich, den Blick von ihrer Tochter abzuwenden. Auf einem Stuhl mit harter Lehne zu Amandas anderer Seite sitzt Ivan, ohne sich zu rühren; er sieht aus wie versteinert. Das Fenster ist offen, und der Stadtlärm von Boston klingt schrill für jemanden, der an die Ruhe von Morrow gewöhnt ist. In Morrow macht der Wind die meisten Geräusche; im November weht er die Blätter von den Bäumen, heult in wilden Januarnächten in den Schornsteinen und bricht die dünnen blauen Eiszapfen von den Regenrinnen. Vor langer Zeit, vor unendlich langer Zeit, als Polly ein kleines Mädchen in New York war, hat sie den Verkehrslärm nie bemerkt. Jetzt hört sie nicht nur den Verkehr, sondern hinter dem Brummen der Motoren und den Autohupen noch etwas anderes. Sie könnte schwören, daß es das Schreien eines Menschen war.

Polly und Ivan haben sich geschworen, nicht in Gegenwart von Amanda zu weinen, und sie halten sich daran, aber wenn sie allein sind, brechen sie plötzlich zusammen. Sie ertappen sich dabei, daß sie weinen, wenn sie sich die Zähne putzen oder Socken aus einer Schublade nehmen. Sie denken nicht darüber nach, warum sie einander nicht mehr berührt haben, seit Ivan die Schlafzimmertür versperrt und es Polly gesagt hat, oder warum sie beide dieses schreckliche Schuldgefühl haben, als müsse da etwas sein, das sie hätten tun können, um dies zu verhindern, wenn sie nur bessere Eltern gewesen wären.

Gestern, ehe sie es Amanda sagten, schickten sie Charlie mit dem Bus nach New York, um Pollys Eltern zu besuchen. Es war mehr als nur der Wunsch, ihn zu beschützen; die Gegenwart eines gesunden Kindes, und sei es auch Charlie, macht das, was mit Amanda geschieht, realer. Ständig erwägen sie die Möglichkeit einer Fehldiagnose, doch wenn sie abends im Bett liegen, ohne sich anzurühren, fühlen sich beide ohne jede Hoffnung.

Als sie es ihr sagten, starrte sie sie an, als seien sie verrückt geworden.

»Aber nein«, hatte Amanda gesagt, »ich bin nicht krank.«

Während Ivan ihr die Sache mit der Bluttransfusion und dem Virus erklärte, kaute Amanda Kaugummi und starrte an die Decke. Als er fertig war, seufzte sie und sagte: »Also gut. Wie lange muß ich in der Schule fehlen?«

»Wir wissen noch nicht, was mit der Schule sein wird«, hatte Ivan gesagt.

Der Blick, den Amanda ihm zuwarf, verursachte Polly eine Gänsehaut.

»Was?« hatte Amanda geschrien. »Aber das müßt ihr wissen.«

Polly versuchte, sie in den Arm zu nehmen, aber Amanda sprang vom Tisch auf. Sie stand zwischen dem Ausguß und dem Kühlschrank, in die Enge getrieben, einen wilden Blick in den Augen.

»Ich kann nicht krank sein!« hatte Amanda sie angeschrien. »Versteht ihr das denn nicht? Ich kann nicht in der Schule fehlen!«

Sie rannte nach oben in ihr Zimmer und schloß sich ein, und sie ließen sie. Sie ließen sie im Dunkeln sitzen und weinen, sie ließen sie eine Kassette nach der anderen hören, und als sie kurz nach neun am Abend wieder herunterkam, nickten sie, als sie sagte, ihre Augen sähen deshalb so komisch aus, weil sie müde sei. Sie saßen um den Küchentisch und aßen Schokoladeneis. Aber sie sahen einander nicht an; sie wagten nur im Flüsterton zu sprechen. Sie sind zu Schlafwandlern geworden, die durch ihren eigenen Alptraum irren, jeder dem anderen ausweichend aus Angst, ein Wort, ein Satz, ein Kuß könne ihnen klarmachen, daß sie nicht träumen.

Heute morgen, ehe sie nach Boston aufbrachen, hatte Polly eine Kanne starken Kaffee gekocht. Sie hatte sich eine Tasse eingegossen, aber sie konnte nichts trinken. Das Haus war viel zu still; es war wie das Haus in einem Traum, von dem sogar der Träumer weiß, daß es nicht wirklich ist, einfach weil die Ränder der Dinge verschwimmen. Polly fürchtete, wenn sie nach einer Kaffeetasse greifen würde, führe ihre Hand durch eine Wand, und wenn sie den Hahn drehen würde, kämen statt Wasser Spinnen und Steine heraus.

Als das Telefon läutete, nahm Polly automatisch den Hörer ab. Es war Betsy Stafford, die anrief, um ihr heftige Vorwürfe zu machen.

»Wenn du die Fotografin nur spielst, brauchst du es mir bloß zu sagen«, hatte Betsy gesagt, ohne Polly Gelegenheit zu einer Antwort zu geben. »Ich suche mir dann jemand anderen, der mit mir arbeitet.«

Polly war so benommen, daß sie Betsys Stimme nicht erkannt hatte, und war vom Telefon zurückgewichen, als habe sie einen obszönen Anruf erhalten.

»Wir hatten gestern einen Termin, und du warst nicht da. Du bist nicht gekommen, du hast nicht angerufen, nichts.«

Nun merkte Polly, wer dran war, aber sie konnte noch immer nicht sprechen. Als sie den Mund öffnete, fühlte ihre Zunge sich an wie Watte. Zu der Zeit, als Polly in Laurel Smiths Landhaus hätte sein sollen, hatten sie und Ivan sich mit Ed Reardon getroffen, um die im Kinderkrankenhaus gemachten diagnostischen Tests zu besprechen. Zweimal mußte Polly Ivan zurückhalten, sonst hätte er sich auf Ed gestürzt. Und selbst nachdem er versprochen hatte, Ed ausreden zu lassen, zitterte er noch. Er hatte einen Gesichtsausdruck wie ein Wahnsinniger. Es war entsetzlich, Ivan so zu sehen; er ist der am wenigsten gewalttätige Mensch, den Polly kennt, er kann nicht einmal einer Fliege etwas zuleide tun und geht den meisten Streitigkeiten mit gelassener Ruhe aus dem Weg. Es ist nicht so, als kenne Ivan seine eigene Größe und Kraft nicht – er ist einfach nicht zum Kämpfen geschaffen. Er würde sich zu viele Sorgen zum seinen Gegner machen. Doch hier, im Sprechzimmer des Arztes, ließ Ivan seine Fingergelenke knacken; er sah niemandem ins Gesicht. Er hatte Polly schon gesagt, daß Amandas Erkrankung seiner Meinung nach Mord war. Er sucht nach Verdächtigen; wenn er jemals denjenigen finden könnte, der das Blut gespendet hat, das Amanda bekam, würde er ihm den Hals brechen und dem Knacken der Knochen lauschen. Er wird diese Person niemals finden, aber so, wie er sich benahm, sah es aus, als wäre Ed Reardon der nächste auf seiner Liste. Er schien nicht zuzuhören, als Ed und Polly darüber sprachen, wie wichtig es für Amanda sei, weiter zur Schule zu gehen, sondern machte noch immer dieses schreckliche Geräusch mit den Fingerknöcheln. Dann, ohne jeden Grund, stand er plötzlich auf und schrie Ed an: »Gott verfluche Sie!«

Polly stellt fest, daß sie häufiger als gewollt über den wahnsinnigen Ausdruck auf Ivans Gesicht nachdenkt. Sie dachte die ganze Zeit daran, während Betsy sie anschrie.

»Heute morgen solltest du um halb neun bei mir sein, um die letzten Abzüge durchzugehen«, sagte Betsy zu ihr. »Was zum Teufel hast du gemacht? Frühstück für deine Kinder?«

»Amanda ist krank«, hatte Polly darauf gesagt.

»Dann hättest du mich doch anrufen können!« sagte Betsy. »Laß uns einen neuen Termin ausmachen. Sei doch ein bißchen professionell! Laurel hat inzwischen eine erstaunliche Lesung gehalten. Ihre neue Kundin war so außer Fassung, daß sie umfiel und ich ihr ein Valium geben mußte.«

»Sie ist wirklich krank«, sagte Polly.

»Was meinst du?« sagte Betsy.

»Sie hat AIDS«, sagte Polly. Es war das erste Mal, daß sie das Wort ausgesprochen hatte. Es schien ein unmögliches Wort zu sein, ein Wort, das sie eigentlich nicht einmal kennen sollte.

»Sie hat vor sechs Jahren eine Transfusion bekommen. Sie sagen, sie hätte AIDS.«

Am anderen Ende der Leitung herrschte vollkommenes Schweigen. Endlich sagte Betsy: »O mein Gott. Das ist nicht möglich.«

»Nein«, hatte Polly gesagt. »Es ist nicht möglich.«

»Vergiß das Buch«, hatte Betsy zu ihr gesagt. »Vergiß es, bis die ganze Sache vorbei ist.«

Polly gefiel dieser Gedanke nicht. Als sie auf ihre Hände hinunterschaute, sahen sie alt aus. Es hätten die Hände ihrer Mutter sein können.

»In Ordnung«, stimmte Polly zu.

»Ach, herrje«, sagte Betsy dann, »ich hab' vergessen, daß Charlie heute rüberkommen sollte. Ich muß mit Sevrin neue Schuhe kaufen gehen. Für die Schule«, erklärte sie. »Er will unbedingt Reeboks haben.«

»Charlie ist in New York. Wir haben ihn zu meinen Eltern geschickt. Wir können's ihm noch nicht sagen.«

»Natürlich nicht«, hatte Betsy gesagt. »Vor allem, weil sich ja alles noch als Irrtum rausstellen kann. So was passiert dauernd. Bei meiner Mutter haben sie Brustkrebs diagnostiziert und wollten sofort operieren, aber meine Mutter, schwierig wie immer, wollte absolut nicht. Sie gaben ihr höchstens noch ein Jahr zu leben, und das ist jetzt acht Jahre her. Da siehst du, wieviel die Ärzte wissen.«

Aber diese Ärztin im Kinderkrankenhaus scheint eine Menge zu wissen. Sachlich erklärt sie Amanda das AIDS-Virus.

»Das Immunsystem erhält dich gesund«, sagt Ellen Shapiro. »Es ist wie eine Armee, die mithilft, Viren abzuwehren.«

»Ich verstehe das nicht«, sagt Amanda.

»Nun, ohne diese Armee, dieses Immunsystem, ist der Körper anfälliger für Krankheiten. Er kann Infektionen nicht abwehren. AIDS setzt das Immunsystem außer Kraft, und du bist anfällig für Krankheiten, die du nicht bekommen würdest, wenn du nicht mit AIDS infiziert wärst.«

»Das verstehe ich«, sagt Amanda. Sie beugt sich auf ihrem Stuhl vor. »Ich verstehe nicht, warum Kinder das bekommen.«

Polly kann nicht an sich halten, ein Laut dringt aus ihrem Mund. Sie hustet, um den Schluchzer zu verbergen. Ivan sieht zu ihr herüber; er hat den gleichen seltsamen Ausdruck, seine Augen sind ganz leer. Einmal hat er Polly erzählt, er habe gesehen, wie auf dem Highway Nr. 16 ein Hund überfahren wurde; als er aus dem Wagen stieg und das Blut sah, fühlte er sich, als sei er selbst am Verbluten, als sei nichts mehr in seinem Inneren.

Ellen Shapiro steht auf und geht um den Schreibtisch herum. Sie setzt sich auf eine Ecke des Tisches und legt eine Hand auf Amandas Schulter.

»Ich auch nicht«, sagt sie.

Amanda weicht vor Ellen Shapiro zurück; ihr Gesicht wird rot vor Zorn. »Das sollten Sie aber«, sagt Amanda. »Ärzte sollten das wissen.«

»Es ist eine neue Krankheit«, sagt Ellen Shapiro freundlich. »Wir lernen immer mehr darüber.«

»Ich möchte darüber nicht mehr reden«, sagt Amanda. Sie wendet sich an ihre Mutter. »Ich will nicht länger hierbleiben.«

»In Ordnung«, sagt Polly.

Warum sollte Amanda auch hierbleiben? Ein Team unter Leitung von Dr. Shapiro hat sie bereits untersucht. Sie haben in ihrem Mund unter der Zunge zwei kleine Läsionen gefunden, und sie haben Ed Reardons Beobachtung bestätigt, daß ihre Drüsen und Lymphknoten geschwollen und ihre Muskeln entzündet sind. Niemand braucht Polly zu sagen, daß Amanda fast zehn Pfund abgenommen hat; sie sieht das daran, wie lose ihre Kleider sitzen. Die weißen Jeans, die Amanda trägt, waren früher so eng, daß Polly ihr mit dem Reißverschluß helfen mußte. Jetzt werden sie von einem blauen, gewebten Gürtel festgehalten.

»Ich werde mit Ihrem Hausarzt zusammenarbeiten«, sagt Ellen Shapiro.

»Wie tröstlich«, sagt Ivan.

Ellen Shapiro schreibt ihre Telefonnummer auf einen gelben Notizzettel, reißt ihn vom Block und gibt ihn Polly. »Sie können mich jederzeit anrufen, wenn Sie Fragen haben. Ich hoffe, daß Sie Fragen haben werden.«

»Und Sie meinen, Sie könnten unsere Fragen beantworten?« sagt Ivan.

»Sie müssen einsehen, daß niemand daran schuld ist«, sagt Ellen Shapiro. Als Ivan den Blick senkt, wendet die Ärztin sich Polly zu. »Das wissen Sie doch.«

»Ich weiß es«, sagt Polly.

Sie wirft Ed Reardon nicht vor, daß er Amandas Blinddarmentzündung diagnostiziert hat. Tatsächlich fühlt sie sich von Ed getröstet. Mehrmals am Tag möchte sie ihn anrufen.

Warum meint sie dennoch, jemand oder etwas müsse schuld sein?

Draußen im Gang legt Polly einen Arm um Amandas Schulter, während sie zum Aufzug gehen. Sie folgen Ivan, und Polly denkt daran, wie unangenehm es jedesmal war, wenn Ivan sie ausführte und er so schnell ging, daß sie Mühe hatte, mit ihm Schritt zu halten. Sie pflegte ihn damit aufzuziehen und sagte, er habe sich angewöhnt, so schnell zu gehen, weil er so dringend von seiner Familie fort wolle. Mit den Jahren ist Ivans Gang langsamer geworden, aber manchmal, wenn er mit den Kindern zusammen war, merkte Polly, daß die Kinder entweder laufen oder zurückbleiben mußten.

»Machen wir, daß wir hier rauskommen«, sagt Ivan, als sie den Aufzug erreichen. »Gehen wir eine Pizza essen.«

Polly starrt ihn an.

»Das ist mein Ernst«, sagt Ivan. »Gehen wir ins North End.«

Amanda schaut zu Boden und fängt an zu weinen.

»Schätzchen«, sagt Polly, aber Amanda dreht ihr den Rücken zu. »Tolle Idee«, sagt Polly zu Ivan. »Einfach großartig.«

Ivan ignoriert Polly. Er tritt zu Amanda und beugt sich hinunter, um ihr ins Ohr zu flüstern. »Sollen wir einfach nach Hause fahren?« sagt er.

»Ja«, sagt Amanda mit belegter Stimme.

Polly drückt auf den Knopf des Aufzugs. Sie können Charlie nicht länger aus der Sache, die sich in ihrem Leben breitmacht, heraushalten. Polly weiß, daß das feige ist, aber sie wird ihren

Vater bitten, es Charlie zu sagen. Sie kann es einfach nicht, und sie hat Angst, Ivan zu bitten, Angst vor dem, was er einem kleinen Jungen sagen würde.

»Ich hätte zu dieser Ärztin nicht so gemein sein sollen«, sagt Amanda. Ihre Stimme ist ganz leise, wie immer, wenn sie geweint hat.

»Sie hat es dir sicher nicht übelgenommen«, sagt Polly.

Polly hat das Gefühl, sie werde sich auflösen, wenn der Aufzug nicht bald kommt. In diesem Krankenhaus ist es immer viel zu warm; immer hört man das Geräusch von Metall, quietschenden Rädern, Maschinen, Bettpfannen und Essenstabletts, die auf glänzend silbrigen Wagen aneinanderstoßen. Sie wird alles tun, um Amanda dies hier zu ersparen.

»Ich hätte einfach nicht so mit ihr reden sollen«, sagt Amanda. »Ich muß nett zu ihr sein.«

Sie stehen vor dem Aufzug. Polly dreht Amanda um, so daß sie einander ansehen.

»Du brauchst zu niemandem nett zu sein, zu dem du nicht nett sein willst«, sagt Polly zu ihr.

»Es wäre aber besser«, sagt Amanda, »wenn ich will, daß sie mich gesund macht.«

Amanda tritt vor den Aufzug, als die Türen sich öffnen, und Polly und Ivan folgen ihr. Ivan drückt den Knopf für das Erdgeschoß, und als der Aufzug nach unten fährt, gestattet Polly sich einen schwindelerregenden Augenblick der Hoffnung. Sie lehnt sich gegen Ivan; sie hat ihn vermißt. Zusammen durch den Raum fallend, halten sie einander bei den Händen, und sie lassen erst los, als sie die Halle erreichen.

In dieser Nacht merkt Amanda, daß sie sich vor der Dunkelheit fürchtet. Sie macht das Licht in ihrem Wandschrank an und läßt die Tür offen. Sie schaltet ihre Schreibtischlampe ein und legt sich dann ins Bett, aber sie kann die Augen nicht schließen. Die Dinge sehen eigenartig aus. Die Gürtel auf einem Haken in ihrem Schrank sehen aus wie schwarze Schlangen, ihre alten Stofftiere oben auf dem Regal über dem Frisiertisch machen ihr angst: sie sehen aus, als drehten sich die Augen in ihren Köpfen.

Amanda zwingt sich, im Bett zu bleiben und den Kopf auf dem

Kissen liegen zu lassen. Sie probiert es mit einem alten Trick, den ihre Mutter ihr beigebracht hat, als sie noch klein war und häufig Alpträume hatte. Sie wird nur an die Dinge denken, die sie mag; sie wird eine Liste von hundert wunderbaren Sachen machen, und wenn sie Glück hat, wird sie eingeschlafen sein, ehe ihr die wunderbaren Sachen ausgehen.

Bald wird es unmöglich sein, bei offenem Fenster zu schlafen, ausgenommen in den wenigen geheimnisvollen Altweibersommernächten, in denen der Mond orangefarben und die Luft trügerisch warm ist. Aber jetzt ist noch Sommer, zumindest auf dem Kalender. Es ist gut, an Apfelkuchen, silberne Zigeunerarmreifen und Morgenröcke aus rosa Seide zu denken, die spitzenbesetzten, die zu teuer sind, als daß man sie kaufen könnte. Es ist gut, an Kaninchen im Gras zu denken und an die Art, wie ihr Vater lächelt, wenn sie jemanden auf der Straße treffen und er sie als seine Tochter vorstellt. Eines Tages wird sie Bier trinken und ein rotes Kleid mit einem breiten Silbergürtel haben und Ohrringe, die so lang sind, daß sie ihre Schultern streifen.

Spät in der Nacht, irgendwann nach Mitternacht, nachdem Amanda eingeschlafen ist und Ivan sich ein letztes Mal umgedreht hat und endlich auch schläft, steht Polly auf und zieht Jeans und ein altes graues T-Shirt an. Sie ist sehr leise, als sie durch den Flur geht. Alles Geschirr ist vorgespült und in die Geschirrspülmaschine gestellt worden. Es hat keinen Sinn, so zu tun, als wolle sie eine Tasse Tee. Im Dunkeln in der Küche stehend, hört Polly das Quietschen eines Laufrades aus dem Keller und erinnert sich daran, daß Charlie sie gebeten hat, seine Tiere zu füttern. Sie schaltet das trübe Licht auf der Treppe ein und geht nach unten. Es riecht nach Tieren und Erde; Polly fragt sich, was die Mäuse, die durch ihr Haus laufen, denken, wenn sie in diesen Teil des Kellers kommen und Charlies Hamster und Feldmäuse so faul und wohlgenährt in ihren warmen Käfigen sitzen sehen.

Die Feldmäuse starren Polly an, als sie die Futtertüte herausholt. Sie sind nicht weiß wie die Mäuse in der Tierhandlung, sondern klein und braun und haben schwarze Augen; wenn eine über den Fußboden läuft, denkt man, sie sei weiter nichts als ein Schatten.

Heute nacht schläft Charlie im Haus ihrer Eltern in Pollys altem Zimmer, das vor Jahren schon in einen Wohnraum mit einer ausziehbaren Couch für Besucher umgewandelt wurde. Polly hatte früher ein Bett mit gedrechselten Eichensäulen, das ihr Vater, Al, auf einem Flohmarkt auf Long Island gefunden hatte. Polly sah ihm an den Wochenenden zu, wie er dieses Bett wieder herrichtete, und zwar im Keller des Gebäudes, dessen Hausmeister er war und noch immer ist. Dort unten war es stets warm wegen der Heißwasserleitungen in der Decke. Al ließ immer zwei oder drei halbwilde Katzen frei im Keller herumlaufen, um »Mäusevettern« zu vertreiben, und seine Katzen, die immer groß und böse waren, schienen dazu willens und fähig, falls je eine Ratte so dumm sein sollte, ihnen über den Weg zu laufen. Al stibitzte aus der Küche Sachen für sie, Dosen mit Thunfisch, Schweizer Käse, Hühnerflügel. Er bezeichnete die Katzen ungeachtet ihres Geschlechts als seine »Jungs«, und immer, wenn sie einen gestohlenen Happen in den Keller trugen, sagte er zu Polly: »Sagen wir deiner Mutter nichts von dem Abendessen für die Jungs.«

Polly fragt sich noch heute, ob sie hätte merken müssen, daß zwischen ihren Eltern etwas nicht stimmte, aber das, was mit ihnen passierte, schien für Al genauso überraschend zu kommen wie für alle anderen. An den Sommerwochenenden fuhr er nach Blue Point auf Long Island zum Fischen, und eines Sonntags kam er nicht zurück. Polly erinnert sich noch, was sie und ihre Mutter an diesem Tag zum Abendessen hatten: Hackbraten, Bratkartoffeln und Lima-Bohnen. Zum Dessert gab es Geleepudding von der Art, wie Al ihn gern hatte, mit Ananasstückchen darin.

»Wir heben das Essen für deinen Vater einfach auf«, hatte Claire, Pollys Mutter, gesagt.

Claire deckte den Teller mit Alufolie ab und stellte ihn in den Kühlschrank, wo er vier Tage blieb, bis sie ihn schließlich wegwarf. Wenn Mieter anriefen, log Claire und sagte, Al habe Grippe und könne erst nächste Woche den Wasserhahn reparieren oder den Hausflur anstreichen. Sie schrieb jede Beschwerde auf einen gelben Zettel, den sie neben das Telefon gelegt hatte.

»Was ist, wenn er nicht zurückkommt?« hatte Polly ihre Mutter gefragt.

»Dann sagen wir einfach, daß er noch immer Grippe hat«, antwortete ihr Claire.

Wenn Polly im Bett lag, konnte sie ihre Mutter weinen hören, doch morgens sagte Claire nie ein Wort gegen Al, verhielt sich nie so, als sei es etwas Ungewöhnliches, daß sie nur zu zweit am Tisch saßen und ihre Frühstückseier aßen. Einmal wachte Polly nachts plötzlich schweißüberströmt auf. Sie stand auf; sie hatte einen Kloß in der Kehle. Als sie ins Wohnzimmer kam, brannten alle Lampen, doch die Wohnung war leer. Niemand war im Schlafzimmer ihrer Eltern, in der Küche, im Badezimmer. Sie war allein, beide hatten sie verlassen.

Polly wußte, daß sie nicht in der leeren Wohnung bleiben konnte. Sie spürte, wie ihr Herz klopfte. Sie zog ihre Schuhe an und streifte einen Pullover über ihr Nachthemd; sie nahm fünf Dollar aus dem Versteck unter dem Ausguß, das sie kannte. Sie atmete schwer, und vielleicht weinte sie, aber sie wollte nicht auf sie warten, nicht, wenn sie sie verlassen hatten. Ganz allein würde sie verhungern, würde sie vor Durst sterben.

Die Wohnung lag im Erdgeschoß. Polly brauchte also nur durch den Gang, durch die schweren Doppeltüren auf die Straße und zwei Blocks weit nach Osten zu gehen, dann war sie bei der Polizeistation. Sie würde sich als Waise melden, und die Polizisten würden wissen, was mit ihr zu tun wäre. Doch draußen im Flur sah sie, daß die Metalltür zum Keller nur angelehnt war und die Lampen brannten. Polly schlüpfte durch die Tür und lauschte, ob Diebe da waren, doch alles, was sie hörte, war ein tappendes Geräusch. Sie dachte nicht an Kakerlaken oder Ratten. Sie folgte dem Geräusch die Treppe hinunter.

Claire kniete auf dem Fußboden und löffelte Katzenfutter auf die alten, angeschlagenen Teller, die Al dort aufbewahrte. Die Katzen hockten in einer Ecke und beäugten sie argwöhnisch. Als sie merkte, daß jemand sie beobachtete, sah Claire auf und zwinkerte. »Die Jungs«, erklärte sie.

»Du hättest sie verhungern lassen sollen«, sagte Polly zu ihrer Mutter.

»Polly!« sagte Claire.

»Ja, das hättest du tun sollen«, sagte Polly.

Als Al zurückkam, neun Tage später, haßte ihn Polly. Er habe einen Freund besucht, sagte er, aber Polly wußte, daß es eine Freundin gewesen war. Sie hatte ein kleines Haus in Blue Point mit einem Rasen und einer immergrünen Hecke. Al hatte Polly tatsächlich einmal dorthin mitgenommen, und sie hatte fast eine Stunde im Auto gewartet und war endlich mit der Wange an der kratzigen Polsterung eingeschlafen.

»Fabelhafte Angelplätze in Blue Point«, sagte Al, als er wiederkam.

»Bestimmt«, sagte Claire.

»Ich konnte nicht dort bleiben«, sagte Al.

»Das sehe ich«, sagte Claire, und da beinahe Abendessenszeit war, nahm sie ein paar Karotten und Kartoffeln heraus, um sie zu schälen.

»Ist das alles?« hatte Polly zu ihrer Mutter gesagt. »Du nimmst ihn zurück?«

»Bilde dir nicht ein, daß du die Erwachsenen verstehst, denn das tust du nicht«, sagte Al zu Polly.

Polly ignorierte ihren Vater. Sie sah zu, wie ihre Mutter in einer Schublade nach dem Gemüseschälmesser suchte. Sie haßte ihren Vater, aber was sie für Claire empfand, war schlimmer. Sie wußte nicht, wie man es nannte, aber es war Mitleid, und es veränderte etwas zwischen ihnen für immer. Noch heute kann Polly ihre Mutter nicht ansehen, ohne an den Abend zu denken, an dem ihr Vater nach Hause kam, und daher hält sie sich von ihr fern. Sie sieht ihre Eltern so selten wie möglich, und sie zieht es vor, sie zu besuchen, statt sie zu sich einzuladen. Auf diese Weise kann sie jederzeit gehen. Doch heute nacht, während sie in ihrem eigenen Keller sitzt, denkt sie freundlicher an ihren Vater als seit vielen Jahren. Sie denkt an das, was er ihr beigebracht hat: wie man eine Dichtung auswechselt, wie man auf der Unterseite einer lackierten Kommodenschublade nachsieht, um festzustellen, ob sie aus Eichen- oder Fichtenholz ist, wie man im dunklen Keller keine Angst hat und wie Heizungsrohre sich anhören, wenn sie ächzen und Wärme verteilen. Heute nacht schläft Charlie in ihrem alten Zimmer, wo das Muster von Scheinwerfern an der Wand für Polly einst ebenso tröstlich war, wie es heute die Glühwürmchen sind, und Polly hofft, daß wenigstens ihr Sohn heute nacht gut schläft.

Am Morgen braucht niemand Charlie aufzuwecken oder ihn zum Frühstück zu rufen. Um acht Uhr ist er angezogen und fertig, und er ist einer der ersten, die das Naturkundemuseum betreten. Im Museum ist es angenehm kühl, und Charlies Atem läßt das Glas beschlagen, als er in die Fossilienkästen schaut. Er kommt gern in dieses Museum; das ist das beste an den Besuchen bei seinen Großeltern, die nur zwei Blocks davon entfernt wohnen. Normalerweise läßt sein Großvater ihn allein umhergehen. Heute begleitet er ihn von Saal zu Saal, aber das ist in Ordnung. Es ist nicht so, als wäre seine Mutter bei ihm, denn die würde die ganze Zeit reden.

Charlies Großvater schätzt das Museum ebenfalls, seinen Geruch, die dämmrige Beleuchtung, die Art, wie Schritte hallen. Charlie hat seine Eltern immer gebeten, ihn im Bus nach New York fahren zu lassen, und sie haben es ihm nie erlaubt, doch diesmal war seine Mutter selbst diejenige, die vorschlug, er solle allein fahren. Er hat vor, Sevrin etwas aus dem Andenkenladen mitzubringen als Entschuldigung dafür, daß er ihn nicht angerufen und Bescheid gesagt hat, er könne sich nicht um die Molche kümmern. Sevrin war noch nie in New York und kennt nur das Peabody-Museum in Cambridge. Charlie will ihm einen Aufkleber mitbringen, den seine Mutter ihm auf die Jacke nähen kann, irgend etwas wahnsinnig Cooles – er hat einige gesehen, die im Dunkeln leuchten.

»Sieh dir diese Knochen an«, sagt Charlies Großvater Al ab und an, während sie vom Brontosaurus zum Allosaurus gehen. Endlich, vor dem Tyrannosaurus, fügt er hinzu: »Was für ein Ungeheuer.«

Nach etwas mehr als zwei Stunden im Museum sagt Charlies Großvater: »Mir tun die Füße weh. Machen wir eine Pause.«

Sie haben noch nicht viele von Charlies liebsten Ausstellungsstücken gesehen, noch nicht einmal einen Blick auf die Säugetiere geworfen, aber Charlies Großvater läßt sich nicht zum Bleiben überreden. Charlie besteht allerdings darauf, beim Andenkenladen haltzumachen. Dort kauft er einen Aufkleber mit einem Tyrannosaurus für Sevrin und dann, impulsiv, noch einmal den gleichen für sich selbst. Nicht unbedingt, um zu zeigen, daß sie einen privaten Club haben; für so etwas sind sie zu alt. Es soll nur darauf hinweisen, daß sie einen Hang zur Naturwissenschaft haben. Charlie bezahlt an der Kasse und geht dann zu seinem Großvater, der am Eingang auf ihn wartet.

»Können wir später wiederkommen?« fragt Charlie.

Draußen ist es heiß, und nach dem Dämmerlicht im Museum blinzeln Charlie und sein Großvater in der Sonne. Der Geruch von Ruß und Auspuffgasen weht ihnen entgegen.

»Vielleicht«, sagt Al. Er war nie ein guter Lügner. »Wahrscheinlich nicht.«

»Okay«, sagt Charlie. »Dann vielleicht morgen? Wir könnten den ganzen Tag dort bleiben.«

»Setzen wir uns«, sagt Al.

Sie gehen auf einige Bänke zu, und Großvater Al setzt sich hin. Charlie will sich auch hinsetzen, aber er kann dem Gitter hinter der Bank nicht widerstehen. Als er es gerade ersteigen will, klopft Al mit der gewölbten Handfläche neben sich auf die Bank.

»Setz dich zu mir«, sagt sein Großvater zu Charlie.

Charlie setzt sich neben ihn, und Al legt einen Arm um ihn und drückt seine Schulter.

»Deine Mutter hat angerufen«, sagt Al. »Morgen fahre ich dich nach Hause.«

Charlie sieht ihn an und fühlt sich betrogen. Er ist erst gestern abend angekommen, und das soll schon alles sein? Nur zwei Stunden im Museum?

»Das ist nicht fair«, sagt Charlie.

»Nein«, sagt Al, »das ist es nicht.«

Genau deshalb kann man sich mit Großvater Al nicht streiten; er gibt einem immer recht.

»Amanda ist krank«, sagt Al. »Deswegen fahre ich dich nach Hause.«

Charlie trägt alte Turnschuhe, die bis über die Knöchel reichen. Plötzlich merkt er, daß sie ihm zu eng sind. Er kann spüren, wie sie ihm oberhalb der Knöchel ins Fleisch schneiden.

»Wie krank?« fragt Charlie.

»Es ist sehr schlimm«, sagt Al zu ihm. »Es ist ein Virus, das AIDS heißt.«

Charlie steht auf und schaut nach dem Museum. »Ich weiß, was AIDS ist, und ich weiß, daß es ein Virus ist.«

»Sie hat es durch eine Bluttransfusion«, sagt Al. »Bevor man von AIDS wußte, bevor man gespendetes Blut auf Viren untersuchte.«

Charlie beißt sich auf die Lippen, bis Blut kommt. Er ist ein Idiot. Er hätte wissen müssen, daß etwas nicht stimmt, als seine Mutter ihn allein nach New York fahren ließ. Al tritt hinter Charlie und bleibt dicht bei ihm stehen. Charlie fühlt die Untergrundbahn unter der Straße, er spürt die Hitze aus den Schächten. Unwillkürlich fragt er sich, ob da nicht ein Fehler passiert ist.

Vielleicht hätte das ihm zustoßen sollen.

In dieser Nacht hat Charlie Schwierigkeiten einzuschlafen, und als er es endlich tut, träumt er, daß er kein Mensch mehr ist. Über ihm stehen rote Sterne und Feuersbrünste. Die Erde bebt und mit ihr etwas tief in seinem Inneren. Er denkt *Wasser,* weil er es riechen kann. Wasser bedeutet Wärme, also geht er dem Geruch nach. Er hat Glück, noch am Leben zu sein; die Eier seiner Artgenossen waren der Kälte stärker ausgesetzt, und sie sind alle erfroren.

Er kann sich kaum erinnern, was vor der Gegenwart war. Wie es war, dem Ding zu folgen, das ähnlich war wie er, nur größer, und alles zu essen, was es ihm gab, und in Panik zu geraten, wenn er das Ding, das wie er war, aber größer, aus der Witterung verlor, denn er wußte, wenn er es verlor, würde es sich niemals umdrehen, um nach ihm zu suchen. Stehenbleiben bedeutete das Ende.

Ganz am Anfang waren die Eier der anderen da, die er essen konnte, bis er dem Ding folgen konnte, das wie er war, aber größer. Sie waren zusammen, bis das Ding, das wie er war, aber größer, ihn nicht mehr in die Nähe seiner Beute ließ, und er schlug nach ihm. Er hörte ein Röhren aus seiner eigenen Kehle, und er war so hungrig, daß er nicht aufgeben wollte. Das Ding, das wie er war, aber größer, rannte weg und hinterließ eine Blutlache. Dann war er allein, er folgte nicht mehr dem Ding, das wie er war, denn es war nicht mehr größer.

Er weiß genug, um am Leben zu bleiben. Manchmal läßt er sich vom Sonnenlicht beinahe täuschen. Er legt sich hin und fühlt, wie sich sein Körper damit vollsaugt, als könne er sich davon ernähren, aber wenn er zu lange an einem Platz bleibt, wird die Kälte ihn töten. Es gibt Zeiten, da tötet er, um zu essen, doch häufiger ißt er, was er findet. Dinge, die sich nicht mehr bewegen, weil sie erfroren sind. Er bricht sich die Krallen ab, wenn er ihre vereisten Überreste zerreißt. Er sucht in ihren Körpern nach irgendeinem warmen Kern, vielleicht einer fleischernen Stätte, an der er schlafen kann, aber er findet nichts, das ihm Trost gibt.

Überall, wohin er geht, waren einst Sümpfe, Wasser, so warm, daß Dampf aus dem Sumpfgras stieg. Die Dinge waren lebendig. Es gab Hitze, Dinge, die kleiner waren, die man töten und essen konnte, und unzählige grüne Pflanzen. Das war vor seiner Zeit. Ihm ist immer kalt gewesen. Er fühlt sich innen schwarz; außen fallen Schuppen von ihm ab und gefrieren, wenn sie den Boden berühren. Er sieht nicht mehr auf, wenn er am Himmel Dinge explodieren hört. Früher lief er weg und versteckte sich. Früher krallte er sich an der harten, kalten Erde fest. Jetzt bleibt er einfach in Bewegung. Nun geht er auf Wasser zu. Er sucht nach etwas Warmem. Er kann nicht genug essen, um seinen riesigen Körper zu füllen. Wenn er andere seiner Art sieht, ist er bereit zu kämpfen, wenn er muß, aber er will seine Kraft nicht verbrauchen, daher wartet er, und oft sehen die anderen ihn und fliehen.

Tyrannenechse wird man ihn nennen, *Tyrannosaurus rex*. Aber er ist kein Tyrann; er hat Mühe, zum Gehen seine Füße zu heben, weil die Kälte unten anfängt und sich nach oben ausbreitet. Wasser. Er kann es riechen. Er folgt weiter dem Geruch, denselben Weg, auf dem er dem Ding zu folgen pflegte, das wie er war, aber größer. Die Erde, auf der er geht, ist so kalt wie eh und je; eine dünne Eisschicht haftet auf seinem Rücken und seinem Schwanz, aber irgendwo, tief in seinem Inneren, ist noch Wärme.

Charlie erwacht kurz vor der Morgendämmerung, erschrokken über seinen eigenen Herzschlag. Er legt die Hände auf die

Brust; seine Haut fühlt sich heiß an. Er zählt von einhundert aus rückwärts, und dabei hört sein Herz zu hämmern auf. Er fällt wieder in einen traumlosen Schlaf, und später, als er erwacht, ist er noch immer müde. Er kann nicht aufhören, an seinen Traum zu denken. Er trödelt beim Frühstück, er sieht bis Mittag fern, zwingt sich dann, zwei überbackene Käsesandwiches zu essen, nicht aus Hunger, sondern um die Zeit totzuschlagen.

Spät am Nachmittag näht Charlies Großmutter ihm einen der Tyrannosaurus-Aufkleber auf seine Jacke, während sein Großvater die Kühltasche holt und Äpfel und Käse und Bier für die Fahrt einpackt. Charlies Großmutter wird nicht mit ihnen nach Morrow fahren. Sie ist ausdrücklich nicht eingeladen. Claire weiß, daß Polly Angst hat, sie werde zusammenbrechen; Polly hat ihr nie Enttäuschungen verziehen; Enttäuschungen, die vor so langer Zeit passiert sind, daß Claire nicht einmal mehr weiß, worin sie bestanden.

Charlie bemerkt, daß die Hände seiner Großmutter beim Annähen des Aufklebers zittern. Sie war früher Näherin bei Bendel's, doch ihre Stiche sind nicht mehr so klein wie einst. Charlie küßt sie zum Abschied, als sie mit der Jacke fertig ist.

»Fahr bloß nicht heute nacht noch zurück«, sagt Claire zu ihrem Mann.

»Glaubst du, ich bin verrückt?« sagt Al, und er zwinkert Charlie zu. Charlies Großvater ist seit fünfunddreißig Jahren Hausmeister des Gebäudes, in dem er wohnt. Er hat einen eigenen Parkplatz in der kleinen Tiefgarage, er kennt fast jeden im Wohnblock, zumindest die langjährigen Bewohner, und er kann alles reparieren oder es wenigstens so aussehen lassen, bis es zum nächsten Mal kaputtgeht. Er hat Charlie seinen ersten Hamsterkäfig aus Holz und Maschendraht gebaut, und er hat einige merkwürdige Angewohnheiten: er trinkt zum Frühstück heißes Wasser mit Zitronensaft, weigert sich, Filme anzusehen, die nach 1952 gedreht wurden, und trinkt immer ein Bier, wenn er aus Manhattan hinausfährt. Das Bier ist das greifbare Objekt, das die Stadt und Als endlose Pflichten als Hausmeister voneinander trennt. Nachdem sie die Triborough-Brücke überquert haben, bittet Al Charlie, eine Flasche Bier zu öffnen.

»Es ist besser, daß deine Großmutter nicht mitkommt«, sagt er zu Charlie. »Sie kann nicht gut mit Krankheiten umgehen. Obwohl ihrer Meinung nach die Ärzte alles heilen können. Ich sage ihr immer, sie hätte einen Arzt heiraten sollen. Stört es dich, wenn ich eine Zigarre rauche?«

Der Geruch verursacht Charlie Übelkeit, aber er sagt: »Überhaupt nicht«, und nimmt eine Zigarre aus dem Handschuhfach. Zu Hause darf sein Großvater nicht rauchen; er muß sich in den Keller setzen, wenn er eine Zigarre möchte. Al gibt Charlie die kalte Bierflasche zum Halten, dann nimmt er die Zigarre und zündet sie an.

»Glaubst du, daß sie sterben wird?« fragt Charlie.

»Tja, mein Junge«, sagt Al, »sterben müssen wir alle, nicht?«

»Red nicht mit mir, als ob ich ein Baby wär'«, sagt Charlie.

»Du hast recht«, sagt Al. »Ich vergaß, wie alt du bist. Soweit ich sagen kann, sieht es nicht gut aus.« Er schaut zu Charlie hinüber. »Willst du auch einen Schluck Bier?«

Charlie sieht seinen Großvater an, um festzustellen, ob er scherzt. Als Augen sind auf die Straße gerichtet. Charlie nimmt einen Schluck Bier; es brennt beim Hinunterschlucken. Es ist ekelhaft. Charlie wischt sich mit dem Handrücken den Mund ab.

»Nicht schlecht«, sagt er.

Sie nehmen die Abfahrt zum New England Thruway. Charlie starrt aus dem Fenster und stellt sich den Tyrannosaurus aus seinem Traum vor. Er ist größer als alle diese Bäume am Straßenrand, größer als die Laternenmasten und die Wassertürme. Der Himmel ist klar, von dem leuchtenden Blau eines Sommerabends kurz vor der Dunkelheit. Charlie denkt an Zähne und Klauen, Blut und Knochen. Er hat immer gedacht, er sei klug, und jetzt, ganz plötzlich, sieht er, daß die Naturwissenschaft ihn dumm gemacht hat. Er hat wirklich daran geglaubt, die Wissenschaft könne, wenn man ihr genug Zeit läßt, jede Frage beantworten, aber sie kann keine Antwort auf das geben, was am wichtigsten ist: Was, wenn keine Zeit mehr ist?

»Ich bin diese Straße so viele Male gefahren, daß ich sie auswendig kenne«, sagt Großvater Al. »Wollen wir ein bißchen Musik machen?«

»Ich will nicht nach Hause«, sagt Charlie.

»Natürlich nicht«, sagt Al, den Fuß fest auf dem Gaspedal.

Den Rest der Fahrt legen sie schweigend zurück bis auf ein paar Lieder, die Charlies Großvater singt, alte Lieder, deren Text Charlie nicht kennt, Liebeslieder, an die Al selbst sich kaum noch erinnert. Nachdem sie Boston passiert haben, beginnt die Luft salzig zu riechen. Sie fahren auf der 95. an Peabody, Gloucester und Ipswich vorbei. An der Ausfahrt nach Morrow sehen sie drei weiße Fischreiher, die am Straßenrand gehen. Charlies Großvater schaltet das Fernlicht ein und trinkt ein zweites Bier; es ist nicht kalt genug, um etwas zu taugen, gewiß nicht dazu, seinen Durst zu stillen. Es gibt keine Glühwürmchen mehr, und es ist früher dunkel geworden als noch vor ein paar Tagen. Sie fahren durch die Stadt, am Park und den Geschäften vorbei.

»Wir sind fast da«, sagt Al traurig.

Sie biegen in die Chestnut Street ein, fahren einen halben Block und kommen dann in die Einfahrt. Ivan ist draußen auf der Veranda. Vielleicht wartet er auf sie, vielleicht will er nur frische Luft schnappen. Er steht auf, als der Wagen vorfährt. Charlie hat Angst, seinen Vater anzusehen, tut es aber doch. Sein Vater sieht genauso aus wie vor zwei Tagen, als er Charlie zum Bus fuhr, nur trägt er jetzt ein blaues Hemd, beige Hosen und Mokassins ohne Socken. Er steht vor dem Haus und rührt sich nicht; er ist auf der Stelle erstarrt. Charlie macht die Autotür auf, ehe der Wagen zum Stehen gekommen ist. Als er auf seinen Vater zugeht, beginnt der Aufkleber, den seine Großmutter auf seine Jacke genäht hat, wie ein vergessenes Stück Meteorasche zu glühen.

Charlie tut sein Bestes, um für den Rest des Abends mit niemandem zu sprechen, und sobald er kann, flieht er in sein Zimmer. Als Amanda hereinkommt, ist das Licht aus, und sie kann nichts erkennen.

»Bist du da?« sagt sie.

Das Fenster ist offen, und das weiße Papierrollo schwingt hin und her und schlägt gegen die Fensterbank. Der Großvater der Kinder bleibt über Nacht, und er und ihre Eltern sitzen draußen auf der Veranda, trinken Bier und reden leise miteinander. So leise, daß Amanda ziemlich sicher ist, daß sie über sie reden.

»Ich bin hier«, sagt Charlie.

Aus irgendeinem Grund will er seine Kleider nicht ausziehen, bevor er zu Bett geht, nicht einmal seine Jacke. Amanda sieht den phosphoreszierenden Dinosaurier und folgt ihm zum Bett. Sie setzt sich auf den Bettrand, und obwohl ihre Augen sich noch nicht an die Dunkelheit gewöhnt haben, kann sie Charlies Gegenwart spüren.

»Wahrscheinlich warst du nicht sehr lange im Museum«, sagt Amanda.

»Zwei Stunden«, sagt Charlie.

»Der Aufkleber ist Spitze«, sagt Amanda. Jetzt kann sie sein Gesicht sehen.

»Wie fühlst du dich?« fragt Charlie Amanda förmlich.

»Die spinnen alle«, sagt Amanda. »Mir geht's gut. Bestens.«

»Ja«, stimmt Charlie rasch zu.

»Ich wünschte, ich hätte nach New York fahren können statt in dieses blöde Krankenhaus«, sagt Amanda.

Amanda ist diejenige, die wirklich nach New York hätte gehen sollen. Sie ist diejenige, die so wild darauf ist, dort zu leben.

»Hast du jemand Berühmten gesehen?« fragt sie.

Sie ist besessen von Berühmtheiten und hat schon George Burns, James Taylor, Sing und Carol Channing gesehen, alle auf der Straße, wo niemand außer Amanda sie anstarrte.

»Nein«, sagt Charlie. »Aber bald ist Labour Day. Alle Prominenten fahren in ihre Ferienhäuser.«

»Mick Jagger geht nach Montauk«, sagt Amanda sehnsüchtig.

Sie lauschen, wie das Papierrollo gegen die Fensterbank schlägt.

»Ich wünschte, der Sommer würde erst anfangen«, sagt Charlie.

Sie hören draußen die erhobene Stimme ihres Vaters; er streitet mit jemandem, mit ihrer Mutter oder Großvater Al, aber sie können die Worte nicht verstehen. Sie wollen sie auch nicht verstehen.

»Sag Mami nichts«, flüstert Amanda. »Ich hab' Halsschmerzen.«

Charlie greift in seine Tasche; hinter dem Dinosaurier-Aufkleber für Sevrin steckt eine Rolle Drops.

»Hier«, sagt er. Er schiebt sie Amanda in die Hand und weicht zurück, als er spürt, wie kalt ihre Hand ist.

»Du kannst dich nicht anstecken, wenn du mich anfaßt oder so«, sagt ihm Amanda.

»Ich weiß«, sagt Charlie verlegen. Davor fürchtete er sich nicht, er fürchtete sich vor der Kälte. Er denkt an seinen Tyrannosaurus, der über den eisigen Boden geht, während der Himmel sich mit Sternschnuppen füllt. »Du kannst die ganze Rolle behalten«, sagt er.

Amanda nimmt ein Bonbon mit Kirschgeschmack und steckt es sich in den Mund. »Danke«, sagt sie. Seit man es ihr gesagt hat, hat Amanda Angst, schlafen zu gehen, aber sie wird immer früh müde. Jetzt steht sie auf. Ihre Augen haben sich angepaßt, und sie kann Charlie sehen, der sich gegen die Wand lehnt, noch immer in Jeans, Jacke und Turnschuhen.

»Ich wollte nur hören, wie's in New York war«, sagt Amanda.

Charlie spürt in seiner Tasche die Ränder von Sevrins Dinosaurier-Aufkleber. »Ich hab' dir was mitgebracht«, sagt er.

»Machst du Witze?« fragt Amanda.

»Nein, wirklich«, sagt Charlie zu ihr.

Er rutscht an den Bettrand und gibt Amanda den Dinosaurier-Aufkleber, der durch die Zellophanhülle glüht.

»Den näh' ich auf meine Sporttasche«, sagt Amanda.

»Klasse«, sagt Charlie.

»Ist der wirklich für mich?« fragt Amanda.

»Ich hab' ihn dir doch gegeben, oder?« sagt Charlie.

»Was hast du damit gemacht, ihn vergiftet?« fragt Amanda.

»Hör zu, wenn du ihn nicht willst, dann gib ihn mir wieder«, sagt Charlie.

»Kommt nicht in Frage«, sagt Amanda. »Danke schön, Spatzenhirn.«

»Bitte sehr, Fuchsgesicht«, erwidert Charlie.

»Du weißt ja«, sagt sie, »Geschenke kann man nicht zurückverlangen.«

»Schon gut«, sagt Charlie, »ich verlang's nicht zurück.«

5

Polly hat mit den Kindern immer bei Bradlee's eingekauft, wenn sie Kleidung oder Schulsachen brauchten, und sie will es auch dieses Jahr tun. Auf dem Parkplatz herrscht ungeheurer Betrieb, doch schon bevor sie ihn erreichen, ist Polly so angespannt, daß ihr Nacken schmerzt. Eine nervöse Angewohnheit aus ihrer Kindheit ist zurückgekommen; sie hat angefangen, mit den Zähnen zu knirschen.

»Mami!« ruft Amanda, als ein zurücksetzender Volvo beinahe mit ihnen zusammenstößt.

Polly verlangsamt die Fahrt nicht. Man hat ihr alles andere genommen, und sie ist nicht bereit, sich jetzt den Parkplatz nehmen zu lassen, den sie in der zweiten Reihe erspäht. Sie fährt so schnell in die Lücke, daß die Kinder nach vorn geschleudert werden, bis ihre Gurte sie zurückhalten.

»Saubere Arbeit, Mami«, sagt Charlie vom Rücksitz.

Polly ist in Schweiß gebadet. Sie hätte gemordet, um diesen Parkplatz zu bekommen. Überall auf dem Gelände sind Mütter, die sich für nichts anderes interessieren als für Cordhosen und Sweater in den richtigen Größen. Polly und Ivan haben sich in dieser Woche dreimal mit Ed Reardon getroffen, und er hat ihnen zu verstehen gegeben, daß die im Augenblick größte Gefahr für Amanda eine Lungenentzündung ist. Ihr Entschluß, Amanda in die Schule gehen zu lassen, ist riskant, nicht für die anderen Kinder, sondern für Amanda, die sich leicht irgendeines der Viren einfangen kann, die so oft in Klassenzimmern herumschwirren. Doch wie sollen sie Amanda das einzige verweigern, das sie sich wünscht und das sie noch haben kann? Sollen sie sie aus Angst, sie könnte sich ein Magenvirus zuziehen, das jedes andere Kind nach vierundzwanzig Stunden los wäre, das sie aber wochenlang ans Bett fesseln könnte, vollkommen isolieren? Das kann doch nicht richtig sein.

Es kann nicht das beste für sie sein.

Gestern abend beim Essen haben sie über die Endwettkämpfe im Turnen gesprochen, die immer im Juni abgehalten werden. Amanda glaubt nicht nur, sie werde daran teilnehmen, sie ist sogar sicher, daß sie gewinnen wird. Sie plant bereits ihre Kür im Bodenturnen für den ersten Wettkampf Ende September und trainiert auf ihrer grauen Matte unten im Keller. Dabei spielt sie ihr Band, *True Blue* von Madonna, so oft, daß Polly das Lied schon auswendig kennt.

Während sie vom Wagen in das Geschäft gehen, muß Polly den Drang bekämpfen, Amanda zu berühren. Amanda neue Schulkleider zu kaufen fühlt sich an, als unterzeichne sie ihr Todesurteil; am liebsten würde Polly ihre Tochter zu Hause behalten und alle Türen abschließen. Sie kann nicht verstehen, wie Ivan weiterhin jeden Tag ins Institut gehen kann, obwohl sie sich versprochen haben, ihr normales Leben so gut wie möglich weiterzuführen. Polly ihrerseits hat ihre Arbeit ganz aufgegeben. Sie würde nicht eine Minute in der Dunkelkammer zubringen, die Ivan ihr im Waschraum im Keller eingerichtet hat, wenn das bedeutete, eine Minute fern von Amanda zu verbringen. Alles, was Amanda ausschließt, ist vergeudete Zeit. Doch natürlich weiß Polly, sie darf niemanden merken lassen, daß nichts außer Amanda mehr zählt.

In den Verkaufsräumen von Bradlee's läuft die Klimaanlage auf vollen Touren, und die fluoreszierenden Lichter flackern. Polly schnappt sich einen Einkaufswagen und geht direkt auf die Abteilung für Mädchenkleidung zu. Charlie, der neue Kleider haßt, ist bereits in die Schreibwarenabteilung abgewandert. Amanda beginnt einen Kleiderständer durchzusehen, auf dem fast nur rote und in Pollys Augen gleich aussehende Kleider hängen. Während Polly einige Strumpfhosen in den Wagen legt, kommt Amanda mit zwei von den roten Kleidern zu ihr.

»Nicht beide«, sagt Polly automatisch. Im gleichen Augenblick bedauert sie ihre Worte. Was zum Teufel macht es schon aus, wenn Amanda beide Kleider bekommt?

»Ich brauche beide...«, beginnt Amanda in weinerlichem Ton.

»Schon gut«, sagt Polly rasch, ehe Amanda etwas erklären kann. Sie nimmt die Kleider, legt sie über den Wagen und geht dann weiter zu den Schlafanzügen. Sie blickt auf und sieht, daß Amanda sie aufmerksam beobachtet. Ehe Polly den Wagen zum nächsten Stand weiterschieben kann, kommt Amanda herüber und nimmt eines der Kleider vom Wagen.

»Dieses ist doch nicht so toll«, sagt Amanda.

»Aber ja«, sagt Polly.

Polly will das Kleid wieder zurücklegen, doch Amanda ist zu schnell für sie. Sie bringt das Kleid zurück zum Ständer, und dort trifft sie jemanden, den sie kennt, eine andere Sechstkläßlerin, die für den Herbst ausgestattet wird. Polly schaut genau hin, um festzustellen, ob der Unterschied zwischen den beiden Mädchen, eins gesund, eins krank, zu sehen ist. Dieses Mädchen, wer immer sie sein mag, ist nicht so hübsch wie Amanda, und als ihre Mutter meint, sie müßten nun gehen, wirft sie ihr einen wütenden Blick zu. Dann sagt sie etwas, worüber Amanda hysterisch lachen muß, und beide verdecken ihre Gesichter und kichern. Zweifellos irgendeine böse Bemerkung über Mütter.

Polly wurde nie in Geschäfte geführt, um Schulkleidung zu kaufen. Ihre Mutter nähte alles selbst, und Polly verachtete jeden Stich. Die Kleider, die Claire schneiderte, waren zu ausgefallen; wenn die anderen Mädchen rosa Wollstoff trugen, hatte Polly einen schwarzen Samtrock mit passendem Umhang. Sie trug Kleider mit verlängerter Taille, wenn bauschige Röcke Mode waren. Heute wünscht sie sich, sie hätte diese Kleider noch, denn sie hat erkannt, daß ihre Mutter ein wirkliches Talent für Mode hatte. Nichts, was ihre Mutter schneiderte, hätte überleben können, denn Polly behandelte die Sachen schrecklich, goß Tinte darüber und riß beim Ausziehen die Säume los.

»Du bist so furchtbar unachtsam!« hatte Claire einmal geschrien, als sie eine weiße Satinbluse, die sie erst vor wenigen Tagen fertiggenäht hatte, da fand, wo Polly sie hatte liegenlassen, zu einem Knäuel zusammengerollt auf dem Fußboden. Später hatte Polly ihre Mutter weinen sehen, als sie die Bluse bügelte. Ihre Mutter war damals im gleichen Alter wie Polly heute. Sie hatte so alt gewirkt, wie sie da bügelte, das Haar mit Kämmen zurückgesteckt. Polly erinnert sich, wie sie dachte, es sei lächerlich für eine erwachsene Frau, in der Küche zu weinen.

Während Polly die Mädchen beobachtet, schleudert Charlie unbemerkt ein Ringbuch mit losen Blättern und eine Lunchdose in den Wagen. Das Krachen läßt Polly zusammenfahren.

»Du sollst dich nicht so anschleichen!« sagt Polly.

»Das ist Janis Carter«, sagt Charlie mit einem Blick auf das Mädchen, das Amanda getroffen hat. »Sie hat eine dänische Dogge, die größer ist als sie. Und intelligenter auch.«

Sie ist nicht intelligent, sie ist nicht hübsch, sie wirft ihrer Mutter wütende Blicke zu. Ein großes, unachtsames Mädchen, das leben wird, bis es eine alte Frau ist, umgeben von Enkelkindern.

»Hol dir zwei Jeans und ein Sweatshirt«, sagt Polly. »Wir treffen uns an der Kasse.«

Verwirrt starrt Charlie sie an.

Polly greift nach zwei Päckchen mit geblümten Unterhosen und einem Morgenrock mit roten Bändern.

»Ich weiß nicht, was für welche ich nehmen soll«, sagt Charlie.

»Amanda!« ruft Polly. »Wir müssen gehen.«

Amanda verabschiedet sich von ihrer Klassenkameradin und kommt auf sie zu.

»Mami«, sagt Charlie, »ich weiß nicht, welche Jeans ich nehmen soll.«

»Sei doch kein Baby!« versetzt Polly. »Nimm, was du siehst.«

»Ich brauche ein ganz großes Ringbuch«, sagt Amanda zu Polly.

»In Ordnung«, sagt Polly.

Da die Klimaanlage so stark aufgedreht ist, fragt sich Polly, ob Amanda wohl friert. Amanda geht zwischen den Regalen durch, und Polly folgt ihr. Auf dem Weg in die Schreibwarenabteilung kommt Amanda an der Schmuckabteilung vorbei. Polly hilft ihr, drei Armreifen auszusuchen, alle in verschiedenen Rotschattierungen. Als sie wieder zu ihrem Einkaufswagen zurückkommt, sieht Polly, daß Charlie noch immer da steht, wo sie ihn zurückgelassen hat, in der Mädchenabteilung. Polly hat vergessen, daß dies auch ihn trifft. Sie denkt daran, wie er ihr überallhin folgte, als er noch klein war. Die anderen Mütter, die sie kannte, pflegten darüber zu lachen und ihn als ihr kleines Entlein zu bezeichnen. »Quak«, rief er ihr zu, wenn er sie im Park brauchte, und die anderen Mütter lachten und sie selbst auch, aber irgendwie brach es ihr das Herz zu wissen, daß er bald sprechen würde wie alle anderen und ihr nicht mehr nachlaufen und sich an ihre Beine klammern würde.

Als er ihren Blick bemerkt, macht Charlie sich auf den Weg in die Knabenabteilung und verschwindet zwischen den Gestellen mit Windjacken und Sweatshirts mit Kapuzen. Es ist viel zu kalt hier drinnen. Polly kann das nicht ertragen. Amanda streift sich Armreifen über, einen nach dem anderen. Als sie einige Hefte und Stifte ausgewählt haben und sich an der Kasse anstellen, wartet Charlie auf sie mit einer Jeans, die ihm erst nächsten September passen wird, und einem dunkelblauen Sweatshirt, das genauso aussieht wie eines, das er schon hat.

Sobald sie zu Hause angekommen sind, geht Charlie nach unten in den Keller. Er haßt seine Mutter und seine Schwester. Tatsächlich haßt er alle. Er kann nicht glauben, daß er so schreckliche Gefühle haben kann, aber er hat sie. Er hat nicht vor, die Kamera seiner Mutter zu stehlen, aber als er die offene Tür der Dunkelkammer sieht, weiß er, daß er es tun wird. Es ist eine Minolta, viel zu teuer, als daß Charlie damit herumspielen dürfte. Er steckt sie in seinen Rucksack und wartet, bis es oben still ist. Dann geht er hinauf in die Küche und ruft rasch bei Sevrin an, doch niemand meldet sich. Also fährt Charlie allein zum Teich, entschlossen, ein Foto von der Schildkröte zu machen. Er merkt, daß niemand ihn vermissen, niemand merken wird, daß er fort ist. Seine Mutter interessiert sich für ihn genauso wenig wie für die Kamera. Vielleicht, ja vielleicht wird Charlie sich nicht einmal die Mühe machen, sie zurückzugeben. Er will sehen, wie lange es dauert, bis Polly merkt, daß sie nicht mehr da ist.

Jetzt, da Polly aufgegeben hat, macht Betsy Stafford selbst Fotos von Laurel Smiths Lesungen. Die neue Klientin, die schüchterne, hat eingewilligt, ihre Sitzungen fotografieren zu lassen, aber es hat nicht gut geklappt. Als Polly Fotos machte, waren ihre

Schritte unhörbar; sie trug oft ein graues Baumwollhemd, das mehr wie eine nebelhafte Form wirkte als wie ein Kleidungsstück an einer menschlichen Gestalt. Betsys Gegenwart aber ist unübersehbar.

»Nur weiter, benehmen Sie sich ganz natürlich«, sagt Betsy zu der neuen Klientin, doch Betsy selbst macht ihr das nicht leicht. Sie flucht jedesmal, wenn sie die Kamera bedient, und mußte das Band im Kassettenrecorder zweimal neu einlegen. Laurel Smith spürt Schweißperlen auf der Stirn und im Nacken. Es ist der Freitag des Labor-Day-Wochenendes, und die Strände sind so überfüllt, daß man die Touristen bis in die sonst stillen Sümpfe hört. Laurel ist bei dieser Klientin auf ziemlichen Widerstand gestoßen. Sie scheint übertrieben gefällig, hat aber etwas Starres an sich; sie ist jemand, der fest daran glaubt, es gebe nur eine Art, Dinge richtig zu machen, ob es sich nun um das Lagern von Butter oder den Kontakt mit einem Geist handelt. Dies ist ihre zweite Sitzung, und es ist Laurel überhaupt nicht gelungen, die Tochter der Frau zu erreichen, eine zwanzigjährige College-Studentin aus Boston, die letzten Sommer umkam, als ein Segelboot im tiefen Wasser kenterte.

Nach der Hälfte der Sitzung beginnt Laurel zu lügen, zuerst tastend, dann, als ihre Klientin sich aufmerksam vorbeugt, mit mehr Selbstsicherheit. Sie schließt die Augen und stellt sich vor, sie sei wieder zwanzig; ihre Stimme wird lauter und höher, als sie beschreibt, wie das Sonnenlicht durch das klare Wasser und das leuchtend weiße Segel des Bootes fällt. Während sie ihr Gefühl von Schwerelosigkeit schildert, öffnet Laurel ein Auge und sieht, daß Betsy sie beobachtet. Betsy hat die Lippen geschürzt; sie weiß, daß Laurel schwindelt.

»Tut mir leid«, sagt Laurel plötzlich. »Ich sehe sie einfach nicht mehr. Ich kann sie nicht erreichen.«

Als die neue Klientin geht, verlangt Laurel kein Geld von ihr. Betsy brummt vor sich hin, während sie ihre Ausrüstung zusammenpackt, und weil sie ihr ausweichen will, geht Laurel in die Küche, um Eiskaffee zu bereiten.

»Ich hätte auch gern von dem, was Sie da machen«, ruft Betsy, als sie Eiswürfel in ein Glas fallen hört.

Laurel nimmt ein zweites Glas und füllt es mit dem Kaffee von heute früh. Sie verabscheut sich selbst; sie spürt ihre Heuchelei überall an sich wie eine Schicht faulig riechenden Schmutz. Sie möchte duschen. Sie möchte sich mit der Schere alle Haare abschneiden und sie den Vögeln hinstreuen, damit sie sie in ihre Nester weben. Laurel kann Betsy im Wohnzimmer herumkramen hören, während sie einen langen Silberlöffel nimmt und den Kaffee in beiden Gläsern mit Sahne verrührt. Gleich darauf kommt Betsy in die Küche und lehnt sich an den Kühlschrank.

»Könnte es sein, daß Ihnen irgendwie der richtige Dreh verlorengeht?« fragt Betsy, als sie nach einem der Gläser greift.

Laurels Schultern versteifen sich. »Nächstes Mal, wenn Polly bei Ihnen ist, wird es einfacher sein«, sagt sie.

Sie bedauert dieses Arrangement mit Betsy. Der Gedanke an ein Buch über sie hat eine Zeitlang etwas in ihr genährt, das sich Ruhm und Geld wünscht. Sie fragt sich, ob sie für ihre Gier bestraft wird. Das war nicht ihre erste verheerende Sitzung; seit Wochen hat Laurel Smith ihre Klienten belogen und ihnen alles erzählt, was sie hören wollten. Doch dies ist das erste Mal, daß sie tatsächlich mit der Stimme eines verstorbenen Geistes gesprochen hat; sie kommt sich vor wie eine Schauspielerin in einem schlechten Stück.

»Polly kommt nicht mehr«, sagt Betsy Stafford jetzt.

Laurel streift ihre Sandalen ab, damit sie das kühle Linoleum spüren kann. Im Winter legt sie Häkelteppiche aus, um ihre Füße warm zu halten.

»Ihre Tochter ist sterbenskrank«, sagt Betsy zu Laurel. »Es ist wirklich unglaublich. Sie hatte vor Jahren eine Bluttransfusion, bevor das Blut getestet wurde, und jetzt hat sie AIDS.«

Laurel Smith nimmt diese Nachricht in sich auf. Sie wünscht sich, sie hätte die rosa Seidenlampe, die Polly so gut gefiel, versetzt, damit sie mit auf die Fotos gekommen wäre.

»Und das schlimmste ist«, sagt Betsy, »daß ihr Sohn der beste Freund meines Sohnes ist. Sie haben zusammen gegessen und weiß Gott was sonst noch. Ihr Junge hat den halben Sommer in meinem Haus geschlafen. Vielleicht haben sie sogar das Bett geteilt.«

Laurel erkennt, daß all das Betsy etwas bedeutet, denn Betsy zittert. Laurel kann Angst riechen.

»Damit muß ich leben«, sagt Betsy.

»Ich verstehe nicht«, sagt Laurel Smith, aber sie fürchtet, daß sie sehr gut versteht.

»Mein Sohn hat Kontakt mit ihrem Sohn gehabt«, sagt Betsy mit brechender Stimme.

»Sie irren sich«, sagt Laurel Smith. »Man holt sich AIDS nicht wie eine Erkältung. Es muß zu einem Austausch von Blut oder Samen kommen. Man holt es sich nicht bei irgendeinem zufälligen Kontakt. Selbst wenn Sie mit dieser Person zusammenleben, selbst wenn Sie in derselben Familie leben.«

»Ach, wirklich?« sagt Betsy wild. »Danke für Ihren medizinischen Rat. Wer weiß, ob sie sich nicht mit Messern die Haut geritzt haben, um Blutsbrüder zu werden.«

Jetzt beginnt Betsy zu weinen. Sie geht fort, ins Wohnzimmer, und packt weinend den Rest ihrer Ausrüstung ein.

Laurel folgt Betsy in den Wohnraum. »Ich glaube, Sie reagieren zu heftig. Wirklich.«

»Na, es ist ja nicht Ihr Sohn, oder?« sagt Betsy. »Und es ist auch nicht Ihr Problem.«

Nachdem Betsy gegangen ist, setzt sich Laurel Smith auf das Korbsofa in ihrem kleinen Wohnzimmer und schaut hinaus auf das Sumpfland. Das Sonnenlicht ist so grell, daß es ihren Augen weh tut. Laurel merkt, daß sie nach draußen muß, daß sie frische Luft braucht. Sie beschließt, auf den kleinen Markt oben an der Straße zu gehen, und Stella, die Katze, folgt ihr dorthin. Laurel kauft Roggenbrot, eine Packung Cheddar-Käse und drei Schokoladenriegel. In letzter Minute verlangt sie noch eine Schachtel leichter Zigaretten. Sie hat seit vier Jahren nicht geraucht, doch nun zündet sie sich eine der Zigaretten an. Der Schwefelgeruch treibt ihr Tränen in die Augen. Laurel Smith mag Betsy Stafford nicht und traut ihr nicht, doch sie merkt, daß etwas von Betsys Angst auf sie abgefärbt hat. Deshalb hatte sie dieses plötzliche Verlangen nach einer Zigarette – sie wollte diesen unangenehmen Geruch der Angst durch irgend etwas ersetzen, und sei es Schwefel.

»Komm weiter«, sagt Laurel zu Stella. »Du gehst auf keinen Fall ins Wasser.« Stella zögert neben dem Weg, der zum Teich führt, bereit, durch Gräser und Büsche davonzuschießen und Schildkröten und Enten zu jagen.

Laurel bückt sich nieder. Sie drückt ihre Zigarette aus, klatscht in die Hände und macht das zischende Geräusch, auf das ihre Katze gewöhnlich reagiert. Stella schaut sie hochmütig an, springt von der Böschung herunter und geht die Straße entlang vor Laurel her. Auf dem ganzen Heimweg denkt Laurel an Polly. Sie erinnert sich, wie Polly einen neuen Film einlegte und eine Tochter erwähnte, deren Namen Laurel vergessen hat. Eine Tänzerin, meint sie gehört zu haben, oder eine Turnerin.

Polly, die nie vorher irgend etwas über ihr persönliches Leben mitgeteilt hatte, hatte zu Laurel gesagt: »Ihr Haar würde meiner Tochter gefallen. Sie will ihr Haar wachsen lassen, bis es so lang ist wie Ihres.«

Laurel biegt von der Straße in ihre Einfahrt ein. Hier weichen die Farne und Ahornbäume dem Seegras, dem Seelavendel und dem Schilf. Der Anblick der Gartenmöbel aus Plastik, die auf dem Sonnendeck stehen, läßt ihr vor Sehnsucht das Herz eng werden. Sie merkt, daß Betsy Stafford sich irrt. Sie hat den »Dreh« nicht verloren.

Sie ist es einfach müde, mit den Toten zu reden.

Das ganze Wochenende lang versucht Charlie, Sevrin anzurufen. Jedesmal wird ihm gesagt, Sevrin sei nicht zu Hause. Charlie sucht die gemeinsamen Lieblingsplätze ab. Die Pizzabude am Rand des Parks, der Basketballplatz hinter der Schule, die Theke im Drugstore. Er geht jeden Tag an den Teich und macht jedesmal Fotos, wenn das Wasser sich kräuselt; er wartet dort stundenlang, doch Sevrin kommt nicht. Am Sonntag schließlich ruft Charlie zur Abendessenszeit bei Sevrin an und erfährt von dessen Mutter, er sei nicht zu Hause. Charlie weiß, daß Sevrin nie das Abendessen versäumt. »Geht es den Molchen gut?« fragt Charlie; es ist ihm egal, daß er ihr geheimes Experiment verrät, doch Betsy legt auf, ehe er eine Antwort bekommt.

»Sie will nicht, daß Sevrin Charlie trifft«, sagt Polly zu Ivan, als sie allein sind. Es dämmert, und sie sehen Charlie draußen; er beobachtet die Straße in der Hoffnung, daß Sevrin auftaucht.

»Das ist paranoid«, sagt Ivan. »Wir haben wirklich andere Sorgen.« Morgen früh treffen sie sich mit den Mitgliedern des Schulkomitees, und sie sind besorgt über die Schnelligkeit, mit der dieses Treffen einberufen wurde, nur Stunden nachdem Ed Reardon das Komitee über Amandas Krankheit unterrichtet hatte. Diese Art von Neuigkeiten verbreitet sich rasch, mit der Geschwindigkeit der Hysterie.

»O Gott, ja«, sagt Polly bitter. »Wir haben wirklich andere Sorgen. Wir haben genug Sorgen für den Rest unseres Lebens.«

»Hör auf«, sagt Ivan zu ihr. »Tu dir das nicht an.«

»Diese Ziege«, sagt Polly.

Ivan rührt in seinem Kaffee. Sie können Madonna unten im Keller *True Blue* singen hören, wo Amanda und Jessie Rollen vorwärts trainieren. Polly kann sich gerade noch beherrschen, um nicht nach unten zu laufen und das Band aus dem Recorder zu reißen. Sie hat schreckliche Angst, daß Amanda sich verletzen könnte; selbst eine Rolle vorwärts scheint ihr zu gefährlich.

»Diese saudumme Ziege«, sagt Polly über Betsy Stafford.

Ivan greift nach Pollys Hand, aber sie zieht sie weg, als habe sie sich verbrannt. Ivan kann seine eigene Einsamkeit nicht ertragen, und er weiß, daß Polly ihre auch nicht viel länger ertragen kann. »Du solltest mit mir reden«, sagt er, als Polly zu weinen anfängt.

»Es gibt nichts zu sagen«, sagt Polly zu ihm.

Sie trinkt ihren Kaffee, obwohl er kalt ist. Sie kann sich Ivan nicht zuwenden, denn wenn sie es täte, müßte sie sehen, wie verletzt er ist. Sie kann Charlie nicht ansehen, der draußen auf den Stufen sitzt und auf einen Freund wartet, der nie kommen wird. Sie kann nicht zuhören, wie Madonna wieder und wieder *True love, oh baby* singt, wenn sie weiß, daß ihre Tochter nie in einer Sommernacht im Dunkeln stehen wird, mehr ihres eigenen Herzklopfens bewußt als der Mücken, die um die Lampe auf der Veranda schwirren, und nie ihr Gesicht ihrem ersten Kuß entgegenheben wird.

6

Als Kind wurde Polly angewiesen, höflich zu Erwachsenen zu sein. Man erwartete von ihr, auch die gröbsten Hausbewohner anzulächeln und ihren Lehrern nie zu widersprechen. Ein artiges Mädchen zu sein ist eine Gewohnheit, die sich schwer durchbrechen läßt; als sie das Büro des Schulleiters betritt, um am Treffen des Komitees teilzunehmen, setzt sich Polly daher rasch zwischen Ivan und Ed Reardon, und wenn jemand sie anstarrt, senkt sie den Blick. Die fünf Mitglieder des Schulkomitees wissen bereits, daß Pollys und Ivans Tochter AIDS hat. Die Schulleiterin, Linda Gleason, hat es ihnen erst Minuten vor Pollys und Ivans Ankunft mitgeteilt. Niemand spricht ihnen sein Mitgefühl aus. Niemand sagt, daß es ihm leid täte. Sie sehen Polly nur dauernd an, und wider Willen hat Polly das Gefühl, schuldig zu sein, als habe sie irgendwie zugelassen, daß ihre Tochter krank wurde.

Linda Gleason, die rotes, lockiges Haar hat, das sich nicht durch Haarbänder und Silberspangen bändigen läßt, ist seit zwei Jahren Leiterin der Cheshire-Schule. Alle lieben sie, nicht nur die Lehrer und die Eltern, sondern auch die Schüler. Sie verfügt über ungeheure Energien, und sie liebt die Kinder, auch die wilden, die regelmäßig wegen ungebührlichen Verhaltens in ihr Büro geschickt werden. Heute abend liegt ein Lächeln auf ihrem Gesicht, aber ihre Haut ist weiß und wirkt allzu straff über die Knochen gespannt. Sie eröffnet das Treffen, indem sie Ed Reardon vorstellt. Die meisten Leute im Raum kennen Ed, er ist ihr Kinderarzt, doch als er den kurzen Vortrag über AIDS hält, den er vorbereitet hat, ist es plötzlich kalt im Raum. Polly wünscht sich, sie hätte einen Pullover angezogen, und sie hofft, daß Amanda und Charlie warme Schlafanzüge tragen. Sie macht sich Sorgen, wenn sie die Kinder allein zu Hause läßt, aber sie behaupten, zu alt für Babysitter zu sein.

Linda Gleason und der Schulinspektor, ein rotgesichtiger Mann namens Scott Henry, erläutern die Politik der Schulbehörden von Massachusetts gegenüber AIDS – Kinder, denen es gut genug geht, um die Schule zu besuchen, dürfen das tun, den anderen muß ein Tutor gestellt werden –, bis ein Komiteemitglied namens Mike Shepard unterbricht.

»Wenn Sie damit sagen wollen, daß dieses Kind weiterhin zur Schule gehen wird, dann kann ich Ihnen versprechen, daß es Probleme gibt. Die Eltern werden sich das nicht bieten lassen.«

Wenn Polly mehr Mut hätte, würde sie sagen, was sie denkt. Sich was bieten lassen? Daß meine Tochter stirbt?

Unter dem Tisch nimmt Ivan Pollys Hand. Polly zieht sie nicht fort, aber sie schließt auch nicht ihre Finger um seine. Sie fragt sich, ob Ivan sich wohl erinnert, daß Mike Shepard die Baufirma leitet, die ein neues Dach auf ihr Haus setzte.

Die Mitglieder des Schulkomitees fragen Ed Reardon, was geschieht, falls Amanda sich schneidet und auf ein anderes Kind blutet; sie wollen wissen, ob ihr Speichel gefährlich ist. Nicht einer von ihnen hört wirklich zu, als Ed erklärt, daß Geschwister von AIDS-kranken Kindern sogar deren Zahnbürsten benutzt haben, ohne sich mit dem Virus anzustecken. Sie hören ihm nicht zu, als er behauptet, die Wahrscheinlichkeit, daß ihre Kinder im eigenen Garten von einem Lastwagen überfahren werden, sei größer als die, sich bei Amanda mit AIDS anzustekken. Jetzt weiß Polly, warum sie, Ivan und Ed Reardon zusammen an einer Seite des Tisches Platz genommen haben. Die Angeklagten.

»Ich meine, die Zeit wird zeigen, ob es für dieses kleine Mädchen am besten ist, einen Tutor zu haben, der zu ihr nach Hause kommt, oder nicht«, sagt Henry, der Schulinspektor.

An dieser Stelle stößt Polly ihren Stuhl zurück und steht auf. Ivan wendet sich besorgt zu ihr um, aber Polly geht aus dem Raum, ohne ihn anzusehen. Sie geht weiter, bis sie die Tür findet, auf der *Mädchen* steht. Innen ist alles klein: die Becken, die Toiletten, die Wasserhähne. Polly beugt sich über eines der

Becken und übergibt sich. Sie hört, daß sich hinter ihr die Tür öffnet, aber sie erbricht weiter.

»Halten Sie den Kopf tiefer, damit Ihnen nicht schwindlig wird«, sagt Linda Gleason.

Linda läßt Wasser in ein anderes Becken laufen und feuchtet einige Papierhandtücher an, die sie Polly reicht. Polly wischt sich das Gesicht ab. Sie hat ihre Bluse beschmutzt, und als sie versucht, sie mit Papiertüchern zu säubern, zittern ihre Hände.

»Verdammt«, sagt Polly.

Linda Gleason nimmt eine Zigarette heraus und zündet sie an. »Das ist gegen die Vorschriften«, sagt sie zu Polly. »Erzählen Sie keinem, daß die Schulleiterin drei Zigaretten am Tag raucht.«

Polly setzt sich auf den Beckenrand. Es ist ihr egal, daß ihr Rock naß wird.

»Sie haben Angst«, sagt Linda Gleason. »Sie werden alles tun, um ihre Kinder zu beschützen. Wie würden Sie empfinden, wenn Ihr gesundes Kind in der Klasse neben jemandem säße, der AIDS hat? Sie würden sich Sorgen machen, die Wissenschaftler könnten sich geirrt haben, könnten entdecken, daß das Virus viel leichter übertragbar ist, als sie dachten.«

»Ich hätte Mitleid mit dem kranken Kind!« sagt Polly. »Ich würde mich nicht vor einem kleinen Mädchen fürchten!«

»Sie würden über die Möglichkeiten einer Infektion nachdenken, so irrational die auch wären. Sehen Sie, es ist Ihr Kind, Ihr gesundes Kind, das da sitzt. Sie müßten ein Engel sein und keine Mutter, wenn Sie nicht besorgt wären. Und genau das werden viele der Eltern auch empfinden.«

Polly und Linda Gleason sehen einander an.

»Auf wessen Seite stehen Sie?« fragt Polly.

»Auf der Seite meiner Schüler«, sagt Linda Gleason.

»Ich verstehe«, sagt Polly.

»Und Amanda ist eine meiner Schülerinnen.«

Polly wischt sich mit dem Handrücken die Augen. »Was sind Sie, ein Engel oder eine Schulleiterin?«

»Beides«, sagt Linda Gleason.

»Sie bleibt«, sagt Polly. »Es ist mir egal, ob sie die einzige

Schülerin der Schule ist, aber sie bleibt. Ich werde ihr das nicht auch noch wegnehmen.«

Linda Gleason raucht ihre Zigarette zu Ende, hält sie dann unter den Wasserhahn und wirft die Kippe in den Abfalleimer. Zusammen verlassen sie die Mädchentoilette, und während sie zum Verwaltungsbüro zurückgehen, kommen sie an einem Wandschmuck der ersten Klassen vorbei, den der Lehrer schon mit Kürbissen und Herbstlaub dekoriert hat. Laß es niemals Oktober werden, denkt Polly im stillen. Geh zurück, August, Juli, Juni, Mai und April. Es ist uns egal, ob wir je wieder einen Herbst sehen.

Als Linda Gleason nach Hause kommt, ist fast Mitternacht. Ihre Kinder, eine Zehnjährige namens Kristy und ein siebenjähriger Sam, schlafen schon lange. Ihr Mann Martin sieht im Bett die Fernsehnachrichten und gibt sich Mühe, wach zu bleiben, bis sie kommt.

Linda bleibt in der Küche stehen, obwohl sie das Summen des Fernsehgeräts hören kann und weiß, daß Martin wach ist. Peepers, ihre Katze, reibt sich an ihren Beinen, als sie den Kühlschrank öffnet. Sie nimmt ein Bier, eine Dose mit gehackter Hühnerleber und dann ein Paket Crackers aus dem Brotkasten und stapelt alles auf ein Tablett, das sie ins Schlafzimmer trägt.

»Hi«, sagt Martin müde. Er setzt sich im Bett auf und beäugt das Tablett mit den Nahrungsmitteln. »Bist du schwanger?« fragt er.

»Mach mich nicht an«, sagt Linda. Sie setzt sich auf den Bettrand und reißt das Crackerpaket auf.

Martin rutscht an ihre Seite. »So schlimm?«

Linda rollt die Augen und merkt, daß sie vergessen hat, ein Messer mitzubringen. Mit den Fingern kratzt sie etwas Hühnerleber aus der Dose und streicht sie auf einen Cracker. Dann graut ihr plötzlich davor. Was sie fühlt, ist nicht Hunger, sondern Übelkeit.

»Welches Kind ist es?« fragt Martin.

»Amanda Farrell«, sagt Linda. »Sie geht in die sechste Klasse. Gute Turnerin.«

Martin kann sich nicht erinnern, von Linda vorher etwas über diese Schülerin gehört zu haben; gewöhnlich berichtet sie zu Hause nur von denen, die Probleme machen.

»Das Schulkomitee wird mir die Hölle heiß machen«, sagt Linda. »Ich muß Schulleiter in Connecticut und New Jersey anrufen, die so was schon mitgemacht haben.«

»Du wirst schon das Richtige tun«, sagt Martin.

Linda ist voller Liebe zu ihm; er glaubt nicht nur an sie, sondern auch an Güte. Sie steht auf und stellt das Tablett auf die Kommode. Wenn die Katze sich nicht darüber hermacht, wird es morgen früh noch da stehen.

»Was ist, wenn es das Richtige nicht gibt?« fragt sie, als sie sich neben ihn ins Bett legt.

»Dann wirst du es erfinden«, versichert Martin ihr.

Am nächsten Morgen, als Linda das Tablett von der Kommode wegräumt, schaltet sie auch das Radio ein. So erfährt sie, daß mehrere Protestler, die sich als Aktionskomitee der Gemeinde bezeichnen, angefangen haben, Flugblätter zu verteilen, auf denen die Eltern vor den Folgen gewarnt werden, die es haben kann, wenn ein AIDS-Patient eine öffentliche Grundschule besucht. Linda hört die Worte, die der Ansager spricht, aber sie meint, sie höre nicht richtig; so etwas geschieht im Süden, es geschieht tief im Landesinneren, wo die Leute leichter zu ängstigen sind als in Morrow. Linda kam bisher als Schulleiterin gut zurecht, und sie hat ihr Bestes getan, um alle zufriedenzustellen. Das wird bald nicht mehr möglich sein. Von jetzt an wird jede Entscheidung, die sie trifft, jemanden unglücklich machen, obwohl sie sich fragt, wer wohl noch unglücklicher sein könnte als Amandas Eltern, wenn sie die Nachrichten hören und erfahren, was da draußen los ist.

Ivan reagiert auf die Proteste, wie es ihm am besten erscheint. Er wirft die Zeitung weg und zieht den Stecker des Radios heraus.

»Denk nicht daran«, sagt er zu Polly. »Reagier nicht darauf.«

Es ist Samstag, und Ivan hat vor, die ganze Familie zum Frühstück auszuführen. Sie gehen immer in ein Café namens The Station, wo es hausgemachte Pommes frites und Blaubeerpfannkuchen gibt, aber heute sagt Ivan, er wolle ein Lokal in Gloucester ausprobieren, von dem er gehört habe und das für seine Armen

Ritter berühmt sei. Er würde Polly oder irgend jemandem sonst nie gestehen, daß er einfach aus Morrow hinausmuß, wenigstens für eine Stunde. In Gloucester kennt sie niemand. Sie werden einfach eine ganz normale Familie sein, die Frühstück bestellt, sich Kaffee nachschenken läßt und eine Extraportion Roggenbrot verlangt.

Polly zieht sich an, sie legt sogar etwas Rouge auf, aber als die Kinder draußen im Auto sitzen, sagt sie Ivan, sie habe Kopfschmerzen. Sie kann nicht mitgehen.

»Bleib nicht allein hier«, sagt Ivan an der Tür.

»Das macht mir nichts aus«, sagt Polly. »Ich werd' Wäsche waschen.«

»Polly, komm mit uns«, sagt Ivan. Er bittet sie um etwas, und sie hat nichts, was sie ihm geben könnte.

»Oh, um Gottes willen«, sagt Polly. »Nun geh schon!«

Er schlägt die Tür mit dem Fliegengitter hinter sich zu. Polly wartet, bis sie sicher ist, daß er nicht zurückkommt. Dann geht sie an alle Fenster und schließt die Läden oder zieht die Vorhänge zu. Sie kann nicht aufhören, über die verschwendete Zeit nachzudenken. Sie möchte alle Stunden sammeln, die durch Teenagerselbstmorde vergeudet werden, und sie für Amanda beanspruchen. Das Telefon läutet, und Polly läßt es läuten. Wahrscheinlich ist es diese schreckliche Gruppe, die Amanda nicht in der Schule haben will, oder ihr Vater, der sie verrückt macht. Al will mit Claire für ein Wochenende, ein paar Tage, vielleicht ein paar Wochen herkommen. Während Polly Amanda zu Blutuntersuchungen ins Krankenhaus fährt, will er mit Charlie Basketball spielen; Claire wird einen Eintopf kochen. Das ist das letzte, was Polly sich wünscht. Sie ist immer auf der Hut, wenn ihre Eltern sie besuchen – wenn nicht, könnte sie ihnen sagen, was sie von ihnen hält –, und sie hat jetzt nicht die Energie, sich zusammenzureißen, sie ist zu verwundet. Wenn Claire und Al eine Weile blieben, würden die Kinder merken, wie schlecht die Dinge in Wirklichkeit stehen, und Polly tut, was sie kann, um ihr Leben normal erscheinen zu lassen. Sie plant alle Mahlzeiten nach dem bestmöglichen Nährwert und achtet sorgfältig darauf, wieviel Amanda von ihrem Lammkotelett, ihrem Broccoli, ihrem

Karamelpudding ißt. Sie sagt den Kindern, daß ihre Zimmer unordentlich sind, obwohl ihr das jetzt vollkommen egal ist, und besteht darauf, daß sie ihre Sachen aufräumen. Sie erinnert Charlie daran, den Müll hinauszutragen, und sie stapelt stets das Geschirr vom Abendessen zusammen, damit Amanda es in die Spülmaschine räumen kann. Doch während sie die ganze Zeit ihrer täglichen Routine folgt, würde sie eigentlich am liebsten ihre beiden Kinder verstecken und rings um sie eine Mauer aus Ziegelsteinen errichten, damit ihnen niemand Schaden zufügen kann.

Das Telefon läutet weiter, und Polly schaut es an und stellt sich vor, es könnte explodieren. Es gibt niemanden, mit dem sie reden möchte, aber das Läuten macht sie verrückt. Was, wenn es Ed Reardon ist, was, wenn er entdeckt hat, daß Amandas Blutprobe im Labor verwechselt wurde und ein anderes Kind positiv ist? Polly nimmt den Hörer ab und weiß im gleichen Augenblick, daß sie einen Fehler gemacht hat.

Ihr Vater.

»Wir wollten euch diese Woche mal besuchen«, sagt Al.

Er tut, als hätten sie nicht schon ein Dutzend Male darüber gesprochen.

»Daddy«, sagt Polly müde.

»Deine Mutter kann binnen zehn Minuten einen Koffer pakken und auch noch alles in Seidenpapier wickeln.«

Das ist keine leere Drohung. Polly hat ihre Mutter schon dabei gesehen.

»Auf keinen Fall«, sagt Polly.

»Nächstes Wochenende«, sagt Al. »Wir kommen Freitagabend an.«

»Ich lege gleich auf«, sagt Polly zu ihm.

»Was hast du gegen uns?« sagt Al. »Was haben wir dir Schreckliches angetan?«

»Nichts«, sagt Polly. »Hör zu, ich will nicht, daß Mutter sich aufregt.«

Das entspricht ganz und gar nicht der Wahrheit, und Al weiß das; er lacht ein eigenartiges, düsteres Lachen. Seit damals, als ihre Mutter ihren Vater wiederaufgenommen hat, hat Polly ihr nichts als Schwäche zugetraut. Das ist genau das, was sie jetzt nicht brauchen können, eine schwache alte Frau, die in ihrer Küche weint.

»Sie ist unsere Enkelin«, sagt Al. »Du kannst uns nicht daran hindern, ihr zu helfen.«

»Mach, was du willst«, sagt Polly gepreßt. »Das hast du ja immer getan.«

Nachdem sie den Hörer aufgelegt hat, beginnt Polly zu weinen. Als sie ein Kind war, glaubte sie nicht an Pech. Sie meinte, ihre Kindheit sei unglücklich, weil ihre Eltern sie nicht liebten, und konnte es gar nicht erwarten, ihnen zu entkommen. Was das Glück betraf, so irrte sie sich, wie sie jetzt erkennt, und der Gedanke, wo sie sich sonst noch geirrt haben könnte, erschreckt sie. Sie weiß, wenn ihre Eltern zu Besuch kommen, wird Claire den Nachttisch im Gästezimmer abstauben und die gerahmten Familienfotos aufstellen, die sie immer in ihrem Koffer hat. Sie wird einen grünen Müllsack mit dem Seidenpapier füllen, das sie benutzt hat, um Als Pullover und Schuhe einzuwickeln. Die Kinder werden entzückt sein, ihre Großeltern zu sehen. Das sind sie immer. Polly kann nicht glauben, daß Al und Claire ihr auch nur ein Zehntel der Aufmerksamkeit geschenkt haben, die sie Charlie und Amanda widmen, doch da fällt ihr plötzlich der Samtumhang ein, den Claire für sie genäht hat. Jeder Stich war Handarbeit, und die Stiche waren so klein, daß man sie nicht sah. Es dauerte lange, etwas so Vollkommenes zu machen, länger, als Polly sich je vorgestellt hätte.

An diesem Abend, als die Kinder im Bett sind, breitet Ivan seine Arbeit auf dem Kaffeetisch aus und fängt an, seinen Vortrag durchzusehen. Er kann Polly in der Küche abwaschen hören; er hört Wasser aus dem Hahn laufen und das Klappern von Tellern. Ivan lehnt sich auf dem Sofa zurück und läßt die Arme fallen. Es hat keinen Sinn, seine Arbeit noch einmal zu lesen; er kann an nichts anderes denken als an Blut, Knochen und Antikörper. Er wird nicht nach Florida fahren, und er wird seinen Vortrag nie halten. Er geht in die Küche, um Polly das zu sagen, doch als er in der Tür steht, sieht er, daß sie nicht wirklich abwäscht. Sie steht einfach da und läßt das Wasser laufen, damit er denkt, sie wasche ab. Also wird er sie allein lassen. Das ist es, was sie will.

Ivan geht durch den Wohnraum zurück; er greift nach seiner Jacke und seinen Autoschlüsseln und geht durch die Vordertür, die sie nie benutzen. Als er den Karmann-Ghia anläßt, dringt Rauch aus dem Auspuffrohr, und der Motor spuckt. Direkt über dem Spülbecken, wo Polly steht, ist ein Fenster. Sie kann sehen, wie Ivan den Wagen warmlaufen läßt; wenn sie wollte, könnte sie ihn aufhalten, ihn wenigstens fragen, wohin er fährt. Aber sie tut es nicht, sie versucht es nicht einmal. Ivan fährt hinaus zum Red-Slipper-Strand. Zwei kleine Rehe laufen über die Straße, und er muß abrupt bremsen. Er kann sein Herz schlagen fühlen, er kann seine Einsamkeit fühlen, als sei sie aus greifbarem Stoff.

Er parkt vor dem Observatorium neben einem alten, zerbeulten Mustang und kurbelt das Fenster herunter, um den Ozean zu hören. Es ist Ebbe, und der Algengeruch ist stark. Ivan weiß nicht, ob er seinen Kollegen ausgewichen ist oder sie ihm, aber er fühlt sich, als habe er seit Wochen mit keinem anderen menschlichen Wesen mehr gesprochen, abgesehen von den oberflächlichen Unterhaltungen mit Polly, bedeutungslosem Gerede über die neuen Kleider, die sie für die Kinder gekauft hat, oder die Kosten der neuen Stoßdämpfer für den Wagen. Er sieht einen der graduierten Studenten, einen Jungen namens Sandy, das Observatorium abschließen. Sandy winkt Ivan zu, als er in seinen Wagen steigt, und Ivan winkt zurück. Er wartet, bis der Junge weggefahren ist; dann steigt er aus und geht zum Observatorium. In seiner Brieftasche, zwischen zwei Zwanzigdollarnoten, steckt eine Telefonnummer, die er seit Tagen mit sich herumträgt. Max Lyman im Institut hat ihm die Nummer gegeben. Max' Vetter ist Sozialarbeiter und hilft mit, in Boston einen AIDS-Notdienst einzurichten, eine Schwulenorganisation, von der Ivan noch nie gehört hat.

Jeder, der das Observatorium betritt, muß sich eigentlich eintragen, doch heute abend kümmert Ivan sich nicht darum. Er ist nicht hier, um Sterne zu betrachten. Er geht ins Büro, schaltet eine Schreibtischlampe ein und setzt sich in den alten Ledersessel, in dem er schon tausendmal gesessen hat. Der Telefonhörer ist kalt, als er ihn aufnimmt, so kalt, wie ein Teleskop sich am Auge anfühlt. Als eine menschliche Stimme seinen Anruf beantwortet, ist Ivans Kehle so eng, daß das, was herauskommt, sich nicht wie verständliche Sprache anhört. Aber die Stimme am anderen Ende redet weiter, sagt Ivan, das sei schon in Ordnung, er brauche noch nichts zu sagen, er solle einfach weiterweinen. Die Stimme gehört einem Mann namens Brian, der zwei Nächte pro Woche Telefondienst hat. Das merkwürdige ist, daß er sich gar nicht wie ein Fremder anhört, und vielleicht ist das der Grund, warum es Ivan immer leichter fällt, ihn anzurufen, so daß er eine Woche später die Nummer gar nicht mehr auf dem Zettel nachsehen muß.

Er kennt sie auswendig.

7

Amanda und Jessie Eagan sitzen in der Schule immer nebeneinander. Sie sind seit drei Jahren beste Freundinnen und können einander Zettel so blitzschnell zustecken, daß ein Lehrer Röntgenaugen bräuchte, um sie zu erwischen. Am Morgen des ersten Schultages wartet Jessie schon, als Polly vor der Schule vorfährt. Amanda und Jessie haben ihre Aufmachung sorgfältig geplant; sie tragen die gleichen getupften Kleider, die sich nur dadurch unterscheiden, daß Amandas Kleid von ihrer Großmutter Claire, die über das Labor-Day-Wochenende zu Besuch ist, makellos gebügelt worden ist.

Es war nicht ganz so verheerend, wie Polly gemeint hatte, obwohl Claire, die nie daran glaubte, daß Geschirrspülmaschinen so gute Arbeit leisten wie sie selbst, es schaffte, jedesmal, wenn Polly nicht aufpaßte, das ganze Geschirr von Hand zu waschen. Al hat geschworen, wiederzukommen und die zerbrochene Eingangsstufe zu reparieren. Er spielte mit Charlie endlose Monopoly-Partien und verlor jedesmal, und am Sonntag fuhr er Amanda und Jessie in das Kino im Einkaufszentrum und ging mit ihnen in einen Film, den zu sehen ihre Eltern ihnen verboten hatten. Am Montagabend, als ihre Eltern sich für die Abreise fertigmachten, hatte Polly das Gefühl, im Stich gelassen zu werden. Sie bestand darauf, daß ihre Eltern zum Essen blieben, obwohl das bedeutete, daß sie in den schlimmsten Rückreiseverkehr nach New York kommen würden. Es ist schrecklich, das zuzugeben oder auch nur zu denken, aber sie hat Angst, mit Ivan allein zu sein.

Mit jedem Tag kommt er ihr mehr wie ein Fremder vor. Er verschwindet zu eigenartigen Zeiten, vermeidet es, ins Institut zu gehen, und hat Amanda eine strenge Diät mit hohen Dosen Folsäure und Vitamin C verordnet. Einmal, als Polly in seiner

Mappe einen Stift suchte, fand sie einen Ordner voller Artikel über alternative Therapien für AIDS-Patienten. Sie ließ den Ordner auf den Boden fallen; ihre Hände fühlten sich an, als habe sie sich verbrannt. Das sieht Ivan ganz und gar nicht ähnlich, ihm, der immer an die Wissenschaft, die Medizin, an erprobte und bewiesene Heilmittel geglaubt hat. Amanda beklagt sich über die Vitamine, sie sagt, ihr werde übel davon, aber Ivan bleibt hart; er gibt ihr Gläser mit Gatorade oder Hawaii-Punsch, um die Kapseln hinunterzuspülen. Als Polly vorschlug, sie sollten mit Ed über die Vitamine und die ballaststoffreiche Diät sprechen, die Ivan für alle einführen wollte, lehnte Ivan ab. Was kann er uns bieten, fragte Ivan Polly. Nichts.

Bisher sind fünf Kinder bei privaten Schulen angemeldet und schon vor dem ersten Schultag von der Cheshire-Schule genommen worden. Obwohl Linda Gleason Polly jedesmal anruft, wenn ein Eltern- oder Lehrertreffen stattfindet, macht Polly sich nicht die Mühe hinzugehen; sie kann keine Zeit vergeuden, die sie besser zu Hause verbringt, mit Amanda. Sie bedauert Linda Gleason, die versuchen muß, alles unter Kontrolle zu behalten, aber sie bedauert die Schulleiterin aus der Ferne; es ist dem Betrachten einer Marionettenvorführung nicht unähnlich.

Von ihrem Parkplatz vor der Schule aus kann Polly auf dem Gehsteig zwei Personen sehen, die Pamphlete an die Eltern verteilen. Eine von ihnen, eine Frau in blauem Baumwollkleid, kommt ihr bekannt vor; Polly meint, ihr Kind könnte mit Charlie im Kindergarten gewesen sein. Polly will Amanda nicht allein hineingehen lassen, doch als sie sich anschickt, aus dem Wagen zu steigen, reagiert Amanda aufgebracht.

»Du kannst nicht mit mir reingehen«, behauptet sie.

»Gibt es eine Regel, die das verbietet?« sagt Polly. »Ich sehe da auch andere Eltern.«

Charlie schnappt sich seinen Rucksack und sein Ringbuch und benutzt die Gelegenheit, um sich davonzumachen.

»Bis später«, ruft er, und als er fortläuft, wirft Amanda ihm einen wütenden Blick zu.

»Ich bring' dich nur bis zur Tür«, sagt Polly. Es ist schlimm genug, für einen ganzen Tag von Amanda getrennt zu sein. Unmöglich, sie an diesen Leuten vorbeigehen zu lassen, die Flugblätter gegen sie verteilen.

»Mutter!« sagt Amanda. »Ich bin in der sechsten Klasse!«

Amandas Haarspangen sitzen so fest, daß Polly ihre helle Kopfhaut sehen kann. Ihr Nacken ist zart und blaß. Draußen auf dem Gehsteig wartet Jessie und tritt von einem Fuß auf den anderen.

»Ich hol' dich um drei ab«, sagt Polly.

»Um vier«, sagt Amanda.

»Vier?« fragt Polly.

»Heute ist das erste Training«, erklärt Amanda. »Ich will nicht, daß du deshalb so ein Aufsehen machst.«

Amanda beugt sich vor und küßt sie zum Abschied, aber Polly kann spüren, wie es das Mädchen drängt, aus dem Auto hinauszukommen. Amanda öffnet die Tür und läuft auf Jessie zu. Als die zwei einander erreichen, haken sie sich unter und beginnen zu reden.

»Meine Mutter wollte mit reinkommen«, vertraut Amanda Jessie an. Sie schaut zurück und winkt Polly zu. Polly winkt zurück und zwingt sich dann wegzufahren.

»O Gott«, sagt Jessie mit echtem Mitgefühl.

»Ich sehe doch nicht krank aus, oder?« fragt Amanda.

»Du siehst glänzend aus«, sagt Jessie. »Dein Kleid steht dir phantastisch.«

Amanda lächelt, aber als sie durch die Tür treten, hat sie Angst. Angst, sie müßte sich übergeben oder Schlimmeres. Sie zögert, bis Jessie sagt: »Wenn jemand was Gemeines zu dir sagt, verhaue ich ihn.«

Amanda lacht darüber, vor allem, weil Jessie so klein ist. Es ist seltsam, aber sogar wenn sie lacht, spürt sie etwas Heißes hinter den Augen. Manchmal hält sie den Atem an und versucht sich vorzustellen, wie es ist, wenn man tot ist. Wie würde es sein, wenn sie ihren Körper verließe? Sie hat nie an den Himmel geglaubt, aber jetzt ist sie unsicher: Schlaf, weiße Wolken, Flügel. Könnte sie daran wirklich glauben? Nein, das kann sie nicht. Es ist einfacher, sich vorzustellen, daß man mit der Erde eins wird. Das könnte sie glauben; aus ihrem Körper würden Gras, Rosen und

Stiefmütterchen wachsen. Beinahe könnte sie das glauben, wenn es nicht ihr selbst zustieße.

»Sieh dich nicht um«, sagt Jessie Eagan auf dem Gang.

Amanda späht über die Schulter und sieht einen Jungen, der ebenfalls in die sechste Klasse geht, Keith Davies.

»Er starrt dich an!« flüstert Jessie laut, aufgeregt.

»Nein, tut er nicht«, sagt Amanda, aber als sie sich umschaut, starrt er sie an. Er sieht ein bißchen dämlich aus, aber irgendwie auch ganz süß.

»Die sechste Klasse ist überhaupt die beste«, sagt Jessie.

»Ja«, stimmt Amanda zu. »Bist du soweit?«

»Ja, bin ich«, sagt Jessie, aber als sie ihr Klassenzimmer betreten, vergessen sie für einen Augenblick, daß sie jetzt Sechstkläßlerinnen sind, und halten sich an den Händen.

Um Viertel vor drei machen Amanda und Jessie sich auf den Weg in die Turnhalle, die gleichen rosa Sporttaschen über die Schulter gehängt.

»O nein, nicht Charlie«, sagt Jessie dramatisch, als sie ihn vor der Turnhalle stehen sehen.

Amanda ist verwirrt, als Charlie nicht gleich eine Erwiderung parat hat. Gewöhnlich fällt ihm in null Komma nichts irgendein häßliches Wortspiel mit Jessies Namen ein. Amanda selbst ist fröhlich; niemand hat etwas Böses zu ihr gesagt, und ihre Lehrerin, die Amanda für eine Lehrerin viel zu hübsch und zu jung vorkommt, hat sie beiseite genommen und ihr gesagt, sie freue sich, sie in der Klasse zu haben, und wenn sie den Unterricht versäumen müsse, könne man ihr die Arbeiten nach Hause schicken. Amanda hat nicht vor, in der Schule zu fehlen. Sie ist ein bißchen nervös wegen des Turntrainings, und sie hofft, daß die Schmerzen in ihren Beinen ihr keine Probleme bereiten und sie von der Spitze vertreiben werden.

»Na, was ist los?« sagt sie zu Charlie. Eigentlich möchte sie nicht im Gespräch mit einem Drittkläßler gesehen werden. Charlie zuckt die Achseln, daher wendet sich Amanda an Jessie und sagt: »Wir treffen uns im Umkleideraum.«

»In Ordnung«, sagt Jessie und geht weiter, »aber mein Vater macht dir die Hölle heiß, wenn du zu spät kommst.«

»Was ist los?« fragt Amanda Charlie.

Charlie zuckt wieder die Achseln. Er hat ein flattriges Gefühl im Magen.

»Nun sag schon«, sagt Amanda. Sie kann den Trainer in der Turnhalle hören.

»Sevrin ist nicht in der Schule«, sagt Charlie.

»Na und?« sagt Amanda. »Ruf ihn an und frag, was er hat.«

»Er ist nie da, wenn ich anrufe«, sagt Charlie.

Amanda fühlt in ihre Sporttasche, um sich zu vergewissern, daß sie ihr Band nicht vergessen hat. Sie hofft, daß der Trainer sie nicht wegen Madonna aufziehen wird, was er manchmal tut, wenn ein Mädchen zu Rock-and-Roll-Musik turnen will.

»Na, dann geh doch einfach bei ihm vorbei«, sagt Amanda zu Charlie.

Charlie sieht sie an und blinzelt. Darauf hätte er selbst kommen sollen.

»Ja«, sagt er.

»Ab und zu könntest du ruhig versuchen, dein Hirn zu benutzen«, sagt Amanda. Dann läuft sie in Richtung Umkleideraum. Dabei bemerkt sie zwei Mädchen aus dem Team, Sue Sherman und Evelyn Crowley, die sie anstarren. Amanda wendet sich ab und zieht rasch ihr Trikot an. Sie wünscht, sie trüge einen BH, aber ihre Mutter hält sie dazu für zu jung.

»Sie wissen, daß sie dich erst mal schlagen müssen«, sagt Jessie Eagan, als sie neben Amanda tritt.

Amanda nickt und steckt ihr Haar mit einer Silberspange hoch. Sie hatte nicht daran gedacht, daß andere Leute sie anschauen könnten, als sei sie krank, und ist gehemmt, als sie mit Jessie die Turnhalle betritt. Sie geht an die Stange und macht einige Dehnungsübungen zum Aufwärmen; weil sie nicht soviel trainiert hat, wie sie hätte sollen, fühlen ihre Bänder sich ungewohnt angespannt an. Während sie sich aufwärmt, beginnt der Trainer, einige neue Mädchen, die erst in die vierte Klasse gehen, anzuschreien, sie sollten ihre Halsketten und Armbänder abnehmen.

»Für was haltet ihr das hier eigentlich?« ruft Jack Eagan. »Für eine Modenschau?«

Amanda weiß, daß er hinter sie getreten ist und ihr zusieht, also bückt sie sich noch tiefer. Sie wartet darauf, daß er sie anschreit, aber er tut es nicht. Er könnte sie aus der Mannschaft werfen, wenn er wollte, wegen ihrer Krankheit. Sie hat den ganzen Sommer an den Wettbewerb im nächsten Juni gedacht, weil der ihr helfen würde, in der Junior High School sofort einen guten Platz zu bekommen. Eine Zeitlang wollte sie die beste Turnerin ihrer Schule werden, weil sie das in ihrem Brief an Bela Karolyi erwähnen könnte, wenn sie ihm schriebe und ihn bäte, sie als Schülerin anzunehmen. Doch sie denkt nicht mehr daran, Bela zum Trainer zu bekommen, und sie denkt auch nicht mehr an die Junior High School. Sie möchte nur noch den Wettbewerb am Ende des Schuljahres gewinnen, einfach um des Sieges willen. Als Amanda es nicht mehr aushalten kann, angestarrt zu werden, dreht sie sich um und sieht den Trainer an.

»Was mache ich falsch?« sagt sie.

Jack Eagan, der darauf nicht gefaßt war, lacht. »Du mußt mich für ziemlich gemein halten«, sagt er, und als Amanda keine Antwort gibt, lacht er wieder. Er lehnt sich an die Wand und nickt in Richtung auf den Barren. »Das ist das gefährlichste Gerät in der Turnhalle.«

Aus dem Augenwinkel sieht er Amanda an. Es gab Augenblicke, in denen er sich gewünscht hat, statt Jessie möge Amanda seine Tochter sein. Nicht, daß er Jessie nicht liebte, das tut er, aber Amanda ist ein Champion. Das liegt nicht nur daran, daß sie gut ist, sondern daran, daß sie gewinnen will. Unbedingt. Genug, um dem Sport alles zu geben, was sie kann; wenn sie hier ist, dann ist sie wirklich in der Turnhalle und nirgendwo sonst. Er hat durch Jessie von dem AIDS-Problem gehört, aber selbst wenn die Mädchen keine Busenfreundinnen wären, würde er inzwischen Bescheid wissen. So sind Schulen nun einmal, Informationen sprechen sich schnell herum. Außerdem hat Louise, seine Frau, einen Anruf von einer protestierenden Gruppe bekommen, obwohl Jack Eagan nicht ganz einsieht, was es da zu protestieren gibt.

»Die Sache ist die«, sagt er etwas verlegen, »wenn du

schwach bist oder dich nicht wohl fühlst, möchte ich nicht, daß du dich verletzt.«

»Sie müssen mich für ziemlich dumm halten«, sagt Amanda.

So hat sie noch nie mit dem Trainer gesprochen. Tatsächlich hat sie Angst vor ihm. Sie geht ihm aus dem Weg, wenn sie bei Jessie zu Hause ist, weil er zu Hause fast genausoviel schreit wie in der Turnhalle. Jessie und Amanda haben sich schon überlegt, ob er vielleicht gar nicht mehr mit normaler Stimme sprechen kann.

»Ich hab' nicht gesagt, daß du dumm bist«, sagt Jack Eagan. Er beobachtet ein neues Mädchen, das auf dem Schwebebalken turnt. »Du bist ein Champion. Champions gestatten sich nicht, Schmerzen zu fühlen. Darüber mache ich mir Sorgen.«

Amanda sieht ihn aufmerksam an. Ihr Mund ist trocken. Früher hat er sie kritisiert, wenn sie versagte, aber sie weiß, daß sie ihre Sache nur dann gut gemacht hat, wenn er überhaupt keinen Kommentar abgibt. Er hat sie tatsächlich noch nie gelobt.

»Sind Sie nur nett zu mir, weil ich Ihnen leid tue?« sagt Amanda hitzig.

»Du weißt, daß ich nicht nett bin«, sagt Jack Eagan.

Er fragt sich, ob sie das Turnen aufgegeben hätte. Sie hätte zu schwer oder zu groß werden können, oder vielleicht hätte sie sich entschlossen, ihre Zeit den Jungen oder den Schularbeiten zu widmen, hätte die Blasen an ihren Händen und die schwarzen und blauen Flecken an ihren Schenkeln satt bekommen. Sie wäre auf jeden Fall herangewachsen und hätte all das hinter sich gelassen.

»Hast du dir mal Gedanken über deine Bodenübung gemacht?« fragt er.

Er weiß, daß er mitten in der Halle stehen und seinen üblichen Vortrag halten, allen neuen Mädchen angst machen sollte, damit sie pünktlich zum Training kommen. Man hat ihm vorgeworfen, er bevorzuge die guten Turnerinnen, besonders Amanda, aber warum zum Teufel sollte er nicht?

Amanda greift in ihre Sporttasche und zieht ihre Madonna-Kassette heraus. Jack Eagan kneift die Augen zusammen, um besser zu sehen. Er kann sich nicht erinnern, wann er zum letzten

Mal geweint hat. Er kann sich nicht erinnern, wann er seiner Tochter zum letzten Mal gesagt hat, daß er sie liebt.

»O nein!« bellt er jetzt, so daß alle anderen Mädchen sich nach ihnen umsehen. »Nicht Madonna!«

Die meisten Mädchen in der Halle beginnen zu kichern, und Amanda grinst, als Jack Eagan so tut, als reiße er sich den Rest seiner noch verbliebenen Haare aus. Selbst Jessie, die ihren Vater diese Nummer schon tausendmal hat abziehen sehen, beginnt zu lachen.

»Alles, aber nicht Madonna!« schreit Jack Eagan, während die Mannschaft näher kommt, um Amandas Band anzusehen, und Jack so Amanda auffordern kann, ihre Bodenübung als erste zu turnen, ohne daß man ihn beschuldigt, Amanda vorzuziehen.

Charlie hat sich mit dem Fahrrad schon auf den Weg zu Sevrin gemacht. Er nimmt die Abkürzung durch die Wälder. Noch immer fühlt es sich nach Sommer an: Die Luft ist schwer und warm, und die feuchte Erde riecht stark. Aber einige der Ahornbäume werden schon rot, und die Eichen und Akazien wirken gelblich, wo die Sonnenstrahlen ihr Laub treffen. Um diese Jahreszeit kommen Leute aus Boston und New York nach Morrow, um den Zug der Wildgänse zu sehen. Charlie weiß, wann der Sommer wirklich vorbei ist, nämlich dann, wenn das Sumpfland voll ist mit Wildgänsen und man in den Hintergärten morgens und in der Dämmerung ihr Schnattern hört.

Als er Sevrins Haus erreicht, steigt Charlie vom Rad, geht aber nicht zum Haus. Er ist den ganzen Weg gerast, und sein Gesicht ist heiß. Er stellt das Rad in der Nähe eines Quittenbaums ab und wartet, obwohl er nicht genau weiß, worauf er wartet. Er kann einfach nicht zur Tür gehen und klingeln. Er kommt sich dumm vor, und er hockt sich auf die Fersen, damit seine Anwesenheit nicht so offenkundig ist. Betsys Wagen steht in der Einfahrt, daher weiß Charlie, daß zumindest jemand zu Hause ist. Er glaubt, draußen hinter der Garage Sevrins Fahrrad zu erkennen.

Endlich kommt Sevrin heraus. Von der Stelle aus, an der Charlie hockt, sieht Sevrin klein aus, als er Felix herausläßt. Er dreht sich um und sagt etwas zu jemandem hinter der Tür mit dem Fliegengitter, wahrscheinlich seiner Mutter, die noch drinnen ist. Charlie ruft ihn nicht, aber er richtet sich neben dem Quittenbaum auf. Er fühlt eine gewisse Erleichterung. Wenigstens ist Sevrin nicht ins Gefängnis oder zum Militär geschickt worden. Wenigstens hat er nicht irgendeine unheilbare Krankheit. Sevrin geht ums Haus zum Hintergarten, und Charlie muß die Augen zusammenkneifen, um ihn zu sehen. Sevrin pfeift nach dem Hund, aber Felix hat Charlies Geruch gewittert und ignoriert seinen Herrn.

»Hierher, Felix!« ruft Sevrin.

Felix saust auf Charlie zu, und Sevrin steht da, beschattet mit einer Hand seine Augen und versucht zu erkennen, wohin Felix rennt. Felix wedelt nicht nur mit dem Schwanz, er wedelt mit dem ganzen Körper. Sobald er Charlie erkennt, springt er ihn an und wirft ihn um. Sevrin kommt herbeigerannt und lacht, als er Charlie mit Felix ringen sieht.

»Halt mir deinen Hund vom Hals«, sagt Charlie.

Sevrin streckt die Hand aus und packt Felix am Halsband.

»Wo bist du gewesen?« fragt Charlie, während er aufsteht.

»Ich war nirgends«, sagt Sevrin. Er hält den Hund am Halsband und sieht eigenartig aus. Jetzt versteht Charlie, warum sein Vater sich beschwert, wenn jemand ihm nicht in die Augen sieht.

»Ich gehe in eine andere Schule«, sagt Sevrin.

»Ach, ja?« sagt Charlie vorsichtig.

»Sie ist gar nicht so übel«, sagt Sevrin. »Meine Vettern gehen auch dorthin, und meine Tante ist im Vorstand; darum haben sie mich aufgenommen.«

»Prep School?« Charlie fühlt sich immer unbehaglicher.

»Eine private Schule«, erklärt Sevrin. »Mein Vater setzt mich auf dem Weg nach Boston in Cambridge ab. Nächste Woche komme ich erst nach sieben nach Hause.«

»Aber an den Wochenenden mußt du doch nicht hin, oder?« fragt Charlie.

»Das ist doch kein Gefängnis, du Idiot«, sagt Sevrin. »Vielleicht komme ich in die Junioren-Fußballmannschaft.«

»Dann können wir uns ja samstags treffen«, sagt Charlie erleichtert.

Sevrin sieht ihn noch immer nicht an. Er läßt das Halsband des Hundes los, und Felix trottet in den Garten eines Nachbarn.

»Meine Mutter will das nicht«, sagt Sevrin unglücklich.

»Was will sie nicht?« sagt Charlie verwirrt.

»Ich kann nicht dein Freund sein, wegen Amanda«, sagt Sevrin.

»Was hat sie denn gemacht?« fragt Charlie, verwirrter denn je.

»Es ist, weil sie krank ist«, sagt Sevrin.

Charlie starrt seinen Freund an. »Das ist doch verrückt«, sagt er endlich.

»Meine Mutter hat Angst, daß ich es auch kriege«, sagt Sevrin.

»Aber wissenschaftlich ist das Quatsch«, sagt Charlie. »Wo sind die Daten, die das bestätigen? Hast du ihr nicht gesagt, daß du dich nicht anstecken kannst?«

Sevrin sieht ihn noch immer nicht an.

»Du bist vielleicht ein Wissenschaftler...«, sagt Charlie angewidert. Er spürt, wie seine Kehle eng wird, aber er wird nicht weinen.

»Meine Mutter regt sich wirklich darüber auf«, sagt Sevrin. »In diesem Punkt ist mit ihr nicht zu spaßen.«

»Aha«, sagt Charlie. Er nimmt sein Fahrrad.

»Ich geb' dir die Hälfte von den Molchen, wenn du willst«, sagt Sevrin.

»Nein, danke«, sagt Charlie.

Er und Sevrin sind im gleichen Monat geboren, im Februar, und seit ihrem dritten Lebensjahr haben sie ihre Geburtstage immer zusammen gefeiert. Für dieses Jahr hatten sie eine Dinosaurier-Party geplant; sie haben schon Gummikrallen und Reißzähne aus einem Versandhauskatalog bestellt.

»Viel Glück für die Fußballmannschaft«, sagt Charlie.

Er weiß, daß Sevrin weint, aber es ist ihm egal. Er denkt an die Heimfahrt; wenn man den richtigen Moment erwischt und die Bodenwelle in der Ash-Street mit vollem Tempo nimmt, dann saust das Fahrrad in die Luft und fliegt förmlich durch die Kurve. Er ist jetzt sowieso ein bißchen zu alt für Geburtstagsparties. Sie sind blöde. Kinderkram. Sie sind etwas, an das er nicht einmal mehr denken wird.

8

Manchmal fährt Laurel Smith abends an ihrem Haus vorbei. Sie will nicht, daß irgend jemand in der Nachbarschaft sie hört, daher nimmt sie ihr altes grünes Fahrrad, das früher ihrem Ex-Mann gehörte. Das Fahrrad hat kein Licht; sie muß also durch die Schwärze der Sumpfstraße radeln und sorgfältig dem Graben ausweichen, der hinunter zu den Stufen der Drainagegräben führt. Im Frühjahr sind die Gräben Brutplätze für Libellen; die Insekten schweben über dem stillen Wasser und säumen die Straße mit einem schimmernd blauen Band. Jetzt sind die Libellen fort, aber es gibt noch andere Lebewesen in den Wäldern. Wann immer ein Fahrrad vorbeikommt, ertönt hektisches Flügelschlagen, und Äste brechen, wenn die Rehe in den dunkelsten Teil der Wälder fliehen.

Laurel weiß nicht, was alle Kinder der Stadt wissen: es gibt eine Abkürzung, einen Sandweg durch die Kiefern, auf dem sie mit dem Fahrrad vom Sumpfland bis zum Stadtrand fahren können, ohne am Friedhof vorbei zu müssen. Die Kinder nehmen diese Abkürzung schon so lange, daß die meisten von ihnen sich gar nicht mehr erinnern, warum sie dieses Straßenstück meiden. Ein paar von ihnen bekommen noch immer eine Gänsehaut, ehe sie in die Wälder abbiegen. Es gibt eine scharfe Kurve direkt vor dem Friedhof, eine Stelle, wo die Kiefern besonders hoch sind; bei schlechtem Wetter ist diese Stelle wie ein Windkanal. In dieser Kurve beschleunigt Laurel immer ihre Radfahrt, vor allem, wenn der Mond scheint und sie den Eisenzaun mitten im Wald sehen kann. Sie wundert sich über diesen Zaun und fragt sich, ob er Leute fernhalten oder einsperren soll.

Es dämmert, als Laurel anhält, so plötzlich, als sei sie vom Rad gestoßen worden. Der Zaun rings um den Friedhof ist grün geworden, und selbst aus einiger Entfernung verströmt er einen eigenartigen, modrigen Geruch, eine Mischung aus Rost und Tränen. Er umgibt nicht mehr als dreißig Grabsteine, von denen einige zerbrochen sind. Engel sind in Hälften gespalten, der Regen hat die Züge kleiner Steinlämmer verwischt und sie blind gemacht. Es gibt einen neuen Friedhof auf der anderen Seite des Highway Nr. 16, daher ist hier seit zweihundert Jahren niemand mehr begraben worden, und niemand erinnert sich an die Toten, die hier liegen. Es ist ein Ort, wo kein Gras wachsen kann, wo Spottdrosseln und Krähen in den Ästen der Bäume nisten; sie haben sich so viele Federn ausgerupft, daß die Erde an einer oder zwei Stellen schwarz aussieht.

»Ich muß hier weg«, sagt Laurel laut zu sich selbst. Ihr Kopf dröhnt wie ein Kessel, aber sie bleibt stehen, wo sie ist, neben ihrem Fahrrad. Sie wartet auf die Toten, aber sie kommen nicht heraus, um sie zu begrüßen. Sie flüstern nicht einmal. Zwei tintenschwarze Federn fallen vom Himmel. »Sagt etwas«, befiehlt Laurel Smith, aber die Stille hält an, nur durchbrochen von knackenden Zweigen und Wind. Laurel berührt die Spitze eines der Eisenstäbe des Zauns; sie ist scharf, sie könnte ihr leicht in die Finger schneiden.

Es ist dunkel geworden, als Laurel wieder auf die Straße kommt, und als sie schließlich in die Chestnut Street einbiegt, ist sie sicher, daß man sie nicht bemerken wird. Nach der Schwärze der Straße und der Wälder ist sie immer schockiert, wenn sie die weißen Häuser in dieser Straße sieht, das Licht hinter den Fenstern, die Chrysanthemenbüsche neben den Eingangstüren. Laurel legt ihr Fahrrad in das Gras auf der anderen Straßenseite. Von hier aus kann sie in ihr Küchenfenster sehen. Manchmal sieht sie sie alle beim Abendessen, und wenn der Wind richtig steht, kann sie Gemüsesuppe und gegrillte Koteletts riechen. Sie hat ein paar von den anderen Häusern in der Chestnut Street beobachtet, in andere Küchen und Wohnzimmer gespäht. Sie fühlt sich närrisch, wenn sie das tut; sie balanciert auf Fenstersimsen wie eine Katze auf dem Dachfirst. Manchmal denkt sie, die Farrells seien genauso wie alle anderen, und das gibt ihr ein gutes Gefühl. Sie glaubt, sie wisse, was an ihrem Tisch, in ihren Betten vorgeht, einfach weil sie sie durch ihr Fenster sieht. Aber sie kann nicht wissen, daß Amanda kaum essen kann und daß ihre Appetitlosigkeit ansteckend wirkt, denn die Hälfte der Speisen, die Polly kocht, wird in den Mülleimer geworfen. Sie kann sich nicht vorstellen, daß Charlie, sobald das Essen beendet ist, in den Keller flüchtet wie eine Schildkröte in ihren Panzer; daß Polly und Ivan sich nicht mehr küssen können, denn ihre Lippen scheinen gesprungen, und ihre Zungen funktionieren nicht mehr; daß Amanda die Vitamine nicht mehr schlucken kann, die ihr Vater ihr gibt. Sie schiebt sie in die Backe, und wenn niemand hinschaut, spuckt sie sie aus, tief über die Toilette gebeugt.

Das Abendessen ist vorbei, und auf dem Tisch stehen Teller mit Schokoladenkuchen. Heute abend weht der Duft von Kaffee über die Straße. Charlie hat seinen Kuchen mit in den Keller genommen und füttert ihn seinen Hamstern. Er kann seine Schwester in der Küche hören, wenn sie auf den Boden stampft, er kann durch die Dielenbretter ihre Wut hören. Es ist nicht fair. Alle denken das. Alle sagen es dauernd. Morgen abend gibt es eine Geburtstagsparty, alle bleiben über Nacht, nur Amanda darf nicht. Sie ist mit Jessie und Mrs. Eagan schon ins Einkaufszentrum gegangen und hat ein Geburtstagsgeschenk gekauft, sechs bunte Haarreifen aus Plastik und sechs dazu passende Armreifen.

»Ihr haßt mich«, sagt Amanda zu ihren Eltern.

Sie hat einen schrecklichen Ausdruck im Gesicht. Heftig stößt sie ihren Kuchenteller weg. Der Teller rutscht über den Tisch und zerschellt auf dem Boden.

»Wir lieben dich«, sagt Polly. Sie beherrscht sich, um nicht niederzuknien und den Kuchen aufzuwischen. Sie beherrscht sich die ganze Zeit.

»Ach ja«, sagt Amanda. »Sicher. Das sagt ihr nur. Das müßt ihr ja sagen.«

»Keine Diskussionen«, sagt Ivan. »Du kannst zur Party gehen, aber du kannst nicht dort übernachten.«

»Macht mich nur vor allen unmöglich«, weint Amanda. »Mein Leben ist sowieso ruiniert.«

Ihre Worte fallen auf den Tisch wie Glassplitter. Sie sollten

Schokoladenkuchen essen, und statt dessen blutet ihnen die Seele. Ivan schließt die Augen und wünscht sich sofort, er könnte mit Brian reden; der Gedanke verblüfft ihn, und dann sagt er sich: Natürlich. Er möchte einen Notdienst anrufen und mit einem Fremden sprechen, weil in diesem Haus niemand mehr ist, mit dem er reden kann, weil es nicht einmal mehr Worte gibt, die man benutzen kann. Amanda starrt ihre Eltern an, fordert sie zu dem Versuch heraus, sie zu trösten.

»Amanda«, sagt Polly. »Bitte.«

»Bitte was?« versetzt Amanda. »Bitte stirb einfach und mach der Sache ein Ende?«

Ihre Eltern antworten nicht, und Amanda verspürt Triumph. Sie hat das letzte Wort gehabt und wird nicht einmal in ihr Zimmer geschickt. Amanda lehnt sich auf ihrem Stuhl zurück und verschränkt die Arme vor der mageren Brust. Grundlos fällt ihr eine Kaninchenpfote ein, die ihr Großvater ihr einmal geschenkt hat. Die Kaninchenpfote war weiß und weich, und man konnte sie wie ein Geheimnis in der Tasche tragen. Amanda liebte sie und hatte sie in der Manteltasche oder unter ihrem Kopfkissen, bis sie darauf kam, daß man von einem Kaninchen nur dann eine Pfote bekommt, wenn man sie abschneidet. Im Augenblick fühlt sie sich genauso wie damals, als sie die Kaninchenpfote tief im Abfalleimer der Küche unter Orangenschalen und nassen Teebeuteln versteckte. Ihre Arme sind schlaff, und etwas Spitzes wie eine Nadel scheint hinter ihren Augen zu sitzen.

Niemand versucht Amanda aufzuhalten, als sie nach draußen rennt. Die Tür mit dem Fliegengitter schlägt hinter ihr zu, und ihr Atem geht schwer. Draußen ist es dunkel; nur wenige Sterne stehen hoch über den Bäumen. Amanda läuft über die Einfahrt und dann im Zickzack über den Rasen, aber als sie den Gehsteig erreicht, bleibt sie stehen und beginnt zu weinen. Es ist dumm, aber erst am Abendbrottisch ist ihr klargeworden, daß man, um an einer Krankheit zu sterben, wirklich sterben muß und nicht mehr zurückkommt. Sie steht auf dem Gehsteig, kratzt mit den Turnschuhen über die Sprünge im Zement und bedeckt die Augen mit den Händen.

Auf der anderen Seite zieht sich Laurel Smith die Ärmel ihrer

Strickjacke über die Finger. Amandas helles Haar hängt in der Dunkelheit locker herunter wie aufgelöste Silberfäden. Sie weint lautlos, aber ihr ganzer Körper zittert. Nach einer Weile öffnet jemand die Hintertür.

»Amanda?« ruft Polly mit hoher, ängstlicher Stimme. »Liebes?«

Laurel rührt sich nicht, bis Amanda sich umdreht und zurück ins Haus geht. Die Bäume der Chestnut Street sind dicht belaubt; sie bewegen sich im Wind und machen ein leises, raschelndes Geräusch. Als die Tür mit dem Fliegengitter hinter Amanda ins Schloß fällt, steigt Laurel auf ihr Fahrrad, tritt heftig in die Pedale, überquert den Gehsteig und fährt auf die Straße. Sie tritt so heftig, daß das alte Fahrrad vibriert; die Luft ist salzig und kühl, aber sie schwitzt so stark, daß ihr Haar naß ist, als sie das Sumpfland erreicht. Ihr Pullover ist feucht. Sie läßt das Rad auf den Boden fallen und geht auf ihr Sonnendeck; im Dunkeln stolpert sie über einen Liegestuhl. Ihr Atem geht stoßweise, durchsetzt mit seltsamen kleinen Schluchzern, die nicht ganz herauskommen und auch nicht innen bleiben. Sie sieht sich selbst, wie sie in der Dunkelheit das Leben anderer Menschen ausspäht, und sie ist angewidert.

Im Haus sieht sie den Inhalt des Küchenschranks durch, nimmt eine Dose Thunfisch heraus und ißt im Stehen, als sei sie ausgehungert. Dann nimmt sie eine Tüte Mehl und etwas braunen Zucker, und gegen Mitternacht hat sie einen wunderschönen Boden für einen Apfelkuchen fertiggebacken. Am nächsten Morgen steigt sie in ihren Wagen und fährt zurück in die Chestnut Street. Der Apfelkuchen ist in Aluminiumfolie eingeschlagen, und Laurel hat auch einen Strauß rosa Malven mitgebracht, Sumpfblumen, die so groß sind, daß sie aussehen, als seien sie auf einem anderen Planeten gewachsen. Der Apfelkuchen ist noch warm, die Blumen nur ganz leicht erschlafft. Während sie darauf wartet, daß jemand an die Tür kommt, schiebt Laurel den Riemen ihrer Segeltuchtasche von einer Schulter auf die andere. Bei Tageslicht hierzusein macht sie nervös. Als sie um das Haus zur Hintertür der Farrells geht, sieht sie alles unscharf. Sie konnte nie gut mit Leuten umgehen; als sie verheiratet war, konnte sie ihren

Mann nie beim Namen nennen, und er beschwerte sich oft darüber, daß sie ihm nie voll ins Gesicht sah, aber auf der Straße innehielt und sich bückte, um streunende Katzen zu begrüßen.

Es ist Samstag. Als sie das Läuten der Türglocke hört, nimmt Polly daher an, das seien ihre Eltern, die früher als erwartet ankommen. Sie hat ihnen den kleinen Finger gereicht, und jetzt kommen sie jedes Wochenende. Sie hat das Gefühl, daß sie freitagabends auf die Uhr zu schauen beginnen, damit sie samstags bei Tagesanbruch fertig sind, um in Als Auto zu springen. Polly läßt sich Zeit und wischt erst noch eine Arbeitsplatte in der Küche ab, ehe sie zur Tür geht. Als sie Laurel sieht, spürt Polly etwas Scharfes im Rücken, als sei sie ein Tier, das die Haare sträubt. Auf der anderen Straßenseite räumt Fran Crowley langsam ihre Einkäufe aus dem Kofferraum ihres Kombis, damit sie einen guten Blick auf Laurel erhascht; sie legt eine Hand über die Augen, um sie zu beschatten, und ihr Mund verformt sich zu einem O.

»Ich arbeite nicht mehr an dem Buch«, sagt Polly rasch.

»Ich auch nicht«, sagt Laurel.

Polly hat die Gittertür nicht geöffnet; sie spricht durch den Draht mit Laurel wie mit einem Bettler.

»Ich habe gehört, daß Ihre Tochter krank ist, daher wollte ich sie besuchen«, sagt Laurel. »Ich habe einen Kuchen mitgebracht.«

»Sie hätten warten sollen«, sagt Polly. »Noch ist sie nicht tot.«

Laurel fährt zurück, als sei sie geschlagen worden. Sie bleibt mit dem Absatz ihres Schuhs an der Stufe hängen und landet auf Händen und Knien. Rasch öffnet Polly die Gittertür, um ihr zu helfen. Sie hebt den Kuchen auf und lüftet die Folie; nur eine Seite des Teigrandes ist eingedrückt. Sie legt die Folie wieder über die Kuchenform.

»Bei dieser Stufe müssen Sie achtgeben«, sagt Polly. »Wir sind alle so daran gewöhnt, daß wir nie stolpern.«

»Sie brauchen mich nicht hereinzubitten, wenn Sie nicht wollen«, sagt Laurel Smith.

»Ich weiß nicht, warum Sie hier sind«, sagt Polly. »Warum sind Sie hier?«

»Ich dachte einfach, die meisten Kinder mögen Apfelkuchen«, sagt Laurel. »Ich mochte ihn immer gern.«

Die Kuchenform in Pollys Händen fühlt sich warm an.

»Ich rufe Amanda«, sagt Polly.

Laurel Smith folgt Polly nach innen; sie legt die Blumen auf den Tisch, während Polly in den Keller hinunter nach Amanda ruft.

»Sie trainiert«, erklärt Polly.

Aus irgendeinem Grund glaubt Polly, dieser Besuch ginge sie nichts an; Laurel ist einfach jemand, der höflich behandelt werden muß, bis Amanda kommt. Polly hat keine Ahnung, wo Ivan und Charlie sind, weiß nur, daß beide ohne zu frühstücken gegangen sind, jeder mit eigenem Ziel.

»Amanda«, ruft Polly nochmals.

»Ich trainiere«, schreit Amanda zurück, und ihre Stimme ist etwas brüchig vor Anstrengung.

»Komm trotzdem nach oben«, ruft Polly.

Was das Training betrifft, so lügt Amanda; in den letzten zwei Stunden hat sie nur auf einer grauen Matte gesessen und ihrer Madonna-Kassette gelauscht. Als sie heute aufwachte, dachte sie bei sich, sie würde nicht ins Finale kommen, und kaum hatte sie das gedacht, da wußte sie, daß es wahr ist. Sie hat weder die Kraft noch die Ausdauer. Ihre Beine schmerzen; einfache Bewegungen, die sie auswendig kennt, machen sie schwindlig und kurzatmig. Amanda zieht die Knie an die Brust und verschränkt die Arme. Sie beugt den Kopf nach unten, und als sie ausatmet, spürt sie die Wärme ihres Atems auf der Haut. Sie fragt sich, wohin der Atem geht, wenn man stirbt.

Laurel Smith steht noch immer, als Amanda nach oben kommt; allerdings wurde ihr ein Stuhl angeboten. Amanda trägt ein rosa T-Shirt und Jeans; sie weiß, daß ihre Mutter einen Gast hat, aber sie sieht keine der beiden Frauen an. Sie lehnt sich an den Kühlschrank und studiert den Fußboden.

»Das ist Laurel«, sagt Polly. »Die Frau, die ich fotografiert habe. Sie hat einen Kuchen mitgebracht.«

Amanda blickt auf. »Ich esse keinen Kuchen«, sagt sie. »Er macht dick.«

Amanda ist so mager, daß Laurel ihre Knochen sehen kann, zerbrechlich wie die eines Vogels.

»Vielleicht magst du die hier«, sagt Laurel und hält ihr die Blumen hin.

»Sind die echt?« fragt Amanda. Und ehe sie es sich verbeißen kann, fügt sie hinzu: »Sie sind wunderschön.«

»Rosa ist meine Lieblingsfarbe«, sagt Laurel.

»Meine auch«, sagt Amanda vorsichtig, während sie Laurel betrachtet, vor allem Laurels Haar, das bis zur Taille reicht, außer an den Seiten, wo es zurückgekämmt und kompliziert geflochten ist.

»Ich kann dir beibringen, dein Haar so zu frisieren«, sagt Laurel Smith.

Pollys Augen verengen sich; sie erkennt, daß sie Amandas Gedanken mit der gleichen Leichtigkeit gelesen hat wie Laurel.

»Ja?« sagt Amanda.

»Wären Sie damit einverstanden?« fragt Laurel Polly.

»Sie haben sicher viel zu tun«, sagt Polly.

»Nein«, sagt Laurel. »Das Wichtigste, was ich heute tun muß, ist Katzenfutter einkaufen.«

»Sie haben eine Katze?« fragt Amanda, als sei das die faszinierendste Nachricht, die sie je gehört hat.

»Die Großeltern kommen heute«, sagt Polly schwach.

»Aber doch jetzt noch nicht«, sagt Amanda. Sie sieht sehr klein aus und jünger, als sie ist. »O bitte!«

Polly und Laurel schauen einander an.

»In Ordnung«, sagt Polly.

Amanda läuft davon, um eine Bürste und ein paar Gummibänder zu holen.

»Warum tun Sie das?« sagt Polly argwöhnisch. Sie glaubt ein Recht auf Argwohn zu haben, wenn eine Frau, die mit Geistern in Verbindung tritt, ihrer Tochter das Haar bürsten will.

»Sie wird hübsch aussehen mit geflochtenem Haar«, sagt Laurel Smith. »Meinen Sie nicht auch?«

Amanda und Laurel gehen hinaus auf die Veranda. Durch das Fenster kann Polly sehen, daß Laurel hinter Amanda sitzt und ihr Haar bürstet. Polly sollte Laurel auffordern zu gehen; sie brauchen keine Hilfe von Fremden. Statt dessen schaut sie durchs Fenster und weint.

»Wie lange haben Sie gebraucht, um Ihr Haar so lang wachsen zu lassen?« fragt Amanda Laurel.

»Als es zum letzten Mal geschnitten wurde, war ich vierzehn«, sagt Laurel. Dann fügt sie hinzu: »Ich wette, du benutzt eine Cremespülung. Dein Haar ist so glatt.«

Amanda lächelt. Gewöhnlich ist sie in Gegenwart Erwachsener schüchtern, aber Laurel Smith scheint nicht viel älter zu sein als sie. Es ist, als wären sie beide Teenager, und Amanda ist froh, daß sie nicht ihr dummes Schlumpf-T-Shirt anhat.

»Waren Sie schon mal verliebt?« fragt Amanda Laurel.

»Noch nicht«, gibt Laurel Smith zu.

»Ich auch nicht«, sagt Amanda.

»Aber ich habe jemanden gern gehabt«, fügt Laurel Smith hinzu.

»Ich glaube, das ist nicht dasselbe«, sagt Amanda.

»Nein«, sagt Laurel, »da hast du recht, es ist nicht dasselbe.«

Laurel greift in ihre Tasche und holt einen Spiegel heraus. »Schau's dir an«, sagt sie zu Amanda.

Amanda starrt in den Spiegel und lächelt breit, vergißt, den Mund geschlossen zu halten, damit man ihre Zahnspange nicht sieht.

»Gefällt mir sehr«, sagt Amanda.

»Vielleicht kannst du mich mal in meinem Haus besuchen«, sagt Laurel Smith. »Ich glaube, es würde dir gefallen. Es ist mitten im Sumpfland.«

»Sagen Sie das nur, weil Sie glauben, ich sterbe, ehe ich kommen kann?« sagt Amanda.

Laurel spürt, daß ihre Arme und Beine eine Gänsehaut bekommen.

»Es tut mir leid, daß ich das gesagt habe«, sagt Amanda. »Ich bin schrecklich.«

Laurel und Amanda sitzen jetzt nebeneinander und lassen die Beine über die zerbrochene Stufe hängen.

»Manchmal mache ich Schokoladentörtchen mit Schokoladenchips«, sagt Laurel Smith. »Wenn du willst, kann ich dir zeigen, wie man das macht.«

»Ja, gern«, sagt Amanda. »Hört sich gut an.«

Das ganze Wochenende lang übt Amanda, ihr Haar zu flechten, und am Montag geht sie nach dem Unterricht in den Waschraum für Mädchen, um sich zu bewundern. Sie sieht älter aus, mindestens wie zwölf oder dreizehn. Mit dem Kamm zieht sie ein paar lose Strähnen an den Schläfen nach hinten und schiebt sie wieder in die Flechten. Zwei Mädchen, die Amanda aufrichtig haßt – nicht weil sie beliebt sind, sondern weil sie Snobs sind, die mit niemandem sprechen, der keinen Büstenhalter trägt und keine durchstochenen Ohrläppchen hat –, kommen herein, während Amanda sich frisiert. Jeder an der Cheshire-Schule kennt ihre Namen, Mindy Griffon und Lori Walker. Mindy, die auch in der Turnriege ist, hat schickere Trikots als alle anderen, wirklich schöne, die ihre Großmutter ihr aus Los Angeles schickt. Als Mindy Amanda sieht, packt sie Loris Arm.

»O Gott, das ist sie«, hört Amanda Mindy sagen.

Amanda nimmt ihre Sporttasche und öffnet den Reißverschluß, um den Kamm wegzuräumen.

»Hi, Amanda«, sagt Lori mit so viel geheucheltem Mitleid in der Stimme, daß Amanda schlecht wird.

Amanda wirft sich ihre Tasche über die Schulter, und als sie sich vom Spiegel wegdreht und auf die Tür zugeht, weichen Mindy und Lori zurück. Amanda weiß sofort, warum sie das tun: sie haben Angst vor ihr. Amanda geht zur Tür und verläßt den Waschraum, ohne zurückzuschauen, aber sie kann Mindy laut flüstern hören: »Glaubst du, daß sie auf einer der Toiletten gesessen hat? Ich werde sie nie, nie wieder benutzen.«

Rasch geht Amanda durch den leeren Flur. Die Schule ist aus, aber im Gang riecht es noch immer nach dem heutigen Mittagessen. Amanda konnte nichts essen, und jetzt ist ihr nach Weinen zumute. Sie weiß, sie hassen sie. Sie nimmt es ihnen nicht einmal übel; sie haßt sich selbst auch, nicht alles an sich, aber diese Sache, die in ihr ist. Zuerst glaubte sie nicht wirklich daran, denn wenn sie sich im Spiegel betrachtete, sah sie genau wie immer aus, nur dünner. Sie pflegte sich zu sagen, sie brauche nur zu warten, bis man irgendeine Spritze oder Pille finden würde, die man ihr geben könnte. Jetzt sagt sie sich jeden Abend vor dem Einschlafen, daß sie sterben wird. Sie wiederholt sich das, ruhig, sorgfältig, die Worte auf der Zunge schmeckend.

Sie wird nie eine von Belas Schülerinnen werden. Sie wird nie aufs College gehen oder Auto fahren. Sie fragt sich, ob es sich blau und wäßrig anfühlen wird wie damals im Sommer vor zwei Jahren, als sie in Crane's Beach von einer riesigen Welle umgeworfen wurde. Lärm, der in Lautlosigkeit übergeht. Hitze, die durch kalten Druck ersetzt wird.

Amanda fährt mit der Zunge über das Silberband auf ihren Zähnen. »Doofe Nuß«, sagt sie zu sich selbst. »Idiotin.«

Sie will es bis zum letzten Wettkampf im Juni schaffen. Das ist alles. Weiter denkt sie nicht voraus. Das Training fällt ihr jetzt schwer. Hinterher fühlt sie sich krank; einmal mußte sie die Turnhalle verlassen, um sich in eine der Toiletten einzuschließen und sich zu übergeben. Aber wenigstens ihre Bodenübung hat nicht gelitten; sie hat eine tolle Kür.

»Warte«, ruft jemand, aber Amanda ist zu sehr mit den Gedanken an ihr Training beschäftigt und geht einfach weiter.

Jessie rennt durch den Gang, um sie einzuholen.

»Hast du mich nicht gehört?« fragt Jessie. »Du wirst es nicht glauben!«

Amanda geht langsamer, um sich Jessies Schritten anzupassen.

»Mein Vater will vier Mädchen aus der Mannschaft werfen«, flüstert Jessie.

»O nein, mein Gott! Nein!« sagt Amanda erregt und ganz Ohr.

»Er hat's meiner Mutter gesagt. Ich sollte es nicht hören«, grinst Jessie. »Eine hat zu oft beim Training gefehlt, und die anderen sind so schlecht, daß mein Vater Angst hat, sie würden sich verletzen. Kannst du dir das vorstellen?«

Amanda versteift sich plötzlich. »Bin ich eine davon?«

»Spinnst du?« sagt Jessie. »Frag mich nicht nach Namen, weil ich sie nicht weiß.«

»Bitte!« sagt Amanda. Sie weiß, daß sie Jessie zum Reden bringen kann.

Jessie kichert und schüttelt verneinend den Kopf. Amanda kann nicht sagen, ob Jessie weiß, daß sie sterben wird. Sie benimmt sich nicht so, als ob sie es wüßte, sie hat nie etwas gesagt, aber sie verbringt nicht mehr viel Zeit mit ihren anderen Freundinnen. Keine von ihnen tut das. Wenn sie könnten, wären sie dauernd zusammen, obwohl Amanda sich allmählich fragt, was mit Jessie passiert, wenn sie selbst stirbt. Die Mädchen, die Amanda ausweichen und hinter ihrem Rücken tuscheln, gehen auch Jessie aus dem Weg und behaupten, sie hätten sie ohnehin nie sonderlich gemocht.

»Mein Vater bringt mich um, wenn er merkt, daß ich gelauscht habe. Er ermordet mich auf der Stelle«, sagt Jessie.

»Sag mir nur einen Namen«, bittet Amanda.

»Helen Gates und Joyce Gorman«, platzt Jessie heraus.

»Das sind zwei!« frohlockt Amanda. »Dann kannst du mir die anderen auch noch sagen.«

Jessie zieht Amanda in die Nähe der Wand, und beide schauen über die Schulter, um sicher zu sein, daß niemand in der Nähe ist.

»Sally Tremont und Mindy Griffon.«

Amanda stößt einen Schrei aus. »O mein Gott«, sagt sie.

»Mindy hält sich für so großartig«, flüstert Jessie. »Aber jetzt kriegt sie's. Ist das nicht zum Totumfallen?«

Amanda wendet den Blick ab.

»Oh, so hab' ich das nicht gemeint«, sagt Jessie schnell. »Wirklich nicht.«

»Ist schon okay«, sagt Amanda.

Langsam machen sie sich auf den Weg in die Turnhalle.

»Du wirst immer meine beste Freundin sein«, sagt Jessie.

»Danke«, sagt Amanda.

»Ich mein' das ernst«, sagt Jessie zu ihr. Sie betrachtet Amanda genauer. »Was hast du mit deinen Haaren gemacht?«

»Eine Freundin hat mir gezeigt, wie man das macht. Sie ist fast dreißig«, sagt Amanda leichthin.

»Dreißig«, sagt Jessie beeindruckt. »Sie muß viel von Frisuren verstehen.«

»Ja, eine Menge«, sagt Amanda. »Sie ist nicht so eine Freundin wie du«, fügt Amanda hinzu. »Keine beste Freundin oder so was.«

Jessie lächelt und nimmt, da sie schon fast bei der Turnhalle sind, ihren Armreif ab.

»Mein Vater haßt Madonna. Er hat meiner Mutter gesagt, wenn eine andere als du ihre Musik benutzen wollte, würde er das Band konfiszieren. Er sagt, deine Bodenübung sei so gut, daß du in einer High-School-Mannschaft sein könntest.«

»Wirklich?« fragt Amanda entzückt.

»Ich schwör's dir«, sagt Jessie. »Spiel es heute richtig laut. Das wird ihn verrückt machen.«

Amanda lacht und stößt die Tür des Umkleideraums auf, weigert sich, an den Ozean zu denken, an die Welle, die sie umwarf, an die Stille, die auf die Geräusche folgt.

Linda Gleason ist noch in ihrem Büro, als das Turntraining schon lange vorbei ist. Sie hat einen ständigen, dumpfen Schmerz im Hinterkopf. Vorerst sind erst fünf Kinder von der Schule genommen worden, was nicht so schlecht ist, wie es hätte sein können, aber noch immer finden fast jeden Abend Versammlungen statt, bei denen Linda die Hysterie dämpfen soll, die schlimmer ist denn je.

Linda war immer arbeitssüchtig; oft ist sie zur Abendessenszeit noch in der Schule, und gewöhnlich nimmt sie Arbeit mit nach Hause. Sie hat sich nie mehr auf das Wochenende gefreut als im Augenblick. Am Samstagmorgen bezeichnet Martin sie als Schlafmütze und bringt ihr den Kaffee ans Bett, aber sie schläft gar nicht so lange; sie genießt einfach die Zeit, die sie für sich allein hat, Zeit, in der sie keine Besuche vom Schulinspektor oder von Eltern bekommt, die bei der falschen Vorstellung in Panik geraten, AIDS könne durch Mücken oder Fliegen verbreitet werden.

Nachdem sie aufgestanden ist und sich angezogen hat, macht sich Linda daran, die Schränke der Kinder aufzuräumen, die so vollgestopft sind, daß ein Flüstern eine Lawine von Kleidern und Spielzeug auslösen könnte. Die Arbeit erweist sich als Vergnügen. Das Aufräumen der Schränke gibt Linda das Gefühl, daß sie wirklich etwas in Ordnung bringen kann, anders als die Sache mit dem kleinen Mädchen in der sechsten Klasse. Linda weiß, daß einige von den Eltern und Lehrern sie jetzt gern so sehen würden, schwitzend, Pullover, Rollerskates und Stiefel aussortierend. Es ist manchmal nicht leicht für ihre Kinder, die Kinder der Schulleiterin zu sein, vor allem für ihre Tochter Kristy. Entweder bevorzugen die Lehrer sie, oder sie stellen zu hohe Anforderungen. Linda selbst hat nicht die Geduld, die sie vielleicht hätte, wenn sie nicht so hart arbeitete; sie verbringt zuviel Zeit damit, Autorität zu sein, und neigt daher dazu, sich zu Hause genauso zu verhalten. Im Augenblick zieht Kristy ihren Vater so offenkundig vor, daß Linda sich richtig ausgeschlossen fühlt. Sie sagt sich, daß es daran liegt, daß Martin, der im Junior College in Beverly Englisch lehrt, einen einfacheren Stundenplan hat als sie und mehr Zeit mit den Kindern verbringen kann; er kann mit ihnen Plätzchen backen und Ball spielen, während Linda sich mit Budgetproblemen oder der Suche nach einem neuen Musiklehrer herumschlagen muß.

Er ist mit den Kindern draußen und streicht den Vorgartenzaun weiß an, während Linda das, was sie im Schrank ihrer Tochter findet, in drei Stapel sortiert: Wäsche, die gewaschen werden muß, Sachen zum Wegwerfen und Spielzeug zum Forträumen. Nachdem Linda zwei grüne Plastikmülltüten gefüllt hat, findet sie ein Geschenk zum Valentinstag, das Kristy vor Jahren für sie gemacht hat. Ein herzförmig zugeschnittenes Deckchen. Darauf steht in sorgfältigen Druckbuchstaben *Ich liebe dich*, gefolgt von einem zittrigen Ausrufezeichen.

Linda Gleason hebt das Deckchen auf, hängt einige Kleider wieder in den Schrank und geht nach unten. Es ist fast Mittag, und sie nimmt etwas Schinken und Käse für Sandwiches aus dem Kühlschrank. Sie geht zur Hintertür, um alle zum Mittagessen zu rufen, und sieht, daß im Augenblick nur Martin und ihr kleiner Sohn Sam am Streichen sind. Kristy sitzt auf den Stufen der Veranda, vornübergebeugt, die Ellbogen auf den Knien. Linda geht nach draußen und setzt sich neben sie. In den letzten paar Monaten gab es keine Gespräche zwischen Kristy und ihr, nur Anklagen und Verhöre.

»Ich habe deinen Schrank aufgeräumt«, sagt Linda.

»Was für ein Aufwand«, sagt Kristy.

»Es wäre kein Aufwand, wenn du jemals etwas wegräumen würdest«, versetzt Linda.

»Ich hasse dich«, sagt Kristy. »Alle hassen dich.«

»Zum Beispiel?« sagt Linda Greason schelmisch.

»Zum Beispiel alle in der Schule. Dorie Kiley sagt, du bist schuld, wenn wir alle sterben!«

»Kristy!« sagt Linda.

»Wir werden alle AIDS kriegen. Niemand benutzt die Toiletten. Wir verkneifen es uns, bis wir es nicht mehr aushalten können. Dorie pinkelt in der Pause ins Gebüsch.«

»Hör mir zu«, sagt Linda. »Du kannst dich nicht auf der Toilette mit AIDS anstecken.«

Sie packt Kristy und zieht sie an sich. Kristy, noch immer wütend, wehrt sich, gibt dann aber nach und sitzt schlaff neben ihrer Mutter. Linda merkt, wie wenig Kristy versteht, wie wenig alle Kinder in der Schule verstehen.

»Amanda Farrell wurde durch eine Bluttransfusion mit AIDS infiziert, bevor die Blutbanken überprüft wurden. Heute kannst du es auf zwei Arten bekommen, entweder, indem du Spritzen benutzt, die jemand mit AIDS vorher benutzt hat, oder durch Sex mit jemand, der das Virus hat.«

»Also kriegt man es, wenn man jemanden umarmt«, sagt Kristy.

»Nein«, sagt Linda, »dabei kann man sich nicht anstecken.«

»Du hast Sex gesagt!« sagt Kristy. »Das ist Sex.«

Martin und Sam arbeiten noch immer; beide haben weiße Farbe im Haar. Zwei junge Frauen führen ihre Neufundländer spazieren, die wie riesige, schwarze Bären dahertrotten. Linda kann durch das T-Shirt die schmalen Schulterblätter ihrer Tochter fühlen. Wahrscheinlich denkt sie, Sex bedeute Händchenhalten. Sie ist ein Kind, das seine Ängste für sich behält, und es muß ziemlich schlimm sein, wenn sie mit etwas herausplatzt. Linda stellt sich all die Viertkläßlerinnen vor, die sich fürchten, die Toilette zu benutzen, und flüstern, wenn sie sich hinter die Büsche auf dem Schulhof kauern und sich beeilen, ihre Unterhosen herunterzuziehen, ängstlich, ein Lehrer könne sie erwischen. Nicht nur Kristy muß mehr über Sex erfahren, sie alle müssen es. Linda hatte immer vor, mindestens bis zur Junior High School zu warten, ehe sie ihren Kindern Einzelheiten über die menschliche Sexualität mitteilt. Sie ist nicht prüde, sie dachte nur, das alles hätte noch viel Zeit. Aber das war, bevor kleine Mädchen anfingen, Händchenhalten und die Benutzung öffentlicher Toiletten mit dem Tod gleichzusetzen.

Sie wird eine Versammlung einberufen. Sie wird Ed Reardon einladen. Sie wird einen Sprecher von einer AIDS-Organisation finden, die auf Erziehung spezialisiert ist. Sie wird dieses Thema nicht in der Schulversammlung zur Sprache bringen; deren Diskussionen könnten wochenlang andauern, und ihre Schüler müssen jetzt erfahren, was AIDS ist und wie sie sich anstecken können und wie nicht. Sie wird nicht noch eine Woche vergehen lassen, in der diese kleinen Mädchen zuviel Angst haben, um die Toilette zu benutzen. Sie wird nicht darüber nachdenken, ob die Schule das Recht hat, die Kinder in die Aula zu rufen und ihnen etwas zu früh etwas über Sex zu erzählen. Etwas zu früh ist besser als etwas zu spät. Und wenn sich jemand mit ihr anlegt und ihr sagt, sie habe kein Recht zu dieser Entscheidung, dann wird sie einfach sagen, daß in diesem Fall alle Kinder ihre Kinder sind.

Die Briefe gehen am 15. September hinaus. Das Schreiben, adressiert an dreihundertachtzig Haushalte, ist kurz, verrät nichts von den langen Stunden, die Linda darüber gebrütet hat, nach Worten suchend, die nicht bedrohlich klingen. Außerdem enthält der Umschlag einen Erlaubnisschein, den jedes Kind seinem Lehrer unterschrieben mitbringen muß. Einige der Briefe erreichen den Empfänger schon am folgenden Tag; Linda Gleason weiß das, weil um zwei Uhr die Anrufe beginnen, und um halb vier sind beide Sekretärinnen in Lindas Büro in Tränen aufgelöst. Linda übernimmt für einen Augenblick das Telefon und fühlt sich gelähmt durch den Haß, der aus dem Hörer schlägt, irgend etwas über die feurige Hand Gottes, über Sünder und über diejenigen, die den Tod verdienen. Linda legt auf und wischt sich die Handfläche an ihrem Rock ab.

»Wenn sie grob sind, hängen Sie einfach auf«, sagt Linda Gleason beiden Sekretärinnen.

Linda Gleason hat bereits Anrufe vom Morrower *Chronicle* und *The Boston Globe* bekommen, aber nicht angenommen. Nun geht sie in ihr Büro und schließt die Tür ab, damit sie hastig ein Statement für die Zeitungen tippen kann. Sie fragt sich, ob sie eine üble Situation noch schlimmer gemacht hat. Sie hört zu tippen auf und zündet sich eine Zigarette an. Sie ist schockiert über die Reaktion auf die bevorstehende Versammlung. Dies hier ist kein ländlicher Schuldistrikt, wo die Schlachten um die Sexualerziehung leidenschaftlich und bösartig geführt wurden. Dies ist Morrow, sie kann den Stadtplatz von ihrem Fenster aus sehen. Sie kann die Kaffeebar sehen, in die Martin die Kinder am Sonntag zum Frühstück führt, damit sie länger schlafen kann. Sie kann auch einige ihrer Lehrer sehen, die auf dem Parkplatz stehen und die Köpfe zusammenstecken. Linda läßt das halbfertige Statement in der Schreibmaschine und drückt ihre Zigarette in einer Untertasse aus.

Sechs Lehrer diskutieren auf dem Parkplatz. Die Situation ist scheußlich, darüber sind sich alle einig. Sie sagen einander, daß Linda Gleason nicht mehr dieselbe Person zu sein scheine. Zwei von ihnen werden beauftragt, die Petition zu schreiben, in der Lindas Rücktritt verlangt wird und die sie im Laufe des Vormittags herumgehen lassen. Linda greift nach ihrer Jacke und sagt den Sekretärinnen, sie gehe hinüber in die Schreibwarenhandlung, um Briefumschläge zu kaufen. Die Sekretärinnen nicken, obwohl im Büroschrank eine Schachtel voller Umschläge steht.

Linda geht zum Stadtpark. Um diese Tageszeit ist er fast verlassen bis auf ein paar Mütter mit Kleinkindern. Linda setzt sich auf eine Bank, greift in ihre Jackentasche und zieht Gummibänder, einen Spinnenring, der ihrem Sohn gehört, und ihre Zigaretten heraus. Heute wird sie das Rauchen aufgeben; es macht ihr nicht einmal mehr Spaß, es ist einfach eine schlechte Angewohnheit. Sie zündet sich eine letzte Zigarette an, raucht sie langsam, zertritt sie dann auf dem Weg und macht sich auf den Rückweg zur Schule. Sie kann jetzt leichter atmen, und ihr Gesicht fühlt sich nicht mehr so heiß an. Sie denkt nicht an Verrat oder Grausamkeit, sie denkt an die Bestellungen der Mittagessen für den nächsten Monat bei der Lieferfirma und zieht Würstchen und Bohnen, Pizza und Gelee mit Früchten in Erwägung.

Zweihundertsechzig unterschriebene Erlaubnisscheine werden zurückgeschickt, und Linda fühlt sich etwas getröstet, als sie feststellt, daß nur zweiunddreißig Lehrer und Eltern die Petition gegen sie unterschrieben haben, nicht genug, um ihre Stellung zu gefährden, aber genug, um ihr jedesmal ein unbehagliches Gefühl zu geben, wenn sie durch die Gänge geht. Die Leute von der Aktionsgemeinschaft haben aufgehört, Flugblätter zu verteilen, aber Linda hat gehört, daß sie noch immer in Hobbyräumen und Kellern kleine, feierliche Versammlungen abhalten. Ein paar ihrer Mitglieder stehen am Morgen der Versammlung draußen vor der Schule; sie gehen in der Nähe der Fahrradständer auf und ab, und diejenigen mit Söhnen und Töchtern im Schulalter halten ihre Kinder an der Hand, um deutlich zu machen, daß sie sie heute nicht in die Schule lassen werden.

Charlies Klasse ist eine der ersten, die in die Aula kommt. Er hat sich ein wissenschaftliches Buch unter den Pullover geschoben, und der Buchrücken fühlt sich hart an an seiner Brust. Charlie hält dies einfach für eine weitere langweilige Versammlung, nur ist diesmal Amanda schuld, daß sie alle hier sitzen und einem Haufen Doktoren zuhören müssen. Charlie setzt sich auf einen der Metallstühle und zieht das Buch unter seinem Pullover hervor. Er beginnt sofort zu lesen, aber als die höheren Klassen hereinkommen, ist es so laut, daß er sich kaum konzentrieren kann. Er macht ein Eselsohr in eine Buchseite – er liest gerade den Abschnitt über Schmetterlinge und glaubt, am Teich eine seltene Spezies gesichtet zu haben –, und als er aufsieht, erkennt er plötzlich, daß er von leeren Stühlen umgeben ist. Einen Augenblick lang ist Charlie verwirrt und fragt sich, ob er einen Platz weiterrücken soll. Er schaut hinüber zu Barry Wagoner, der zwei Plätze weiter sitzt. Barry wendet sich rasch Judd Erickson zu, der neben ihm sitzt, und beide prusten los, aber sie scheinen etwas nervös und merkwürdig, während sie lachen, und mit einem Mal versteht Charlie, daß niemand neben ihm sitzen will.

Die Kunstlehrerin, Miß Levy, kommt an ihnen vorbei, bleibt

dann am Ende der Reihe stehen und winkt den Jungen, sie sollten aufrücken. »Kommt, Kinder«, sagt sie, als sie ignoriert wird, »macht ein bißchen Platz.«

Niemand rührt sich. Charlie spürt, wie ihm heiß wird; die Kinder seiner Klasse starren ihn an. Miß Levy tritt in die Reihe hinter ihnen und legt Barry Wagoner eine Hand auf die Schulter. »Rück schon auf«, sagt sie.

Barry schüttelt den Kopf. »Ich muß nicht neben ihm sitzen«, sagt er zu Miß Levy. »Sie können mich nicht zwingen.«

»Du bist ein dicker, blöder Fettwanst«, sagt Charlie zu Barry.

»Charlie«, sagt Miß Levy.

Charlie wirft ihr den gemeinsten Blick zu, zu dem er fähig ist, obwohl er sie immer mochte, und Miß Levy fährt irgendwie zurück. Da weiß Charlie, daß sie nichts tun wird, um ihn aufzuhalten. Er steht auf, schiebt seinen Stuhl weg, damit er in die hintere Reihe schlüpfen kann, und geht auf die Tür zu. Miß Levy ruft ihn, aber er überhört sie einfach und geht an einer fünften Klasse vorbei aus der Aula. Er geht durch die Gänge, an Klassenzimmern und der Cafeteria vorbei auf die Eingangstür zu. In seinem Inneren explodiert etwas. Er würde Amanda am liebsten erwürgen. Er weiß, daß sie an allem schuld ist. Sie ist der Grund, warum alle ihn angestarrt haben, und dabei hat er gar nichts getan; sie ist diejenige, die krank ist.

Niemand hält ihn auf. Er geht einfach zur Tür hinaus. Er umklammert sein Buch so fest, daß seine Finger schmerzen. Er merkt, daß er seine Jacke vergessen hat, aber es ist ihm egal. Als er am Pausenhof vorbeikommt, sieht er, daß jemand auf der Schaukel sitzt. Es ist Amanda, und sie schaukelt nicht richtig, sondern bewegt sich nur langsam vor und zurück, während ihre Turnschuhe über den Boden kratzen. Charlie steht da und beobachtet sie; selbst aus dieser Entfernung kann er das Quietschen der Ketten hören, wenn sich die Schaukel bewegt. Und dann, völlig grundlos, hat Charlie auf einmal Angst, seine Schwester könnte aufblicken und ihn sehen. Er läuft fort, so schnell er kann, und obwohl er das Gefühl hat, daß er in die falsche Richtung rennt, bleibt er nicht eher stehen, als bis er zu Hause ist.

9

Fast jeden Abend nach dem Essen, wenn die Kinder im Bett sind, fährt Ivan ins Institut zurück. Keiner seiner Kollegen stellt ihm Fragen, denn sie sind an das gewöhnt, was jeder andere als eigenartige Arbeitszeiten betrachten würde; letztes Jahr gab es einen graduierten Studenten aus Kalifornien, den alle den Vampir nannten – er arbeitete nur von neun Uhr abends bis zur Morgendämmerung, niemand hatte ihn je tagsüber gesehen.

Polly fragt Ivan nie, wohin er geht. Sie hat die Teile eines Quilts wieder hervorgeholt, den sie vor Jahren begonnen hat, obwohl Ivan argwöhnt, daß sie gar nicht wirklich daran arbeitet. Heute macht sich Ivan im äußeren Büro eine Kanne starken Kaffee, gießt sich eine Tasse ein, geht dann in sein Büro und verschließt die Tür. Er wählt die Nummer des Notdienstes und gießt, während er wartet, Sahne in seinen Kaffee. Nach dem zweiten Läuten nimmt ein Mann den Hörer ab, aber Ivan kennt die Stimme nicht. Er hat schon früher warten müssen, bis Brian Gespräche beendet hatte, daher ist er auch jetzt bereit, am Apparat zu bleiben. Heute abend will er von Brian mehr über Interferon erfahren, ein Medikament, für das Brian nach Mexiko zu fahren pflegte, als er voriges Jahr in Kalifornien war, aber heute ist Brian nicht da, um seine Fragen zu beantworten. Erst als Ivan die Leitung nicht freigibt, sagt man ihm, wie krank Brian die ganze Zeit gewesen ist. In den letzten Wochen brachte er einen Sauerstoffbehälter mit, wenn er Telefondienst hatte, und am Wochenende, als Ivan die defekte Heizung im Wohnzimmer reparierte, hatte Brian einen Rückfall seiner Lungenentzündung. Er wird nicht zurückkommen.

Später, als Ivan zu Bett geht, bemerkt Polly, daß seine Augen geschwollen sind. Er wirkt abgezehrt. Sie wechseln sich nachts bei Amanda ab; sie schwitzt nachts so stark, daß man ihr bis morgens mindestens einmal die Bettlaken und das Nachthemd wechseln muß. Heute ist Polly an der Reihe, aber Ivan sagt ihr, sie solle im Bett bleiben. Er folgt Amandas Stimme den Gang entlang; wie immer wird sie sich am Morgen nicht daran erinnern, daß sie aus dem Bett gehoben wurde. Während er ihr das Flanellnachthemd über den Kopf zieht, denkt Ivan daran, wie er ihr die Windeln gewechselt hat, als sie ein Baby war. Er denkt an den Geruch von Puder und wie seidig ihre nackte Haut sich damals anfühlte. Jetzt, als er sie aufhebt, um ihr Bett abzuziehen, riecht Amanda schlecht; ihre Haut hat einen schwefligen Geruch. Sie hat rosa Nagellack auf den Fingernägeln, aber ihre Hände scheinen nicht viel größer als damals, als sie ein Baby war.

»Alles in Ordnung?« fragt Polly, als Ivan wieder ins Schlafzimmer kommt.

Ivan zieht Pullover und Hose aus. Achtlos reißt er sein Hemd auf, und zwei Knöpfe springen ab und fallen auf den Boden.

»Morgen fahre ich nach Boston«, sagt Ivan. »Ein Freund von mir liegt im Sterben.«

Polly setzt sich im Bett auf und sieht zu, bis er fertig ausgezogen ist. Er sieht zerbrechlich aus, nur noch Haut und Knochen.

»Ist es jemand, den ich kenne?« fragt Polly.

»Nein«, sagt Ivan. »Aber er hat AIDS. Willst du mitkommen?«

Polly sieht Ivan nicht mehr an. Sie greift nach der Uhr auf dem Nachttisch und stellt den Wecker. Ivan zieht zuletzt Schuhe und Socken aus. Schwer setzt er sich aufs Bett; er kann spüren, wie Polly sich von ihm abwendet.

»Ich bin zu müde, um irgendwohin zu gehen«, sagt Polly. »Wenn du Blumen mitnehmen willst, solltest du sie vorher hier kaufen. In Boston sind sie sicher teurer.«

Ihre Stimme bricht, während sie spricht, aber sonst läßt Polly sich nichts anmerken.

»Ja, gut«, sagt Ivan, als er das Licht ausschaltet, »das werde ich machen.«

Er wählt gelbe Lilien, obwohl sie pro Stück drei Dollar kosten. Die Blumen sind in grünes Seidenpapier gewickelt, und als Ivan in der Marlborough Street parkt, rutschen sie auf den Boden des Karmann-Ghia. Heute morgen hat er mit dem Leiter des Notdienstes gesprochen, der Brian anrief und die Erlaubnis bekam, seine Adresse weiterzugeben. Die Collegestudenten sind aus den Sommerferien zurück, und ihre Kombis stehen in zwei Reihen auf beiden Straßenseiten. Das braune Ziegelgebäude, in dem Brian wohnt, ist in drei Wohnungen aufgeteilt. Früher war es ein Einfamilienhaus. Über der Tür befinden sich rote und blaue Glasfenster, und der Boden der Eingangshalle hat ein rundes Muster aus weißem und schwarzem Marmor. Das Haus ist prachtvoll. Im Erdgeschoß und im zweiten Stock wohnen Rechtsanwälte. Brian verbringt viel Zeit damit, aus seinem Fenster zu sehen, das mit schwarzen Eisenstäben vergittert ist. Wenn er die Marlborough Street betrachtet, ist er froh, daß er sich von den Burschen aus seiner Band nie hat überreden lassen, ganz nach Los Angeles zu ziehen, als sie ihre erste Langspielplatte machten. Er ist in New Hampshire geboren und wollte immer in Boston leben. Er hat sich geschworen, nie einfach im Bett zu liegen und fernzusehen, doch er hat angefangen, sich Spielshows anzusehen. Er kann sich nicht dazu aufraffen, Platten oder CDs zu hören, obwohl er von Musik träumt. Er hat eine Sammlung von Songs, die er in den letzten paar Monaten geschrieben hat, ganz andere Musik als die, die er für die Band schrieb; er hat für Instrumente komponiert, die keiner von ihnen spielen kann. Fagott, Oboe, Geige. Dunkelblaue Musik mit einer Linie weißer Wut in der Mitte, einer Linie aus Sternen, einer Linie aus Verlassenheit, kalt wie der Mond. Er hat allmählich bemerkt, daß er Trauergesänge geschrieben hat. Er bewahrt sie in einem Ordner auf; niemand wird sie je hören, nur Brian, der die Musik im Geist hört. Nachts hilft sie ihm einzuschlafen. Sie hilft ihm, sich von seiner Wut zu lösen. Niemand kann so wütend sein, wie er es war, und doch am Leben bleiben; er wollte explodieren, seine Kleider mit einem Flammenwerfer anzünden, aus dem zwölften Stock springen.

Er ist achtundzwanzig Jahre alt und näßt jede Nacht das Bett. Er weiß, daß er bald einen Katheter brauchen wird, aber jetzt kann er ihn noch nicht ertragen. Die Krankenschwester, die jede

Nacht bei ihm bleibt, weiß nicht einmal davon; um sich nicht gedemütigt zu fühlen, bleibt er liegen, auf den uringetränkten Laken, bis Adelle morgens kommt, um die Krankenschwester abzulösen. Adelle war früher sein größter Fan, sie war die Sekretärin der Band, eine wirkliche Anhängerin, aber jetzt arbeitet sie nur noch für ihn. In seinem Testament hat er ihr alles hinterlassen, auch diese Wohnung, aber das genügt nicht. Anfangs hat er Verzeichnisse und Listen aufgestellt; er wollte unbedingt herausfinden, wie er AIDS bekommen hatte; er hat nur Männer geliebt, aber er hat mit Männern und Frauen geschlafen, und vor Jahren hat er bei einer Tournee im Süden Kokain gespritzt, ohne sich Gedanken zu machen, wenn er mit jemandem die Nadel teilte. Er ist so daran gewöhnt, *ich muß mit dem Rauchen aufhören* zu denken, wenn er nach einer Zigarette greift, daß er es noch immer denkt, obwohl es jetzt keinen Grund mehr zum Aufhören gibt. Er sorgt immer dafür, daß er in sicherer Entfernung von seiner Sauerstoffflasche raucht; er sitzt am Fenster, und der Rauch weht zwischen den Gitterstäben hindurch nach draußen.

Vorige Woche, ehe Brian seinen Rückfall hatte, kam Reggie zu Besuch. Reggie war so verlegen, daß Brian doppelt froh war, seiner Familie in New Hampshire nichts gesagt zu haben. Sie haben nie etwas an ihm gebilligt außer dem Geld, das er verdiente. Reggie hat nichts in der Wohnung berührt; sein Gesicht hatte einen leeren, verblüfften Ausdruck, und Brian merkte, daß Reggie vorher nie die Spuren des Kaposi-Sarkoms auf seinem Gesicht gesehen hatte. Die letzte Platte der Band war ein ungeheurer Flop, und sie müssen strampeln, um ihre Karriere zu retten. Brian begann zu weinen, als Reggie ihm erzählte, sie hätten einen neuen Lead-Sänger gefunden. Daraufhin zog Reggie sich noch weiter zurück.

»Schau, vergiß, daß ich's dir gesagt habe«, sagte er.

»Nein, wirklich«, sagte Brian. »Es freut mich für euch.«

»Ja?« hatte Reggie gesagt. Er wandte sich ab, und Brian konnte sehen, daß sein Körper vom Weinen geschüttelt wurde. »Mann«, sagte Reggie, ohne Brian noch einmal anzusehen. »Warum hast du uns das angetan?«

Heute hat Adelle eine Schachtel Kekse mitgebracht, die sie bei

Rebecca's gekauft hat, und gießt eine Kanne Tee auf, den sie trinken können, wenn sein Gast kommt. Brian wird nichts davon trinken; er hat Probleme mit dem Schlucken. Adelle macht ihm eine Mischung aus Quellwasser und Honig und einer Art flüssigen Proteinen. Aus dem Fenster kann Brian sehen, daß ein Mann das Haus betritt, und als die Türglocke läutet, ruft er Adelle zu: »Das ist er.«

Gott, er ist wirklich aufgeregt, Besuch zu bekommen. Diesen Mann kennt er nicht einmal, aber als Ivan hereinkommt, merkt Brian natürlich, daß er ihn doch kennt. Er hat stundenlang mit ihm gesprochen; er weiß Dinge über Ivan, die niemand anderer je wissen wird oder wissen kann. Ehe sie ihn ins Wohnzimmer führte, hat Adelle Ivan die Jacke abgenommen und gesagt: »Ich muß Sie warnen. Er sieht jetzt nicht mehr so aus wie auf seinen Fotos.«

»Schon gut«, hatte Ivan gesagt. Er hat nie ein Foto von Brian gesehen, und was er jetzt sieht, ist ein sehr dünner Mann, der den größten Teil seiner Haare verloren hat. Brian trägt einen goldenen Ring an einem Ohrläppchen und weite blaue Jeans. Vor ein paar Monaten noch haben ihm die Jeans wahrscheinlich gepaßt; jetzt muß Brian sie festhalten, als er aufsteht, um Ivan zu begrüßen. Sie geben sich die Hand, und dann reicht Ivan Brian die Blumen. Brian betrachtet die Lilien einen Augenblick, dann gibt er sie Adelle, damit sie sie in eine Vase stellt.

»Ich wollte Sie gern besuchen«, sagt Ivan. Er kann nicht glauben, wie verzweifelt er sich anhört.

»Fein«, sagt Brian. »Setzen Sie sich.«

Adelle geht in die Küche, um den Tee zu holen. Die Wohnung ist riesig, und ihre Schritte hallen. Eine ganze Wand im Wohnzimmer ist von Bandmaschinen bedeckt; neben dem Fenster steht ein Flügel, auf dem Brian nicht mehr spielt. Das Elfenbein ist zu kalt; wenn er zu spielen versucht, hat er das Gefühl, seine Fingerknochen könnten brechen.

»Wahrscheinlich wollte ich Ihnen danken«, sagt Ivan.

Brian beginnt zu husten, und er wendet den Kopf ab. Der Husten läßt seinen ganzen Körper beben. Ivan greift nach einer Schachtel Kleenex auf dem Tisch und hält sie ihm hin, doch

Brian schüttelt den Kopf; er kann nichts abhusten, alles bleibt in ihm stecken. Ivan fühlt Panik in sich aufsteigen; er greift in seine Tasche und findet eine Rolle Drops, die er für Charlie gekauft, aber ihm zu geben vergessen hat.

»Nehmen Sie davon eins«, sagt Ivan. »Es wird Ihnen helfen.«

Brian nimmt eines der Bonbons, doch statt es zu essen, hält er es gegen das Licht. »Diese mochte ich immer gern«, sagt er. Er legt das Bonbon auf den Tisch, greift nach einer Zigarette, zündet sie an und hustet.

»Ich habe mir vorgenommen, das Rauchen aufzugeben, wenn ich dreißig bin«, sagt Brian. Ivan starrt ihn an. »Das sollte ein Witz sein«, sagt Brian.

»Aha«, sagt Ivan. »In letzter Zeit habe ich nicht viel Sinn für Witze.«

»Nein«, sagt Brian. »Erzählen Sie mir von Amanda. Sagen Sie mir, wie es ihr geht.«

Ivan schaut ihn an, unbehaglich; dann sieht er, daß Brian es wirklich wissen will, und so erzählt Ivan es ihm, erzählt ihm, daß sie ihr Haar jetzt geflochten trägt, wie sie sich in seinen Armen anfühlt, so feucht und mager, wenn er mitten in der Nacht zu ihr geht. Er sagt ihm, daß er gegen die Durchfälle, die sie neuerdings hat, alles versucht hat, daß sie aber an manchen Tagen deswegen nicht in die Schule gehen kann. Und dann, aus irgendeinem Grund, beginnt Ivan, über die Sterne zu sprechen. Er erzählt Brian die Geschichten, die er früher den Kindern immer erzählte, Geschichten von mythischen Helden, die dem Tod entrissen und in den Himmel gestellt wurden. In jeder Geschichte gibt es einen Lohn für Tapferkeit und Mut, in jeder werden Fleisch und Blut in blendend weißes Licht verwandelt.

Brian hat die Augen geschlossen, und als Ivan zu reden aufhört, öffnet er sie langsam wieder; selbst das kostet große Anstrengung.

»Schön«, sagt Brian. Seine Stimme ist heiser, nicht mehr die Stimme eines Sängers. Er zündet sich eine neue Zigarette an und fragt: »Wie geht es mit Amandas Vitamintherapie?«

»Bis auf die Durchfälle hat sich ihr Zustand nicht verschlechtert«, sagt Ivan.

»Das ist ja schon etwas«, sagt Brian, »nicht wahr?«

Adelle kommt mit Tee und Gebäck herein.

»Mach die Zigarette aus«, sagt sie.

»Mach mir keine Vorschriften«, sagt Brian, drückt aber die Zigarette aus. Blauer Rauch hängt wie ein Spinnennetz in der Luft. »Gieß den verdammten Tee ein.«

»Ich bleibe nur seines Charmes wegen«, sagt Adelle zu Ivan. »Mach nur weiter so, sage ich zu ihm. Du hast Glück, du bist zu gemein und zu dickköpfig, um schnell zu sterben.«

Ivan trinkt einen Schluck Tee, weil seine Kehle so eng wird. Was zum Teufel soll er nur machen ohne Brian? Mit wem kann er dann reden?

»Das stimmt«, sagt Brian. »Und wenn ich's tue, komme ich zurück. So leicht wird man mich nicht los.«

Adelle grinst ihn an, aber sobald er den Blick abwendet, sieht sie aus, als werde sie gleich in Tränen ausbrechen. Sie hat Brian ein Glas Quellwasser gebracht, das er jetzt trinkt. Er ist so blaß, daß man das Wasser beinahe durch die zarte Haut seines Halses fließen sehen kann. Brian ist müde. Ivan sieht jetzt, daß er zu lange geblieben ist. Brian beugt sich vor. Er hat leuchtend blaue Augen; Mädchen, die sich in sein Bild verliebten, konnten nicht sagen, ob sie aquamarinblau oder saphirblau waren.

»Kinder sind komisch«, sagt Brian. »Sie können stärker sein als wir. Geben Sie sie nicht auf.«

»Nein«, sagt Ivan, »das werde ich nicht tun.«

»Hören Sie nicht auf die Ärzte. Denen zufolge müßte ich schon seit Monaten tot sein.«

»Und Sie sind immer noch da«, sagt Ivan.

Es ist spät geworden, die Sonne verblaßt. Adelle hustet und geht zum Fenster, um die Jalousien höher zu ziehen. Als das Licht den Raum füllt, möchte Ivan schwören, daß er alle Knochen in Brians Körper an die Oberfläche treten sieht wie Fische im Wasser. Er kann sehen, wie Brian sich auflöst, und in diesem Moment erkennt Ivan, daß Brian kaum noch hier ist. Er schaut schon nach etwas, das weit entfernt ist, etwas in einer anderen Dimension, das keiner sonst sehen kann.

10

Laurel Smith sitzt in den Zuschauerreihen, die Knie hochgezogen, die Füße auf dem leeren Sitz vor ihr, die Zehen gekrümmt, damit ihre Gummisandaletten ihr nicht von den Füßen fallen. Sie hat diese Seite der Turnhalle gewählt, weil hier viel weniger Menschen sind als in den Reihen auf der anderen Seite, wo Schüler und Eltern sich um gute Plätze drängen. Dies ist der erste Wettkampf der Saison, und er wird gegen Medfield ausgetragen, eine Schule, die Cheshires Erzrivale ist. Es ist ein wichtiger Wettkampf, und Laurel weiß, es ist eine Ehre, daß Amanda sie dazu eingeladen hat. In den Stunden, in denen sie zusammen waren, war Laurel die Lehrerin, zeigte Amanda, wie sie ihr Haar flechten, Schokolade für Mousse schmelzen und im Sand des Sumpflandes besondere, blaue Krebse finden konnte. Jetzt möchte Amanda ihr etwas zeigen, und deshalb ist Laurel hier, obwohl sie eigentlich arbeiten müßte.

Laurel hat Glück gehabt, in Morrow eine Stellung zu finden, und sie weiß das. Jetzt, da sie ihre Lesungen aufgegeben hat, hat sie nur noch das kleine Einkommen aus dem Vermögen ihrer Eltern und keine wirklichen Fertigkeiten außer denen, die sie Amanda beigebracht hat. Sie hat auch Glück, daß Marie Pointer, die den Geschenkladen führt, ziemlich taub ist; wenn jemand ihr gesagt hätte, sie solle Laurel nicht einstellen, hätte sie das vermutlich nicht gehört. Mrs. Pointer ist außerordentlich geduldig. Sie hat einen ganzen Nachmittag damit zugebracht, Laurel die Handhabung der Registrierkasse zu erklären, und einen weiteren damit, ihr zu zeigen, wie man Rechnungen ausstellt. Mrs. Pointers Laden ist keiner von den besseren Läden in der Stadt; es gibt keine Ausstellung von lokalem Kunsthandwerk, keine Töpfer- und Webarbeiten. Aber es gibt eine Menge Glückwunschkarten und Keramikfiguren von Pudeln und Collies und Enten, die Kinder am Muttertag kaufen, und Regale mit Bonbons und Kaugummi, Zeitschriften, Schreibwaren und, neben der Registrierkasse, Gestelle mit billigem Schmuck, meist Geburtssteinringe aus billigem Buntglas.

Laurel hat nichts gegen diesen Job. Der Laden ist unordentlich, und immer sind im Lagerraum Pakete auszupacken; Geschenkartikel müssen abgestaubt und Zeitschriften im Regal sortiert werden. Wenn wirklich ein ruhiger Tag ist, kann sie sie auch lesen. Die Anforderungen, die der Job stellt, sind gering. Der Höhepunkt war bislang das Entwirren einer verknäuelten Rolle Geschenkband. Doch Laurel hat die Stelle wegen des wöchentlichen Gehaltsschecks angenommen, nicht zu ihrer persönlichen Befriedigung. Dafür hat sie Amanda.

Laurel hat zu den Leuten in Morrow immer Distanz gehalten; ihr Landhaus liegt weit genug außerhalb der Stadt, so daß man sie kaum bemerkt. Dies ist nicht der einzige Ort, an den sie nicht zu passen scheint. Sie hat ihr ganzes Leben lang dieses Gefühl gehabt; sie ist geübt darin, sich so unsichtbar wie menschenmöglich zu machen. Heute trägt sie eine Sonnenbrille, und ihr Haar ist zu einem Knoten hochgesteckt, aber sie war so töricht, ein weißes Baumwollkleid anzuziehen. Natürlich sieht Polly sie sofort, als sie und Ivan die Turnhalle betreten.

»Ich kann es kaum glauben«, sagt Polly zu Ivan. »Laurel Smith ist hier.«

»Dies ist ein freies Land«, sagt Ivan, »und eine freie Turnhalle.«

»Ha«, schnaubt Polly, und Ivan fragt sich, ob sie an all die Wettkämpfe denkt, die er letztes Jahr versäumt hat.

»Wir sollten rübergehen und guten Tag sagen«, sagt Ivan zu Polly.

»Auf keinen Fall«, sagt Polly.

»Gut«, sagt Ivan, »dann gehe ich allein.«

»Tu das nicht«, sagt Polly, und sie meint es ernst. Sie traut Laurel Smith nicht. Sie ist sicher, daß Laurel hinter irgend etwas her ist.

Ivan war sogar noch mißtrauischer gegen Laurel als Polly; nur mit einer gräßlichen Szene hat Amanda ihn dazu bringen können, sie zu Laurels Haus zu fahren. Er weiß nicht, was er erwartet hatte, aber gewiß nicht, daß Laurel so handfest sein würde. Kaum hatte er Laurels Landhaus betreten, da wußte er auch schon, daß es genau das war, was Amanda sich ausgesucht hätte, könnten Elfjährige ihre eigenen Häuser haben, alles rosa und gelb und Korbmöbel und eine Katze, die auf den Tisch springen und Rührschüsseln auslecken darf. Ivan ging nach draußen, um sich in den Karmann-Ghia zu setzen; gelegentlich konnte er durch das Fenster sehen, wie Amanda und Laurel etwas rührten, die Gesichter mit Schokolade beschmiert. Hinterher kam Amanda strahlend zum Auto gelaufen. Sie trug ein Tablett mit kleinen Schokoladensachen, das Ivan in den Kofferraum des Wagens schob.

»Törtchen«, informierte ihn Amanda.

Es interessierte ihn nicht, ob Laurel eine Schwindlerin war, solange sie Amanda mit einem Tablett voll winziger Kuchen so glücklich machen konnte.

»Du weißt doch«, sagt Ivan in der Tür der Turnhalle zu Polly, »Amanda ist verrückt nach ihr.«

Polly mußte ihre Eltern förmlich an Küchenstühle binden, um sie daran zu hindern, zu diesem Wettkampf mitzugehen. Sie wollte den heutigen Tag zu einem besonderen Ereignis machen, das sie, Amanda und Ivan miteinander teilten. Nur sie drei. Nun ist das zerstört. Polly fragt sich unwillkürlich, was Amanda und Laurel einander wohl zu sagen haben könnten. Es quält sie, daß Amanda lieber mit einer Fremden als mit ihrer eigenen Mutter zusammen ist. Aber Ivan hat recht, wichtig ist, was Amanda will, und Amanda will Laurel Smith.

»Ich gehe und hole sie zu uns«, sagt Polly schließlich.

Ivan sucht Plätze für sie, während Polly die Turnhalle durchquert. Laurel sitzt in der dritten Reihe. Ihr Kopf ist gesenkt; sie liest eine Zeitung, obwohl Polly sicher ist, daß sie durch ihre dunkle Sonnenbrille nichts erkennen kann.

»Sie sitzen auf der falschen Seite«, ruft Polly ihr von unten zu.

Laurel blickt auf; verwirrt nimmt sie die Brille ab.

»Jeder auf dieser Seite der Turnhalle drückt die Daumen für Medfield«, sagt Polly zu Laurel.

Laurel zieht eine Grimasse und bahnt sich dann schnell einen Weg nach unten. »Dumm von mir«, sagt sie.

»Warum setzen Sie sich nicht zu uns?« sagt Polly ohne jede Wärme.

»O nein, das kann ich nicht«, sagt Laurel.

»Da Sie sich uns schon aufgedrängt haben, können Sie sich ruhig auch zu uns setzen«, entfährt es Polly. Sie wendet sich von Laurel ab, schockiert über das, was sie gesagt hat. »Es tut mir leid«, sagt sie dann.

»Wenn Amanda Sie nicht liebte, bräuchte sie nicht mit mir zu reden«, sagt Laurel Smith.

»Sagen Sie das nicht«, versetzt Polly. »Wagen Sie es nicht, mir zu sagen, was meine Tochter braucht.«

»Sie hat Angst, Ihnen die Dinge zu sagen, über die sie nachdenkt«, sagt Laurel.

»Woher zum Teufel wissen Sie, worüber sie nachdenkt?« sagt Polly. »Sie kennen sie nicht einmal.«

Polly wird nicht hier stehenbleiben und sich das anhören. Sie dreht sich um und geht durch die Halle, aber Laurel Smith folgt ihr.

»Sie denkt über den Tod nach«, sagt Laurel. »Darüber reden wir. Sie will Ihnen das nicht sagen, weil sie fürchtet, Ihnen weh zu tun.«

Polly bleibt unter den Zuschauerreihen für die Heimmannschaft stehen.

»Ich könnte sie Ihnen nie wegnehmen«, sagt Laurel. »Man kann Amanda Ihnen nicht wegnehmen. Sie ist Ihr Kind.«

Polly kann nicht sprechen, aber sie nickt mit dem Kopf.

»Ich brauche nicht bei Ihnen zu sitzen«, sagt Laurel.

»Doch, kommen Sie zu uns«, sagt Polly. »Wirklich«, sagt sie, »ich möchte es gern.«

Während Laurel Polly nach oben zu den Plätzen folgt, die Ivan freigehalten hat, muß Jack Eagan etwas tun, das ihm sehr schwerfällt.

In der Schule ist viel über Amanda geredet worden, aber er hat nicht darauf gehört. Er ist so etwas wie ein Einzelgänger, er betrachtet nicht viele der Lehrer als seine Kollegen. Die einzige, die er wirklich mag, ist Rose Traymore, die andere Turnlehrerin, die Basketball trainiert und die Vorschulklassen und die ersten drei Schulklassen betreut. Als Linda Gleason gestern in sein Büro kam, war Jack Eagan schockiert. Niemand kommt je in sein Büro, das kaum größer ist als ein Wandschrank mit zwei Schreibtischen für Rose Traymore und ihn direkt neben dem Geräteraum.

»Ihr Büro könnte einen Anstrich vertragen«, hatte Linda Gleason gesagt, als sie hereinkam.

»Wir könnten ein Büro vertragen«, hatte Jack zu ihr gesagt. Er stellte gerade den Plan für Auswärtswettkämpfe zusammen und wollte nicht dabei gestört werden.

Als Linda Gleason ihm sagte, sie wolle über Amanda Farrell sprechen, raufte Jack sich die Haare und sagte: »Nicht schon wieder!« Und jetzt muß er Amanda sagen, was die Schulleiterin ihm gesagt hat. Jack Eagan denkt nie über die Blasen an den Händen seiner Mädchen nach; jede Turnerin hat sie, gewöhnlich von der Arbeit am Stufenbarren. Weil die Eltern einer ihrer Mannschaftskameradinnen einen glaubhaften medizinischen Bericht darüber haben, daß eine geringe Infektionsgefahr für ihre Mitschülerinnen besteht, wenn ihre Blasen bluten, während sie am Stufenbarren ist, und ein anderes Mädchen mit offenen Blasen unmittelbar nach ihr das Gerät benutzt, kann Amanda an dieser Übung nicht teilnehmen. Was tatsächlich bedeutet, daß sie überhaupt nicht am Wettkampf teilnehmen kann, da eine Turnerin nur dann ernst genommen wird, wenn sie alle Übungen mitmacht. Der medizinische Bericht ist blödsinnig, aber sogar Jack Eagan merkt, daß hier wirkliche Infektionsängste im Spiel sind. Amanda kann alle ihre anderen Übungen weitermachen, doch Jack Eagan fragt sich, was das für einen Sinn hat.

Eagan möchte am liebsten gar nicht zu diesem Wettkampf gehen. Viel lieber würde er sich in seinen Pontiac setzen und an den Strand fahren und surfen. Statt dessen bittet er Rose Traymore, in den Umkleideraum zu gehen und Amanda in sein Büro zu holen.

Sie hat schon Kreide an den Händen und den leeren Blick, den Turnerinnen vor einem Wettkampf haben. Doch als der Trainer sich auf seinem Stuhl zurücklehnt und nach Worten sucht, verliert Amandas Gesicht die Farbe, als wisse sie, was er sagen wird, ehe er es sagt.

»So krank bin ich nicht!« sagt sie. »Ich sehe nicht mal krank aus!«

»Ich weiß«, sagt Jack Eagan. »Ich habe nicht gesagt, daß das fair ist. Die Leute täuschen sich gewaltig über den Sport; sie glauben, Sport sei fair, dabei gibt es mehr Verlierer als Gewinner.«

Amanda dreht ihm den Rücken zu, und sie weint.

»Und übers Verlieren weiß ich Bescheid«, sagt Eagan. Er weiß nicht, was er machen soll, falls sie in Ohnmacht fällt oder hysterisch wird; vielleicht sollte er aufhören, aber er tut es nicht. »Ich habe oft genug verloren, als ich noch an Wettkämpfen teilnahm.«

Amanda wischt sich mit dem Handrücken die Augen und dreht sich wieder zu ihm um.

»Die Leute halten Lesen und Mathematik für wichtig, aber es ist der Sport, bei dem man wirklich was lernt. Man gewinnt nicht immer.«

»Nein«, sagt Amanda. Ihre Stimme ist sehr leise, aber sie ist nicht mehr so blaß. »Stufenbarren war immer meine schlechteste Übung«, sagt Amanda.

»Du hattest keine schlechteste Übung«, sagt Jack Eagan.

»Ich glaube sowieso nicht, daß ich sie hätte machen können«, gibt Amanda zu. »Ich habe nicht genug Kraft. Ich wollte es nur keinem sagen.«

Jack Eagan weiß, daß man sich über seinen Körper nur schwer etwas vormachen kann, wenn man sich einmal dem Sport verschrieben hat. Man muß das benutzen, was daran gut ist, seine Grenzen akzeptieren und damit arbeiten.

»Könnte ich meine Bodenübung trotzdem turnen?« fragt Amanda. »Ich habe eine Freundin zum Zuschauen eingeladen.«

Jack Eagan denkt bei sich, daß das Leben mies ist. Es ist mies, weil Dinge schön sind und einem dann weggenommen werden.

»Natürlich«, sagt er. »Turn deine Kür.«

Polly und Ivan merken, daß etwas nicht stimmt, als die meisten Mädchen des Cheshire-Teams zwei oder drei Übungen geturnt haben und Amanda noch immer auf der Bank sitzt.

»Vielleicht ist ihr übel«, flüstert Polly.

»Sie sieht gut aus«, sagt Ivan. »Eagan würde sie nicht dort sitzen lassen, wenn ihr übel wäre.«

Ivan starrt durch die Turnhalle. Etwas ist mit ihm passiert. Er sieht die Dinge anders. Er kann nicht mehr so denken wie bei seiner Arbeit im Institut; es gibt keine Antworten mehr auf Fragen, obwohl er mehr Fragen hat denn je. Oft ertappt er sich bei Gedanken an das nachmittägliche Licht in Brians Wohnung, wie es in breiten Streifen auf den polierten schwarzen Flügel fiel. Manchmal wird Ivans Kehle grundlos so eng, daß er nicht sprechen kann. Er fragt sich, ob er je wieder arbeiten wird. Die Arbeit scheint ihm einfach gleichgültig zu sein, obwohl er nachts von Sternschnuppen und Supernovas träumt und beim Aufwachen noch immer ihr strahlendes Licht sieht.

Unten in der Halle turnt Jessie Eagan ihre Kür, begleitet von ihrer *Eleanor Rigby*-Kassette. Als sie fertig ist, ertönt vereinzelt Applaus. Laurel Smith weiß nicht, was sie zuerst anschauen soll; Mädchen von Cheshire und Medfield turnen gleichzeitig an Stufenbarren, Schwebebalken und Pferd. Kunstturnen ist wie ein Zirkus mit Manegen für verschiedene Ereignisse, die es schwermachen, eine einzelne Wettkämpferin zu beobachten. Laurel Smith fühlt sich an ein Buch erinnert, das sie als Kind liebte; es gab darin ein Bild von tausend Elfen, alle in leuchtenden Kleidern, die über einem Weizenfeld hin und her flogen. So sehen diese Mädchen für sie aus, luftig und klein und in der Lage, Dinge zu tun, die jedem menschlichen Körper eigentlich unmöglich sein müßten.

Amanda steht von der Bank auf und geht zur Matte. Als die Rhythmen von *True Blue* durch die Halle tönen, beugen Polly und Ivan sich vor. Beide haben Angst, Amanda könnte sich zuviel zumuten und sich verletzen, aber genausoviel Angst haben sie davor, was Versagen oder Enttäuschung ihr antun könnten. Amanda steht am Rand der grauen Übungsmatte. Ihr Haar ist zurückgekämmt und geflochten, ihre Arme recken sich in den

Himmel. Da steht sie, reglos und bleich. Es sieht so aus, als werde sie ewig so stehen bleiben, aber dann, beim neunten Takt des Liedes, als Madonna »Hey!« ruft, läuft Amanda auf die Matte, macht einen Salto, zwei eingesprungene Handstände und einen vollen Spagat rückwärts.

Laurel Smith merkt, daß die turnende Amanda an ein Geschöpf erinnert, das sich auf einmal in seinem angestammten Element befindet, wie ein Fisch, der sich in der Hand nicht bewegen kann und plötzlich in ein Wasserbecken gesetzt wird.

»Ich hatte andere Männer«, singt Madonna auf der Kassette. »Ich habe ihnen in die Augen geschaut. Aber die Liebe habe ich nie gekannt, bevor du durch meine Tür kamst.«

Amanda beginnt den nächsten Teil ihrer Übung mit einem gestreckten Salto vorwärts, einem gestreckten Salto rückwärts und zwei perfekten Doppelschrauben. Als ihre Übung beendet ist, steht Amanda in der Mitte der Matte und macht eine tiefe Verbeugung. Niemand sieht, daß sie zittert. Einen Augenblick herrscht Stille, dann beginnt Jack Eagan zu applaudieren. Es ist verblüffend, sein Klatschen zu hören, um so mehr, als er noch nie vorher einem Mädchen aus seiner Mannschaft applaudiert hat. Jessie Eagan steht von der Bank auf und beginnt zu klatschen, und alle anderen Mitglieder der Mannschaft tun es ihr nach. Amanda läuft von der Matte, und als sie Jack Eagan erreicht, nimmt er sie in die Arme und hebt sie in die Luft. Nachdem er sie losgelassen hat, geht Amanda ans Ende der Bank zu Jessie. Jessie wirft ihr die Arme um den Hals.

»Du hast es geschafft!« sagt Jessie.

Amanda grinst und setzt sich dann auf die Bank, den Kopf zwischen die Knie gebeugt, um wieder zu Atem zu kommen. Sie weiß, näher wird sie einer Zehnerwertung nie kommen. Von jetzt an wird sie auf dieser Bank sitzen und ihren Mannschaftskameradinnen zuschauen, statt auf ihren eigenen Einsatz zu warten. Sie hat ihren Einsatz gehabt. Ihr Herz rast noch immer. Als Jessie zu ihrer letzten Übung aufsteht, richtet Amanda sich auf und wünscht ihr Glück.

»Ich werd's brauchen«, flüstert Jessie zurück.

Amanda sieht zu, wie Jessie auf den Schwebebalken springt,

dann sieht sie an ihr vorbei. Hoch oben kann sie ihren Vater und ihre Mutter und Laurel Smith sitzen sehen. Laurel schiebt sich die Sonnenbrille ins Haar und macht Amanda ein Zeichen mit erhobenem Daumen. Nach dem Wettkampf beglückwünschen die anderen Mädchen Amanda noch immer zu ihrer Bodenübung. Sie freut sich, aber sie geht zu ihrem Garderobenspind und holt ihre Kleider heraus. Jessie kommt herüber und setzt sich neben sie.

»Du bist immer noch die Größte«, sagt Jessie.

Amanda ist zu erschöpft, um sich zu duschen. Als sie ihr Trikot auszieht, schmerzen ihre Arme und Beine.

»Mein Vater sagt, du könntest zum Abendessen kommen und ganz lange bleiben«, sagt Jessie zu ihr.

Amanda hat in letzter Zeit viel über Jessie nachgedacht. Sie hat daran gedacht, wie die anderen Mädchen sie ansehen, wenn sie zusammen sind.

»Ich kann nicht«, sagt sie jetzt.

»Warum nicht?« fragt Jessie. »Meine Mutter kann uns einen Videofilm holen. Vielleicht kann ich sie überreden, *The Breakfast Club* für uns auszuleihen.«

»Ich kann einfach nicht«, sagt Amanda.

Sie hat bereits angefangen, seltener mit ihrer Mutter zusammenzusein. Jetzt ist es Zeit, dasselbe mit Jessie zu tun.

»Warum nicht?« drängt Jessie.

»Weil ich nicht mag, klar?« sagt Amanda. Sie kann sehen, wie verletzt Jessie ist, aber sie fährt fort: »Warum fragst du nicht Evelyn?«

»Weil ich nicht will. Weil sie blöd ist.«

»Frag Sue Sherman«, sagt Amanda.

»Du willst nicht mehr meine Freundin sein«, sagt Jessie heftig. »Jetzt, wo du eine Freundin hast, die dreißig ist, brauchst du mich nicht mehr.«

»Mach keine große Sache draus«, sagt Amanda. »Lad jemand anderen ein.«

»Du kannst mich mal«, sagt Jessie.

Jessie geht zu ihrem Spind und reißt ihn auf.

Amanda zieht ihren Pullover an und folgt Jessie. Ihre Beine

fühlen sich immer schlimmer an, daher setzt sie sich auf die Bank.

»Du solltest andere Freundinnen haben«, sagt Amanda.

Jessie ignoriert sie und zieht sich an.

»Ich werd' nicht immer dasein«, sagt Amanda. »Du mußt jetzt anfangen, dir andere Freundinnen zu suchen.«

Jessie starrt in ihren offenen Spind und beginnt zu weinen.

»Ich hasse alle anderen«, sagt Jessie. »Ich mag nur dich.«

Amanda steht auf und geht auf die Tür zu.

»Ich hasse alle«, schreit Jessie hinter ihr her, aber Amanda geht weiter. Draußen in der Vorhalle warten ihre Eltern. Polly läuft auf sie zu und umarmt sie.

»Alles in Ordnung?« flüstert Polly.

»Klar«, sagt Amanda.

»Wunderbar«, sagt Polly. Sie sieht zu Ivan hinüber.

»Eine tolle Kür«, sagt Ivan zu Amanda. »Unglaublich.«

»Danke, Dad«, sagt Amanda. Sie umarmt ihn, weicht dann zurück und grinst. Sie sieht, daß Laurel Smith in ihrem weißen Kleid draußen auf dem Rasen wartet.

»Ich will hören, wie's Laurel gefallen hat«, sagt Amanda.

Polly möchte Amanda zurückrufen, aber sie tut es nicht. Amanda wird immer ihre Tochter sein, jetzt und für alle Zeit. Deshalb kann sie stehenbleiben und zusehen, wie Amanda so schnell nach draußen läuft, daß man denken könnte, sie sei schwerelos, fliege direkt in die Sonne.

11

Amanda hat wieder Fieber, und jeden Tag ist Ed Reardon morgens und dann abends auf dem Heimweg bei den Farrells vorbeigekommen. Das bedeutet, daß er erst nach Hause kommt, wenn die Kinder schon zum Schlafengehen fertig sind. Er muß morgens eine halbe Stunde eher das Haus verlassen, aber er braucht sich keinen Wecker zu stellen. Gewöhnlich steht er in der Morgendämmerung auf. Er kann in letzter Zeit nicht schlafen, und wenn er schläft, dann fährt er plötzlich aus Alpträumen auf, an die er sich nicht erinnern kann, eher verblüfft als getröstet durch sein vertrautes Schlafzimmer, Mary neben ihm und die blaue Decke auf ihrem Bett.

Mary hat angefangen, nach Amanda zu fragen. Wenn die Lichter gelöscht sind und die Kinder fest schlafen, fragt sie ihn, ob die Temperatur des Mädchens gesunken ist, ob ihre Drüsen noch immer so geschwollen sind. Ed Reardon geht nie ins Detail, erwähnt zum Beispiel nicht, daß er Amanda sorgfältig überwacht und jede zweite Woche ins Kinderkrankenhaus schickt, wo sie Pentamidin erhält, weil er eine Lungenentzündung fürchtet. Er hat das unangenehme Gefühl von Betrug, wenn er im Bett mit Mary redet; dasselbe empfindet er, wenn sie morgens für ihn Kaffee kocht und er auf die Uhr sieht und weiß, daß Polly schon auf ihn wartet. Es ist, als wäre nicht Mary seine Frau, sondern Polly, und als schulde er ihr Treue. Er kann sich jetzt vorstellen, wie ein Bigamist sich fühlen muß, nie zur richtigen Zeit am richtigen Ort.

Gestern abend, als er Amanda untersuchte, waren ihre Lungen schwer von Flüssigkeit. Er sagte Polly, sie solle ihn anrufen, wenn irgendeine Veränderung eintrete, und seither hat er auf ihren Anruf gewartet. Er kommt am Sonntagmorgen, als er seinen

Kaffee trinkt. Er kann oben die Kinder hören, als er nach dem Hörer greift, und er kann hören, wie Mary Eier in eine Rührschüssel schlägt. Es ist Ivan, der anruft, und Ed sagt Ivan, er sei schon unterwegs. Ehe er geht, telefoniert er zweimal. Einmal mit Henry Bayden, einem Kinderarzt in Ipswich, der ihn vertritt und den er fragt, ob er für heute seine Notfälle übernehmen kann. Der andere Anruf geht ins Kinderkrankenhaus, und er vergewissert sich, daß ein Zimmer verfügbar ist. Für alle Fälle. Er sagt Mary, er werde spät nach Hause kommen, und geht rasch, ehe die Kinder nach unten kommen und verlangen, daß er ihnen Knöpfe zuknöpft und Toast buttert. Er muß hier hinaus, ehe die Kinder sich über ihre Enttäuschung klarwerden; er ist selbst zu enttäuscht, um sie leicht wegzustecken.

Als er bei den Farrells ankommt, erwarten ihn Ivan und die Großeltern in der Küche. Charlie sitzt am Tisch, aber er frühstückt nicht. Ed tut, was er tun muß: Er lächelt, schüttelt Hände, dann geht er allein nach oben. Polly hat ihn gehört und erwartet ihn im oberen Flur. Ihr Gesicht ist verquollen, ihr Haar unfrisiert. Sie geht auf Ed zu und greift nach seinem Arm, sobald er die oberste Stufe erreicht hat.

»Da bringen wir sie durch«, sagt Ed.

Polly nickt. Sie glaubt ihm. Deshalb fühlt sich Ed Reardon mit ihr verheiratet. Sie glaubt ihm und nur ihm, und angesichts dieser Agonie, gegen die er machtlos ist, glaubt Ed vorübergehend an sich selbst.

Das Schlafzimmer ist stickig und dunkel.

»Es ist gut«, sagt Polly zu Amanda. »Er ist hier.«

Ed setzt sich auf Amandas Bett. Sobald er sie sieht, weiß er, daß es sich um Lungenentzündung, *Pneumocystis carinii*, handelt. Amanda versucht, ihm zuzulächeln, aber sie muß um jeden Atemzug kämpfen. Ehe er Amanda untersucht, zieht Ed ein Paar chirurgische Handschuhe über.

»Zu ihrem Schutz«, erklärt er Polly, und Polly nickt zufrieden, obwohl das, was Ed ihr gesagt hat, nur teilweise stimmt. Man hat ihm geraten, Handschuhe zu tragen, wenn er AIDS-Patienten untersucht, vor allem, wenn er meint, er könnte Abschürfungen an den Händen haben.

»Wer ist das?« fragt er und weist auf das Poster über dem Bett, während er das Stethoskop unter Amandas Schlafanzugjacke schiebt. »Ein entflohener Schwerverbrecher?«

»Bruce Springsteen«, sagt Amanda. Sie kann die Worte nur gurgelnd aussprechen.

»Bruce Springsteen!« sagt Ed. Er schaut Polly an, die sich auf die Lippen beißt, und dann wieder Amanda. »Kann er sich keine besseren Klamotten leisten? Der Mann muß Millionär sein und trägt zerrissene Sachen.«

Amanda lächelt schwach, als sie sich in ihr Kissen zurücklehnt. Ed tätschelt ihr Bein.

»Wir werden dich im Kinderkrankenhaus wieder auf die Beine bringen«, sagt Ed.

Amanda nickt, aber Ed kann sehen, daß sie ihm nicht so glaubt wie Polly. Sie ist helle, die Kleine, und sie ist müde.

Polly folgt Ed hinaus in den Flur.

»Ich möchte nicht, daß sie ins Krankenhaus kommt«, sagt Polly. Sie hat das verrückte Gefühl, wenn sie Amanda ins Krankenhaus brächte, würde sie sie nie wiedersehen.

»Ich würde das nicht tun, wenn es nicht unbedingt erforderlich wäre«, sagt Ed. »Das glauben Sie mir doch, oder?«

Polly nickt, und Ed geht nach unten, um mit Ivan zu sprechen und sich im Krankenhaus mit ihnen zu verabreden. Der Großvater ist jetzt mit dem Jungen fort, um ihn von alldem fernzuhalten. Die Großmutter sieht älter aus, als Ed zuerst gedacht hatte. Sie legt eine Hand auf Ivans Schulter, als Ed ihm sagt, Amanda müsse heute vormittag ins Krankenhaus eingeliefert werden, und sagt: »Fahrt nur. Wir bleiben hier bei Charlie.«

Ed Reardon erreicht das Krankenhaus vor den Farrells. Er sucht Ellen Shapiro auf, die ihm hilft, auf der bereits überfüllten Station ein Zimmer zu bekommen. Alles, was sie hier tun können, ist, Amanda zu überwachen und möglichst vor Infektionen zu schützen. Als die Farrells eintreffen, wird Amanda in einem Rollstuhl nach oben auf die Station gebracht, während Polly und Ivan bei der Aufnahme Papiere ausfüllen müssen. Ed hat es geschafft, für Amanda ein Einzelzimmer zu bekommen, aber

Polly ist schockiert, als sie das Schild an der Tür liest. *Achtung vor Blut und Körperflüssigkeiten*, steht darauf.

Ed sagt Polly, niemand werde Handschuhe tragen, solange man ihr kein Blut abnehmen oder eine Infusion machen müsse.

Polly und Ivan gehen langsam, mit bleiernen Bewegungen. Als sie das Zimmer betreten, sieht Amanda erschrocken aus. Sie können hören, wie der Atem in ihrer Brust rasselt.

»Ich will hier nicht bleiben«, sagt Amanda. Sie setzt sich mühsam auf und sieht aus, als wolle sie weglaufen, obwohl sie an einem Infusionsgerät hängt.

»Ich bleibe bei dir«, sagt Polly. »Ich gehe erst nach Hause, wenn du auch gehst.«

Das beruhigt Amanda, und sie lehnt sich erschöpft zurück. Ivan setzt sich auf die andere Seite des Bettes und fragt Amanda, was er ihr von zu Hause bringen solle. Amanda verlangt zuerst nach ihrem Kassettenrecorder und ihren eigenen Schlafanzügen. Als sie fertig ist, wiederholt Ivan Amandas Aufzählung, um sie sich einzuprägen: *True Blue, Born in the USA, Thriller*. Polly geht zum Fenster und stellt sich neben Ed Reardon. Sie sprechen nicht miteinander. Sie beobachten die Autos auf dem Parkplatz, und nach einer Weile kommt Ivan zu ihnen.

»Sie schläft«, sagt Ivan.

Als sie auf den Gang treten, macht Ed den Vorschlag, Polly solle die Nacht in der Halle verbringen und nicht in Amandas Zimmer wie letztes Mal, als Amanda im Krankenhaus war.

Beim letzten Mal war es die Blinddarmentzündung.

»Ich habe ihr gesagt, daß ich ihr den Kassettenrecorder morgen bringe«, sagt Ivan zu Ed.

»Sie können ihr bringen, was sie haben will«, sagt Ed. »Wir wollen es ihr angenehm machen. Besorgen wir uns was zu essen, solange sie schläft.«

Ivan nickt, und er und Ed gehen in Richtung Lift. Polly folgt ihnen nicht; also kommt Ivan zu ihr zurück. Sie will nicht gehen, sie sagt, sie sei nicht hungrig, und als sie nach einer halben Stunde wiederkommen, steht sie noch an derselben Stelle. Den Kaffee und das Sandwich, das sie ihr mitgebracht haben, ignoriert sie. Am späten Nachmittag geht Ed, um in seiner Praxis anzurufen und dann mit Ellen Shapiro zu sprechen. Während er fort ist, holt Ivan für Polly einen Stuhl aus der Halle, aber sie will sich nicht setzen. Sie steht Wache, sie kann es sich nicht leisten, sich hinzusetzen.

»Du brauchst nicht zu bleiben«, sagt Polly zu Ivan. Ivan ist die ganze Nacht auf den Beinen gewesen, und einer von ihnen sollte für Charlie dasein. Es ist ein Schock, plötzlich Charlies Namen zu denken. Polly hat den ganzen Tag über nicht ein einziges Mal an ihn gedacht.

»Ich will dich hier nicht allein lassen«, sagt Ivan.

»Ich bin nicht allein«, sagt Polly. »Ich bin bei Amanda.«

Nicht lange nach Ivans Weggehen kommt die Krankenschwester, die bei Amanda Wache hält, heraus und sagt Polly, Amanda sei aufgewacht und verlange nach ihr. Amanda atmet leichter, und sie sieht etwas weniger verängstigt aus. Polly sitzt auf einem Stuhl mit harter Lehne und liest aus einem Klatschmagazin vor, das die Schwester ihnen gebracht hat. Zum Glück ist es voll persönlicher Einzelheiten über sämtliche Lieblingssänger Amandas, und sie hört ruhig zu. Während sie liest, könnte Polly schwören, daß sie eine Kombination aus Blut und Zucker riecht, aber vielleicht ist das nur der Geruch ihrer eigenen Panik. Kein Kind sollte so ruhig sein, wie Amanda ist, kein kleines Mädchen sollte so blaß aussehen. Als die Schwester Amandas Tropf wechseln muß, streift sie Gummihandschuhe über.

»Ich weiß, daß ich dir nicht weh getan habe«, sagt die Schwester scherzend zu Amanda. »Ich kann die besten Infusionen des ganzen Krankenhauses legen. Ich bin die Cindy Lauper der Tröpfe.«

Als Amanda einzuschlafen beginnt, schlägt die Schwester vor, Polly solle sich am Empfang eine Decke und ein Kissen holen. »Es gibt eine Couch in der Halle«, sagt sie zu Polly. »Legen Sie sich dort hin, ehe jemand anderer kommt. Sie wird die Nacht über durchschlafen.«

Polly nickt und geht hinaus, aber sie ist bereits entschlossen, die Nacht vor Amandas Zimmer zu verbringen. Rasch geht sie in die Halle, um sich eine Tasse Kaffee zu holen, und während sie an dem Automaten steht, bricht sie in Schluchzen aus. Mehrere

Eltern sind hier, die versuchen, ein wenig Schlaf zu bekommen; daher hält Polly sich die Hand vor den Mund und geht mit ihrem Kaffee wieder hinauf in den Gang. Ed Reardon wartet dort auf sie.

»Ich muß nach Hause«, sagt Ed.

»Ich weiß«, sagt Polly.

»Ich mag aber nicht«, sagt Ed.

Er geht hinein, um Amanda zu untersuchen. Als er herauskommt, fällt Polly ein, daß sie nicht zu Hause angerufen hat. Sie will nicht mit Ivan oder ihren Eltern oder Charlie sprechen. Sie hat keinen Raum für sie.

»Machen Sie einen Spaziergang mit mir«, sagt Ed Reardon.

Polly schüttelt den Kopf.

»Sie schläft«, sagt Ed. »Gehen Sie zehn Minuten mit mir spazieren.«

Polly kann sich nicht erinnern, wann sie zum letzten Mal gut geschlafen hat. Sie kann sich nicht erinnern, ob sie heute irgend etwas gegessen hat oder ob sie in den letzten zehn Stunden auf der Toilette war oder nicht. Sie folgt Ed Reardon den Gang hinunter; sie versucht, nicht daran zu denken, daß jeder Schritt, den sie tut, ein Schritt fort von Amanda ist. Als sie nach draußen kommen, macht die frische Luft sie benommen; die Wolken hängen tief. Heute abend wird kein einziger Stern am Himmel stehen. Polly fühlt sich, als würde sie ohnmächtig. Als wisse er das, legt Ed Reardon einen Arm um sie und führt sie über den Parkplatz. Sie kommen zu seinem Wagen, und Ed öffnet für Polly die Beifahrertür. Ed setzt sich hinters Steuer, und Polly rutscht von ihm weg und lehnt ihren Rücken gegen die Tür.

Der Wagen ist ein alter Volvo-Kombi. Hinten sind zwei Kindersitze für Eds kleinere Kinder; Popcorn und Sand liegen auf dem Teppich und in den Ritzen der Sitze. Ed Reardon wird klar, daß er den anderen Wagen hätte nehmen und diesen mit den Kindersitzen Mary lassen sollen. Aber er hat heute morgen nicht nachgedacht. Er denkt auch jetzt nicht nach.

»Alles in Ordnung?« fragt er Polly.

»Nein«, sagt Polly.

»Ich habe Sie belogen«, sagt Ed Reardon. »Ich habe Sie glauben lassen, daß es Möglichkeiten gibt, daß es nicht tödlich ist. Ich kann Sie nicht länger belügen.«

Wenn Polly ihre Ohren schließen könnte, wie sie die Augen schließt, dann würde sie das tun. Sie kann kaum atmen. Sie beugt sich zu Ed Reardon und streckt ihre Arme nach ihm aus. Ed zieht Polly an sich und nimmt sie in die Arme. Für Polly fühlt er sich unglaublich warm an; sie kann die Wärme durch das blau-weiß gestreifte Hemd fühlen, das er trägt. Sie lehnt ihr Gesicht an seinen Hals und fühlt sich wie ein Vampir, verzweifelt nach dem verlangend, was er hat. Sie bleiben so, einander umarmend, lange Zeit sitzen. Andere Wagen verlassen den Parkplatz, und nach einer Weile beginnt es zu regnen. Als Ed Reardon über ihr Haar streicht, fühlt Polly sich sicher. Ihr Atem, der die Scheiben beschlagen läßt, schafft ihnen einen Kokon. Ein Regenschauer prasselt auf die Windschutzscheibe, und der Himmel ist so dunkel geworden, daß ebensogut Mitternacht sein könnte. Was sie hier tun, ist intimer als der Liebesakt; sie existieren nicht ohne einander. Polly kann nicht mehr sagen, wo Ed Reardons Wärme aufhört und ihre eigene beginnt. Die Art, wie sie sich fühlt, läßt Polly glauben, daß Dinge lebendig sein können. Sie sehnt sich verzweifelt danach, an etwas zu glauben. Sie schläft in seinen Armen ein, und als sie aufwacht, zwanzig Minuten später, gerät sie in der Dunkelheit in Panik. Sie weiß nicht, wo sie ist, bis sie fühlt, daß Ed sie fester an sich drückt.

»Jetzt geht es Ihnen besser«, sagt Ed zu ihr.

Polly küßt ihn, und als er ihren Kuß erwidert, weiß Polly, daß er auf sie gewartet hat. Sie küßt ihn, als werde sie ohne ihn sterben. Das ist der Kuß, den Amanda nie haben wird. Polly will nicht aufhören, sie möchte nie wieder aufhören, aber sie weiß, daß sie es tun muß. Sie rutscht hinüber auf ihren eigenen Sitz, tastet in ihrer Tasche nach einem Taschentuch und putzt sich die Nase.

»Vorübergehender Wahnsinn«, sagt sie. Es soll ein Scherz sein.

Ed Reardon blickt starr vor sich hin. »Kein Wahnsinn«, sagt er.

Polly sieht ihn an und spürt wieder, wie sehr sie ihn begehrt. Sie nimmt seine Hand, läßt sie dann wieder los.

»Ich gehe hinein«, sagt sie.

»Ich komme mit«, sagt Ed.

»Gehen Sie nach Hause und schlafen Sie etwas«, sagt Polly zu ihm. »Wir brauchen Sie zu sehr; Sie dürfen nicht müde sein.«

Sie steigt aus dem Wagen und weiß, daß Ed ihr nachsieht für den Fall, daß sie sich umdreht. Noch immer fühlt sie den Kuß. Eine Wärme liegt in ihrem Mund und tief in ihrem Inneren. Viel später, als sie neben der schlafenden Amanda sitzt, kann Polly die Wärme noch immer spüren. Sie ist so rein, daß sie, als sie sich vorbeugt und Amanda auf die Stirn küßt, die Wärme an ihre Tochter weitergibt, genau dahin, wohin sie gehört.

12

Nachdem er das Krankenhaus verlassen hat, fährt Ivan auf den Storrow Drive und nach Westen in Richtung Highway Nr. 93, aber als er die Ausfahrt Copley erreicht, biegt er ab und fährt in die Marlborough Street. Es ist nicht Adelle, die auf sein Läuten die Sprechanlage betätigt, sondern die Nachtschwester. Sie sagt ihm, Brian schlafe und könne nicht gestört werden. Es tat gut, einfach durch die dunkle Marlborough Street zu gehen, wo die alten Straßenlaternen kaum einen Schatten werfen. Es war gut, an Brian zu denken, der schläft und von etwas anderem träumt als von Schmerzen. Kurz bevor er seinen geparkten Wagen erreicht, schaut Ivan auf, über die schwarzen Dächer hinweg; es ist eine Erleichterung, vertraute Sterne zu sehen. Doch während er sie betrachtet, ziehen Wolken auf und verschließen den Himmel. Ivan kann den Regen riechen, ehe er kommt, er kann die Feuchtigkeit in der Magengrube spüren. Er kann sich nicht gestatten, an seine Tochter im Krankenhaus zu denken, er will nicht an das mühsame Luftholen, das Rasseln bei jedem Atemzug denken. Er fährt einfach, und auf dem ganzen Heimweg denkt er an Sterne. Es fährt ihm durch den Kopf, daß er Brian ein Teleskop kaufen sollte, ein kleines, das sie am Fenster aufstellen könnten. Er hat den glühenden Wunsch, das Teleskop jetzt sofort zu besorgen: er würde alles tun, um zu Hause nicht an Amandas leerem Zimmer vorbeigehen zu müssen, aber er fährt weiter, und ehe er es merkt, ist er in Morrow. Er hat überhaupt nicht darauf geachtet, wie er fuhr, aber er ist jedenfalls zu Hause, und es ist nicht wirklich so, als hätte er je eine Wahl gehabt.

Am nächsten Morgen sammelt Ivan ein paar Sachen ein, um die Amanda gebeten hat, und packt sie in ihre Sporttasche. Unten in der Küche kann er Al und Claire und Charlie frühstücken hören, aber ihm steht der Sinn nicht nach Essen. Auch sie können ihn hören, wie er in Amandas Schubladen kramt und ihre Kassettenbox durchsieht.

»Du machst noch immer den besten Kaffee, den ich je getrunken habe«, sagt Al zu seiner Frau.

»Jetzt weiß ich, daß du ein Lügner bist«, sagt Claire. »Ich konnte nämlich keine Filtertüten finden. Das ist Pulverkaffee. Und den haßt du doch.«

Beide beobachten, wie Charlie auf diese gegenseitige Neckerei reagiert.

»Hast du das gehört, Junge?« fragt Al. »Sie will mich unbedingt reinlegen, was?«

Charlie schaut seinen Großvater verblüfft an. »Wahrscheinlich«, sagt er.

Al kommt es so vor, als hätten alle vergessen, daß Charlie existiert. Als Ivan aus dem Krankenhaus nach Hause kam, sprach er mit keinem. Er setzte sich draußen auf die Veranda und ging dann noch vor zehn nach oben und zu Bett.

»Ich werde dich zur Schule fahren«, sagt Al zu Charlie.

»Brauchst du nicht«, sagt Charlie. »Ich fahre mit dem Rad.«

»Erlaubt dir das deine Mutter?«

»Klar«, sagt Charlie.

Er nimmt seine Bücher und geht zur Tür.

»Ist das alles?« fragt ihn Al.

Charlie bleibt an der Tür stehen. Er trägt dieselben Kleider, die er auch gestern anhatte, eine ausgeblichene Jeans und ein langärmliges T-Shirt, auf dem ein Dinosaurier Skateboard fährt. Er hat in dem T-Shirt geschlafen, und es ist arg zerknittert. Polly hat vergessen, die Wäsche zu waschen, und in Charlies Schrank gibt es kein einziges sauberes Kleidungsstück mehr, das ihm noch paßt. Obwohl seine Großmutter sich heute nachmittag um die Wäsche kümmern will, haßt Charlie seine Mutter dafür, daß sie nicht gewaschen hat. Aus irgendeinem Grund fürchtet er, sie nie wiederzusehen.

»Wie wär's, wenn du dich verabschieden würdest?« sagt Al. »See-you-later-alligator oder so was?«

»Bis dann«, sagt Charlie, während er aus der Tür schlüpft.

Al trinkt seinen Kaffee aus und flucht vor sich hin.

»Sag nichts«, warnt ihn Claire. »Sag Polly und Ivan nicht, wie sie ihr Familienleben gestalten sollen. Sag kein Wort.«

»Wenn man seinen eigenen Kindern nicht mehr sagen darf, was sie tun sollen, wem denn sonst?« sagt Al aufgebracht.

»Jedem anderen«, rät ihm Claire.

Der Frühstückstisch ist bereits abgeräumt, als Ivan herunterkommt.

»Ich bin nachmittags zurück«, sagt Ivan zu seinen Schwiegereltern. »Spätestens um sechs. Sagt Charlie, er soll zum Abendessen zu Hause sein.«

»Sag's ihm selbst«, sagt Al.

»Was?« sagt Ivan, der meint, die Feindseligkeit seines Schwiegervaters falsch verstanden zu haben.

»Das hast du doch gehört«, sagt Al. »Sag du es ihm. Das wird das erste Wort sein, das du seit zwei Tagen an ihn richtest.«

»Was zum Teufel soll das heißen?« sagt Ivan.

»Hör nicht auf ihn«, sagt Claire zu Ivan. »Fahr ins Krankenhaus.«

»Du hast zwei Kinder«, sagt Al. »Falls du das vergessen haben solltest.«

»Charlie weiß, daß wir uns zuerst um Amanda kümmern müssen«, sagt Ivan. »Du bist der, der zu dumm und egoistisch ist, um das zu verstehen. Polly hat das immer über dich gesagt, und ich Idiot habe dich immer verteidigt.«

»Ja, da hat sie recht gehabt«, sagt Al. »Ich war egoistisch. Ich habe meine Familie verlassen, und sie haben mich wiederaufgenommen. Das habe ich für den Rest meines Lebens büßen müssen. War es nicht so?« sagt er zu Claire.

»Du Narr«, sagt Claire. »Das ist jetzt nicht der richtige Moment.«

»Ich bin ein alter Mann, und vielleicht bin ich dumm, aber eine Sache weiß ich«, sagt Al zu Ivan. »Wage nicht, diesen Jungen zu vergessen.«

Ivan schüttelt angewidert den Kopf. Er greift nach Amandas Sporttasche, nimmt seine Schlüssel vom Schrank, geht hinaus und schlägt die Tür hinter sich zu. Es dauert eine Weile, bis der

Karmann-Ghia anspringt, und als er es endlich tut, röhrt der Motor wie ein Motorboot. Ivan fährt in Richtung Ash, noch immer wütend auf Al. Es fällt Al so leicht, Ratschläge zu geben; er ist so freigebig damit, daß es ihm leichtfallen muß. Als Al ihm zum letzten Mal einen Ratschlag gab, ging es um eine Konferenz, an der Ivan teilnahm. Als Al hörte, sie sei in Orlando, meinte er, Ivan solle doch die Kinder mitnehmen, damit sie Disneyworld besuchen könnten. Tatsächlich haben einige der Astronomen, die er kennt, ihre Familien mitgenommen und einen Urlaub aus der Reise gemacht. Ivan hatte gemeint, die Kinder seien zu alt für Disneyworld; er vergißt manchmal, wie jung sie noch sind, weil beide so viel weiter sind als er im gleichen Alter. Wenn er aufzählen müßte, was in seinem Leben wichtig ist, könnte er das mit drei Worten sagen: Polly, Amanda, Charlie. Er läßt den Motor des Karmann-Ghia aufheulen und weiß, daß er sich etwas vormacht. Es gibt noch etwas, das er liebt: die Wissenschaft. Deswegen wollte er Charlie nicht nach Disneyworld führen; er wollte nicht, daß sein Sohn von einer Scheinwelt beeindruckt würde, nachgemachten Unterseebooten, Seeungeheuern aus Plastik und sprechenden ausgestopften Bären.

Ivan möchte, daß alles, was Charlie großartig erscheint, reine Wissenschaft ist, so, wie das bei ihm war, als er heranwuchs. Er hat immer betont, wie vieles es gibt, das man bestaunen kann, ob es sich um eine Ameisenkolonie handelte, die sie fanden, oder um einen seltenen Pilz. Was soll er Charlie jetzt sagen? Ist es fabelhaft, daß ein ganzes Immunsystem von einem einzigen Virus angegriffen werden kann?

Da, wo Ivan abbiegen müßte, um auf den Highway Nr. 93 zu kommen, fährt er geradeaus weiter. Er tritt auf das Gaspedal und kurbelt sein Fenster herunter. Er behält den Fahrradweg im Auge, der parallel zur Straße verläuft. Viele Kinder fahren auf diesem Weg zur Schule, doch endlich erspäht Ivan Charlie auf seinem schwarzen Ragleigh-Rad; seine Bücher sind auf den Gepäckträger geschnallt, die losen Blätter in seinem Ringbuch flattern.

Ivan drückt auf die Hupe, und Charlie sieht sich nach ihm um. Ivan verlangsamt die Fahrt und fährt dann rechts an den Straßenrand, wo er stehenbleibt. Charlie radelt auf ihn zu und hält sich am Dach des Wagens fest, damit er mit dem Rad nicht umfällt.

»Ich hatte mich nicht von dir verabschiedet«, sagt Ivan.

»Ja, gut. Ich bin spät dran«, sagt Charlie.

»Fünf Minuten werden schon nicht so schlimm sein«, sagt Ivan. »Ich schreibe dir eine Entschuldigung.«

Charlie steigt vom Rad und legt es ins Gras. Dann setzt er sich hin. Er rührt sich nicht, als Ivan aussteigt und sich neben ihn setzt, aber er fühlt sich in der Falle. Eine Hand läßt er auf dem kühlen Metallrahmen seines Fahrrads liegen.

»Schönes Hemd«, sagt Ivan.

»Das ist alt«, sagt Charlie zu ihm.

»Oh«, sagt Ivan. »Wahrscheinlich hab' ich es noch nicht gesehen.«

Sie sind weniger als einen halben Meter vom Fahrradweg entfernt, und ab und zu fährt ein Kind vorbei, und sie spüren den Luftzug der Räder, die sich drehen.

»Ich weiß, daß du dir Sorgen um Amanda machst«, sagt Ivan. »Sie werden ein Heilmittel finden. Alles, was sie brauchen, ist Zeit und Geld.«

»Wieso bist du da so sicher?« sagt Charlie. »Du kannst das doch nicht mit Sicherheit wissen.«

»Kinderlähmung«, sagt Ivan. »Tuberkulose. Grippe. Diphtherie. Scharlach. All das war früher gefährlich oder tödlich.«

Charlie starrt in den Himmel. »Werden sie es rechtzeitig für Amanda finden?« fragt er.

Ivan vergißt leicht, daß Charlie acht Jahre alt ist. Er fährt so wild mit dem Fahrrad, fährt absichtlich über Bodenwellen in der Straße, seine Turnschuhe und Jeans sind so schmutzig, und er kaut Kaugummi so laut wie ein Teenager. Er lebt erst seit acht Jahren. Vor gar nicht langer Zeit schlief er noch mit einem Plüschhund namens Nova. In der Natur, weiß Ivan, ist alles möglich. Logik ist eine menschliche Annahme, die jede Form annehmen kann, die der Mensch sich wünscht. Ist es logischer, daß ein Kind stirbt, als daß ein Käfer auf Wasser läuft?

»Das ist sehr unwahrscheinlich«, sagt Ivan.

»Sag mir, ob ja oder nein!« schreit Charlie.

»Nein«, sagt Ivan. »Für Amanda wird es zu spät sein.«

Charlie fährt mit der Hand über eines der Räder seines Fahrrads, und es beginnt, sich in langsamen silbernen Kreisen zu drehen.

»Dann möchte ich, daß sie einfach stirbt«, sagt Charlie.

Charlie erwartet, daß sein Vater ihn schlägt, doch Ivan schaut ebenfalls zum Himmel auf. Ivan denkt an die Nacht, in der Amanda geboren wurde, daran, wie zart sie wirkte und wie zäh sie tatsächlich war.

»Gibt es etwas, was eine Lebensspanne von einem Tag hat?« fragt Charlie.

»Die Eintagsfliege«, sagt Ivan. »Von der Art der Ephemeroptera.«

Während er Charlie betrachtet, stellt sich Ivan einen Augenblick lang vor, es sei Brian. Beide sitzen vornübergebeugt, und beide sind so jung.

»Ich schreib' dir jetzt die Entschuldigung«, sagt Ivan.

Charlie nickt und reißt ein Blatt Papier aus einem Heft. Seine Kehle ist eng. Er will nicht, daß sein Vater geht. Ein Auto fährt vorbei, und das plötzliche Geräusch und die Vibration lassen Charlies Herz schneller schlagen. Letzte Nacht träumte er wieder, er sei der Tyrannosaurus, und ab und zu kommt die Panik aus seinem Traum wieder, sogar hier im hellen Tageslicht.

Letzte Nacht war er allein auf der Erde, oder zumindest gab es nichts mehr von seiner Art, nur noch Schildkröten, deren Panzer zu hart waren, um sie zu zerbrechen, und kleine, laufende Geschöpfe, die er nicht fangen konnte. Er versuchte, Erde zu essen, bloß um seinen Magen zu füllen, aber der Boden gab nicht nach. Er war schwarzes Eis.

Er ist der letzte seiner Art, also macht er sich nicht die Mühe, wegzulaufen und sich zu verstecken, als der Himmel donnernd explodiert mit tausend Feuern, die nicht verlöschen wollen, die aber nicht die Wärme zurückbringen können, die er braucht. Er hat ein schreckliches Verlangen, das Ding wiederzusehen, das wie er ist, aber größer; wenn er nichts von seiner eigenen Art sieht, dann weiß er, daß es mit ihm bald zu Ende sein wird. Er macht ein Geräusch, ein Bellen, das laut genug ist, um die Erde erzittern zu lassen, aber kein anderes Lebewesen wird es jemals hören. Er geht, so schnell er kann, rennt fast, als er Wasser sieht, einen flachen, schlammigen Teich, der noch nicht ganz zugefroren ist. Er beugt sich zum Wasser hinunter, wirft sich darauf, streckt die Klauen nach Fischen aus, nach Geschöpfen ohne Panzer, aber alles ist entweder klein und schnell genug, um ihm zu entkommen, oder erfroren und tot.

Er ist der Tyrannosaurus, der ins Wasser sinkt. Sein Körper ist schlaff, sein Schwanz liegt im kalten Schlamm, wird zu Lehm, macht ihn zu Lehm. Über ihm sieht der Himmel nicht mehr vertraut aus, daher schließt der Tyrannosaurus die Augen. Er hört zu atmen auf. Ihn kümmert nicht, wer sich an ihn erinnern und wer ihn finden wird. Luftblasen entweichen aus seinen Nüstern und kräuseln das flache Wasser. Er taumelt und versucht, auf die Füße zu kommen. Wieder macht er das bellende Geräusch. Er ist der letzte seiner Art, und das allein ist ein Kampf. Schon umgeben ihn Geschöpfe, die ihn überdauern werden, Fische und Schildkröten und Dinge mit Flügeln warten darauf, ihn in Stücke zu reißen, mit ihren Schnäbeln auf ihn einzuhacken. Mit erstaunlicher Anstrengung kommt er auf die Füße, und nach dieser Anstrengung hat er gewonnen, er kann sich fallen lassen, da hinunter, wo einst Schilf und warmes Wasser waren, wo der Schlamm ist, der ihn konservieren wird, oder wenigstens Teile von ihm, obwohl nichts das Geräusch bewahren kann, das er machte, als er zum letzten Mal zum Himmel aufblickte.

Charlie kann seinem Vater nicht von seinem Traum erzählen. Es ist dumm, in seinem Alter Alpträume zu haben, zu denken, man sei ein Geschöpf, das man nie auch nur gesehen hat. Trotzdem ist er froh, daß sein Vater hier auf dem Fahrradweg neben ihm sitzt.

»Komm«, sagt Ivan. »Ich fahr' dich zur Schule.«

»Nein«, sagt Charlie. »Ich hab' doch mein Fahrrad.

Charlie steht auf, und Ivan streckt den Arm aus, so daß Charlie sich einbilden kann, er ziehe seinen Vater hoch. Aber Ivan zieht sich nicht wie sonst selbst hoch, und er ist überrascht, wie stark Charlie ist.

»Alles in Ordnung?« fragt Ivan.

»Klar«, sagt Charlie.

»Willst du mit mir ins Krankenhaus fahren?« fragt Ivan. Er weiß nicht genau, wieviel er Charlie zumuten kann, aber er will ihn nicht ausschließen.

Charlie schüttelt den Kopf. »Ich will lieber zur Schule«, sagt er. Er hat bereits beschlossen, daß er nach der Schule schnell nach Hause radeln, diese schmutzigen Sachen ausziehen und einige der sauberen anziehen wird, die seine Großmutter gewaschen hat.

»Bist du sicher, daß alles in Ordnung ist?« sagt Ivan.

»Fahr nur weiter«, sagt Charlie. »Mami wartet wahrscheinlich auf dich.«

Ivan hebt Charlies Fahrrad auf und stellt es gerade. Was hätte er für ein solches Fahrrad gegeben, als er ein Kind war! Er wünscht sich, er könnte neben Charlie radeln, vielleicht nicht zur Schule, sondern an den Strand. Er wünscht sich, er wäre acht Jahre alt und könnte schneller radfahren als alle Kinder der Nachbarschaft. Er wüßte dann nicht mehr als Charlie. Man würde das nicht von ihm erwarten.

13

Al muß seiner Arbeit wegen nach New York zurück, aber Claire bleibt noch für den Rest der Woche. Jeden Tag bereitet sie sorgfältig Speisen zu, die auf einem Tablett zu Amanda nach oben gebracht werden. Und als Amanda endlich wieder zur Schule gehen kann, bleibt Claire da, und das merkwürdigste ist, daß Polly manchmal froh über die Anwesenheit ihrer Mutter ist. Nicht daß sie mit Claire reden wollte. Sie ist verlegen, wenn sie zusammen sind, und weiß nicht, was sie sagen soll. Aber als sie die Suppe aus Lauch und Kohl riecht, die ihre Mutter kocht, ist Polly nach Weinen zumute. Sie möchte bei ihrer Mutter in der Küche sein; nach all diesen Jahren will sie ihr nahe sein.

Es ist erst Mitte Oktober, aber es wird schon kalt. Auf den Feldern rings um Morrow gibt es Kürbisse und Stapel mit trocknenden Maiskolben; in den Regenrinnen der Häuser und auf den Gehsteigen liegen rote und gelbe Blätter, und an manchen Morgen, wenn Polly den Mülleimer nach draußen bringt, kann sie ihren Atem in der kalten Luft sehen. Dies war immer ihre liebste Jahreszeit, und sie fragt sich, wie Leute in Kalifornien leben können, ohne um die Farben des Herbstes zu trauern. Nun erscheinen ihr die schwarzen Bäume mit ihren reichen Rottönen herzlos und protzig. Es wird kälter, das ist alles, was sie weiß. Ehe man sich umdreht, wird es Winter sein.

Claire war draußen und wartete auf Al. Voriges Wochenende hat Al die Eingangsstufe repariert, und jetzt, kaum aus dem Auto gestiegen, sucht er nach dem Rechen. Er hat eine besondere Methode, Laub zu rechen, zu der gehört, daß über den ganzen Rasen verteilt einzelne Laubhaufen liegen. Polly und Ivan sehen ihm von der Küche aus zu; alle Laubhaufen haben die gleiche Größe.

»Zwanghaft«, sagt Ivan zu Polly.

»Biete ihm keine Hilfe an«, sagt Polly. »Du würdest es nie richtig machen.«

Im Haus ist es still. Laurel Smith hat Amanda abgeholt und ist mit ihr in ein Schallplattengeschäft im Einkaufszentrum gefahren. Claire kommt kurz herein, um den Wäschekorb zu holen, und geht wieder nach draußen, um die Wäsche auf die Leine zu hängen, obwohl im Keller ein ausgezeichneter Wäschetrockner steht. Charlie liegt noch im Bett; er war gestern abend lange auf und hat ferngesehen. Ivan und Polly sind verlegen, weil sie allein frühstücken. Als sie jung verheiratet waren und in Cambridge lebten, frühstückten sie immer zusammen, ehe Ivan zu seinen Kursen ins MIT ging und Polly den Bus zum Harvard Square nahm, wo sie in der Kunstabteilung des Harvard Coop arbeitete. Ivan stand immer als erster auf; er kochte extrem starken Kaffee, so bitter, daß manche ihrer Freunde sich weigerten, ihn zu trinken. Polly saß gern im Morgenrock am Tisch und sah Ivan zu. Alles, was er tat, war faszinierend, sogar die Art, wie er Toast mit Butter bestrich. An den Wochenenden waren sie gierig nacheinander. Sie mieden ihre Freunde, nicht nur, weil sie sich lieben wollten, sondern auch, weil niemand so interessant war wie sie beide füreinander.

»Hast du Lust auf eine Käseomelette?« fragt Ivan.

»O ja«, sagt Polly. »Danke.«

Ivan schlägt Eier in die Schüssel, die sie zur Hochzeit bekommen haben, obwohl sie nicht mehr wissen, von wem.

»Mein Vater hätte irgendwo leben sollen, wo er einen Rasen haben könnte«, sagt Polly.

»Warum?« fragt Ivan, während er im Kühlschrank nach Cheddar-Käse sucht. »Wahrscheinlich hätte er ihn einzementiert. Weil das sauberer ist.«

Polly lacht. »Da hast du recht.«

Ivan hält ein Stück Käse hoch, das grüne Schimmelflecken hat.

»Von wann ist der?« fragt er Polly scherzhaft. »Neunzehnhundertvierunddreißig?«

»Schimmel ist gesund«, sagt Polly zu ihm.

»Ach, wirklich?« sagt Ivan. »Warum zeigst du ihn nicht deiner

Mutter? Fragen wir sie, was sie von Leuten hält, die verschimmelte Nahrungsmittel aufheben.«

»Bloß nicht!« sagt Polly grinsend, während sie zu Ivan geht und versucht, ihm den Käse wegzunehmen.

»Ich wette, deine Mutter macht den ganzen Kühlschrank sauber, wenn sie das sieht«, sagt Ivan.

Er hält den Käse mit einer Hand hoch über seinen Kopf, mit der anderen Hand hält er Polly fern.

»Nur über meine Leiche!« sagt Polly. »Gib ihn mir!«

Polly springt hoch und schafft es, den Käse zu packen; dann prallt sie lachend gegen Ivan. »Du Ekel.«

»Wie wär's mit Rührei statt Omelette?« sagt Ivan.

Polly ringt noch immer nach Luft. Sie nickt. »Du hast schon immer das beste Rührei gemacht.«

»Wenn man angebranntes Essen mag«, sagt Ivan.

»Mag ich«, sagt Polly zu ihm.

Sie stehen nahe beieinander, ihre Schultern berühren sich.

»Darum hab' ich dich ja auch geheiratet«, sagt Ivan.

Polly fühlt sich unbehaglich; verliebt zu sein wirkt wie etwas Verbotenes, es ist nichts für sie, sondern nur für Leute, die keine Angst vor Fieber haben und nicht im Dunkeln erschauern.

»Der Fernseher war noch warm, als ich heute morgen aufstand«, sagt Ivan.

»David Letterman«, sagt Polly nickend. Das ist eine Sendung, die Charlie nicht sehen darf.

»Jetzt wird er bis weit nach zehn schlafen«, sagt Ivan. »Das sollte er eigentlich erst als Teenager tun.«

»Ich wecke ihn«, sagt Polly.

»Richtig, weck ihn auf«, stimmt Ivan zu. »Uns hat er das oft genug angetan.«

Polly geht nach oben. Durch das Fenster im Flur kann sie unten im Garten ihre Mutter sehen, die Ivans Hemden auf die Leine hängt. Noch immer stehen ein paar rote Astern am Zaun, und neben der Hintertür blühen einige Oktoberrosen.

»Zeit zum Frühstück«, sagt Polly, während sie an Charlies Tür klopft. Sie öffnet die Tür, ehe Charlie antworten kann, und bahnt sich im Dunkeln einen Weg zwischen den Turnschuhen und Sokken und Comicbüchern auf dem Fußboden. Sie zieht das Rollo hoch und öffnet das Fenster. Im Zimmer riecht es stark nach Turnschuhen, dazu kommt der Geruch aus einer Tüte mit Sägemehl, die Charlie eigentlich unten bei seinen Hamsterkäfigen aufbewahren wollte.

Der Tag fühlt sich an wie ein normaler Tag, wie ein Tag, den sie vor dem August hätten erleben können. Einen Augenblick lang gestattet sich Polly, froh zu sein. Ihre Tochter ist im Einkaufszentrum, um Kassetten zu kaufen, ihr Mann ist in der Küche und macht Frühstück, und ihre Eltern arbeiten im Garten. Polly lacht, als sie sieht, wie Charlie sich unter seinen Quilt kuschelt, aber sie geht hinüber und zieht ihm die Decke weg.

»So geht's einem, wenn man zu lange aufbleibt«, sagt Polly.

Charlie greift nach der Decke und zieht sie wieder hoch. »Ich will nicht aufstehen«, sagt er. »Es ist so kalt hier drin.«

Polly hat angefangen, schmutzige Kleider einzusammeln, die auf dem Fußboden liegen. Jetzt läßt sie das Bündel, das sie im Arm hat, auf Charlies Schreibtisch fallen. Sie geht zum Bett und beugt sich nieder, um Charlies Stirn zu berühren. Er dreht sich weg, aber Polly weiß bereits Bescheid. Er hat Fieber. Hohes Fieber. Polly läuft hinüber ins Badezimmer und holt das Thermometer aus dem Medizinschränkchen. Sie sieht die Zahnbürsten in ihren Ständern hängen und denkt sofort daran, was Ed Reardon bei der Versammlung des Schulkomitees gesagt hat. Es hat Geschwister gegeben, die die gleiche Zahnbürste benutzten, ohne sich mit AIDS anzustecken. Polly läuft zurück in Charlies Zimmer, läß ihn sich aufsetzen und den Mund öffnen und mißt seine Temperatur. Sein Schlafanzug ist schweißnaß.

»O Scheiße«, sagt Polly.

Sie tastet die Haut hinter Charlies Ohren und seinen Hals ab. Seine Drüsen sind geschwollen. Als sie ihm das Thermometer aus dem Mund nimmt, zeigt es mehr als 39 Grad an. Sie hilft Charlie, sich wieder hinzulegen, deckt ihn mit einer zweiten Decke zu und läuft dann zur Treppe.

»Ivan!« ruft sie.

»Frühstück!« schreit Ivan aus der Küche.

»Ivan!« brüllt Polly.

Ivan kommt aus der Küche zur Treppe gelaufen, einen Spachtel in der Hand.

»Charlie ist krank«, sagt Polly.

Ivan sieht sie nur an, dann rennt er die Treppe hinauf. Er geht an ihr vorbei in Charlies Zimmer. Polly bleibt ihm so dicht auf den Fersen, daß sie gegen ihn prallt, als er stehenbleibt.

»Bist du in Ordnung?« sagt Ivan zu Charlie.

»Ich bin krank«, sagt Charlie.

»Ich hole dir Tylenol«, sagt Ivan.

Polly folgt Ivan wieder auf den Flur und packt seinen Arm.

»Er hat sich angesteckt«, sagt Polly.

»Sei nicht albern«, sagt Ivan. Er geht ins Badezimmer und holt das Kinder-Tylenol. Polly kommt hinter ihm herein, als er sich über das Waschbecken beugt, um einen Pappbecher mit Wasser zu füllen.

»Er hat sich angesteckt«, sagt Polly. Ihre Stimme bricht, und sie faßt Ivan so hart an, daß der Pappbecher ins Waschbecken fällt. »Er hat es von ihr.«

Polly setzt sich auf die Toilette und beginnt zu weinen. Ivan schließt die Badezimmertür und setzt sich ihr gegenüber auf den Rand der Badewanne.

»Er hat eine Erkältung«, sagt Ivan.

»Bei ihr war es genauso«, schluchzt Polly.

»Hör auf«, sagt Ivan. »Willst du, daß er dich hört?«

»Ich hätte ihn wegschicken sollen«, sagt Polly. »O Gott! Ich hätte ihn in New York lassen sollen.«

»Um Gottes willen!« sagt Ivan. »Er hat bloß eine verdammte Erkältung! Er hat die Grippe! Was hätten wir tun sollen? Amanda in Quarantäne stecken? Du hörst dich an wie alle anderen.«

Polly sieht ihn unverwandt an.

Er hat recht.

Sie steht auf, wischt sich mit einem Handtuch das Gesicht ab und geht dann in ihr Schlafzimmer. Ihre Hände zittern, als sie Ed Reardons Nummer wählt. Er sagt ihr, sie solle sich keine Sorgen machen, er werde binnen fünf Minuten oder schneller dasein. Polly legt den Hörer auf. Dann steht sie im Flur, weil sie fürchtet, wenn sie in Charlies Zimmer ginge, könnte er sehen, welche Angst sie hat. Ivan ist hinunter in die Küche gegangen. Nun kommt er mit einem großen Glas Orangensaft und einigen feuchten Geschirrtüchern zurück, die Charlie abkühlen sollen.

»Geh nach unten«, sagt er zu Polly. »Entspann dich. Iß deine verbrannten Rühreier.«

Polly versucht zu lachen, aber ihre Stimme macht nicht mit.

»Deine Mutter ist ganz allein in der Küche. Sie weiß, daß etwas nicht stimmt.«

»Großer Gott«, sagt Polly. »Ich kann nicht mit ihr reden.«

Ed Reardon braucht viereinhalb Minuten, bis er da ist. Er trägt alte Jeans und einen grauen Pullover; er war den ganzen Morgen mit den Kindern draußen und hat Laub gerecht. Diesmal ist Mary wütend geworden; sie sind bei ihrer Schwester zum Mittagessen eingeladen, und wenn Ed nicht zurückkommt, gehen sie ohne ihn hin.

»Er hat die gleichen Symptome«, flüstert Polly Ed im Flur zu.

»Die Grippe grassiert«, sagt Ed. »Alle, die ich gestern sah, hatten sie. Ist seine Temperatur unter 39,5?«

Polly nickt. Ed legt einen Augenblick den Arm um sie, dann geht er in Charlies Zimmer.

»Willst du dich vorm Laubrechen drücken?« hört Polly ihn zu Charlie sagen.

Als Ed beginnt, Charlie zu untersuchen, kommt Ivan heraus. Polly sitzt im Flur, den Rücken an die Wand gelehnt.

»Du machst es dir selbst nur schwerer«, sagt Ivan. »Geh nach unten.«

Polly antwortet nicht.

»Oder willst du nur tun, was *er* dir sagt?« fragt Ivan mit wirklicher Bitterkeit.

»Darauf antworte ich nicht«, sagt Polly.

Ivan läßt sich neben ihr auf den Boden fallen.

»Tu das nicht«, sagt er.

»Was mache ich denn jetzt wieder falsch?« sagt Polly.

»Du schaffst einen Bruch zwischen uns«, sagt Ivan.

Polly blickt zu Boden. »Das tue ich nicht«, sagt sie. »Es passiert einfach.«

»Nein«, sagt Ivan zu ihr. »Es passiert nicht einfach. Man muß etwas dazu tun. Man muß es geschehen lassen.«

Sobald Ed Reardon aus Charlies Zimmer kommt, stehen Ivan und Polly auf.

»Grippe«, sagt Ed. »Aber damit alle beruhigt sind, mache ich einen AIDS-Test.«

»Sie meinen also, daß ich spinne«, sagt Polly.

»Jeder hätte reagiert wie Sie«, sagt Ed. »Ich sehe diese Symptome jeden Tag an Kindern, ich sehe sie seit Jahren, aber jetzt ist mein erster Gedanke AIDS. Wir haben das einfach im Kopf. Es war richtig, daß Sie mich gerufen haben. Ich werde eine Blutprobe ins Labor schicken und versuchen, das Ergebnis möglichst schnell zu bekommen. Aber Sie sollten wissen, daß ich hundertprozentig sicher bin, daß der Test negativ sein wird.«

Polly nickt, getröstet. Ehe sie nach unten gehen, sagt Ed: »Ich möchte nicht, daß Amanda heute nacht hier schläft. Ich will nicht, daß sie der Grippe ausgesetzt ist und womöglich wieder eine Lungenentzündung bekommt. Machen Sie ihr keine angst. Tun Sie so, als gönnten Sie ihr ein Wochenende bei einer Freundin. Wenn Sie sie niemandem anvertrauen können, dann bringen Sie sie lieber ins Krankenhaus, als sie hierzulassen.«

Claire und Al sind in der Küche, verwirrt über die Anwesenheit des Arztes.

»Was zum Teufel ist los?« fragt Al.

»Die Grippe«, sagt Ed. »Sie machen das fabelhaft da draußen. Hätten Sie Lust, auch mal in meinen Garten zu kommen?«

»Polly?« sagt Claire ängstlich.

»Alles bestens«, sagt Polly. In der Bratpfanne auf dem Herd sind die angebrannten Eier. Unberührt stehen Kaffee und Toast auf dem Tisch. Polly legt den Arm um ihre Mutter, und sie ist überrascht, wie schmal Claire ihr erscheint. »Wirklich.«

In dieser Nacht geht Charlies Fieber zurück, aber Amanda darf trotzdem bei Laurel übernachten, und sie ist begeistert. Laurel richtet ihr ein Bett auf dem Korbsofa, und sie essen hausgemachte Pizza und trinken echten Fruchtsaft zum Abendessen. Laurel hat keinen Kassettenrecorder, daher setzen sie sich in Laurels Auto und hören sich Amandas neue Kassetten an.

»So wäre es, wenn wir uns ein Zimmer teilten«, sagt Amanda. »Unsere Freunde wären gerade gegangen.«

»Und sie hätten uns Diamanthalsketten geschenkt«, sagt Laurel.

»Und rosa und gelbe Rosen«, sagt Amanda.

»Und weiße Sportwagen«, fügt Laurel hinzu. Die Batterie ihres Datsun erschöpft sich schon durch die Benutzung des Kassettenrecorders. »Porsches.«

Als sie den ersten Stern sehen, wünschen sich beide etwas.

»Sag mir deinen Wunsch«, bittet Laurel.

»Kann ich nicht«, sagt Amanda. »Er ist zu dumm.«

»Ich lache nicht«, sagt Laurel. »Ich versprech's dir.«

»Ich möchte meine Zahnspange los sein«, sagt Amanda.

»Das ist doch nicht dumm«, sagt Laurel Smith zu ihr.

»Nein?« fragt Amanda.

»Ein guter Wunsch«, sagt Laurel. »Ehrlich.«

Als sie zum Haus zurückgehen, läutet das Telefon. Es ist Polly. Sie ruft zum dritten Mal an, um sich nach Amanda zu erkundigen.

»Sie macht sich andauernd Sorgen«, sagt Amanda, nachdem sie den Hörer aufgelegt hat.

»Wahrscheinlich wollte sie dir bloß gute Nacht sagen«, sagt Laurel.

Amanda geht ins Bad und zieht sich aus. Sie hat eines von Laurels Nachthemden bekommen, und obwohl es ihr zu groß ist, ist es wunderschön; es ist aus weichem rosa Flanell und hat einen Spitzenkragen. Laurel hat ihr auch ein Handtuch und einen Waschlappen und ein kleines Seifenstück in Form einer Muschel gegeben. Als Amanda ins Wohnzimmer zurückkommt, ist sie so müde, daß ihr die Augen zufallen. Laurel deckt sie mit einem Baumwollquilt zu.

»Warte nur, bis du morgen früh die Vögel singen hörst«, sagt Laurel, während sie die Rollos hinter dem Sofa herunterläßt. »Sie werden dich in aller Frühe aufwecken, und du kannst dann ruhig noch mal einschlafen.«

»Ich möchte lieber aufstehen und sie beobachten«, sagt Amanda.

»Dann solltest du jetzt aber schlafen«, sagt Laurel zu ihr.

Laurel schaltet die Lichter aus und geht auf ihr Schlafzimmer zu. Stella, die Katze, folgt ihr auf dem Fuße.

»Laurel?« ruft Amanda.

»Alles in Ordnung?« fragt Laurel.

»Aber ja«, sagt Amanda. »Ich dachte nur, ob du vielleicht eine Lampe brennen lassen könntest?«

Laurel tastet an der Wand entlang und schaltet das helle Dekkenlicht ein.

»Wart einen Augenblick«, sagt sie. Sie geht ins Schlafzimmer und zieht den Stecker der Lampe mit dem rosa Seidenschirm heraus. Dann stellt sie die Lampe hinter das Sofa und schließt sie an.

»Hier«, sagt Laurel. Der rosa Lichtschein der Lampe gefällt ihr.

»Du wirst doch mit mir reden, nicht?« fragt Amanda.

Laurel setzt sich auf den Rand des Couchtisches. »Du möchtest, daß ich bei dir bleibe, bis du eingeschlafen bist?«

»Nein«, sagt Amanda. »Hinterher, meine ich. Wenn ich tot bin.«

»Liebes, das kann ich nicht«, sagt Laurel ruhig.

»Doch, du kannst.« Amanda setzt sich auf und beugt sich vor. »Das tust du doch. Du bist ein Medium.«

»Das waren Träume«, sagt Laurel. Sie nimmt eine Hand von Amanda in ihre Hände. »Mehr war es nicht.«

Amanda zieht ihre Hand weg und betrachtet Laurel. »Vielleicht könntest du es. Du könntest es, wenn du es wirklich wolltest.«

Es ist jetzt dunkel, und draußen in den Sümpfen suchen Nachtreiher das seichte Wasser auf.

»Nein«, sagt Laurel. »Nicht einmal, wenn ich wirklich will.«

»Ich dachte, du könntest mit mir sprechen«, flüstert Amanda.

Laurel schluckt schwer und schüttelt dann verneinend den Kopf. Schwach vor Enttäuschung läßt Amanda den Kopf auf das Kissen zurückfallen.

»Ich werde von dir träumen«, sagt Laurel zu ihr.

»Wirklich?« fragt Amanda.

»Immer«, sagt Laurel.

»Du brauchst wirklich nicht bei mir zu bleiben, bis ich einschlafe«, sagt Amanda.

»Schon gut«, sagt Laurel. »Ich tu's gerne.«

Amanda hält die Augen geschlossen, und nach einer Weile hört sie Laurel aufstehen. Laurel zieht den Quilt über Amandas Schultern, geht dann in ihr Schlafzimmer und schließt die Tür. Aber das ist schon in Ordnung, Amanda weiß, daß sie wird schlafen können. Sie wünscht sich, sie könnte immer hierbleiben, denn sie ist nicht so ängstlich wie sonst in der Nacht. Während sie einschläft, ist Amanda vollkommen sicher, daß sie morgen früh als erste aufwachen wird; sie wird die erste sein, die die Vögel singen hört.

Doch vielleicht ist Ed Reardon der erste in der Stadt, der wach ist; schon lange vor dem Morgengrauen ist er auf den Beinen. Er hat Charlies Blutprobe selbst ins Labor gefahren und um Eile gebeten, damit Polly nicht bis Montag auf eine Antwort warten muß. Sie haben versprochen, die Testresultate bis zehn Uhr heute früh telefonisch durchzugeben. Ed Reardon weiß, daß er sich nicht in Polly verliebt haben kann, aber so fühlt es sich an. Er ist zu verwundbar; er zeigt Dinge, die er nicht zeigen sollte. Mary wollte nicht mit ihm reden, als sie und die Kinder von ihrer Schwester zurückkamen, und Ed hat nicht einmal versucht, sich ihr zu nähern. Jetzt kommt sie im Dunkeln nach unten und findet ihn in der Küche bei einer Tasse Pulverkaffee. Mary geht zum Herd und setzt Wasser für richtigen Kaffee auf.

»Gibt's da etwas, was ich wissen sollte?« sagt Mary.

»Es ist Viertel vor sechs«, sagt Ed. »Ich will mich nicht streiten.«

Mary setzt sich ihm gegenüber an den Tisch. »Sag's mir einfach«, bittet sie.

Sie sieht hübsch aus ohne Make-up; sie duftet nach Schlaf.

»Sag's mir jetzt, und dann frage ich dich nicht mehr«, sagt Mary.

Ed weiß, daß sie es ernst meint. Sie ist nicht nachtragend, sie vergibt leicht, und sie ist ehrlich genug, um zu erwarten, daß andere Leute ebenfalls ehrlich sind. Ed weiß, daß er mit ihr verheiratet ist. Ob ihm das in diesem Augenblick paßt oder nicht, spielt eigentlich keine Rolle.

»Es gibt nichts, was du wissen müßtest«, sagt er zu ihr.

Kurz nach zehn ruft Ed Polly an, um ihr mitzuteilen, daß Charlies Ergebnisse negativ sind.

»Gott sei Dank«, sagt Polly. »Ich bin fast verrückt geworden. Ich bin verrückt geworden.«

»Wenn sein Fieber zurückgegangen ist und er nicht hustet, können Sie Amanda nach Hause kommen lassen«, sagt Ed.

»Wie haben Sie das Labor dazu gebracht, die Tests am Wochenende zu machen?« fragt Polly ihn.

»Ich habe ihnen gesagt, daß es Ihretwegen ist.«

Sie schweigen jetzt beide. Charlie hat den Fernseher eingeschaltet, und Claire läßt in der Küche Wasser laufen. Mary und die Kinder ziehen sich an, damit sie hinaus zu einem Bauernhof fahren und sich ihren Kürbis für Halloween aussuchen können.

»Tja«, sagt Polly schließlich, »ich sollte wohl besser Schluß machen.«

»Ich auch«, sagt Ed Reardon.

Er lauscht, wie sie den Hörer auflegt, und legt dann ebenfalls auf. Er nimmt seine Jacke aus dem Schrank im Flur, holt seine Autoschlüssel und geht nach draußen.

»Ich kann's nicht glauben«, sagt Mary, als sie nach draußen kommt und ihn im Auto findet. »Steigt ein«, sagt sie zu den Kindern. »Kommst du wirklich mit?« fragt sie Ed.

Er weiß nicht, ob er mitfährt oder nicht, bis er den Schlüssel im Zündschloß dreht.

»Natürlich komme ich mit«, sagt Ed. »Wohin sollte ich sonst wollen?«

Der Supermarkt in Morrow öffnet am Sonntag erst um zwölf, und Polly macht sich sofort auf den Weg dorthin, nachdem ihre Eltern nach New York abgefahren sind. Amanda wird zum Abendessen zurück sein, und Polly möchte etwas Besonderes machen. Gott weiß, was Laurel Smith ihr gestern abend zu essen gegeben hat. Gott weiß, worüber sie geredet haben.

Polly fährt auf den Parkplatz, stellt den Wagen ab und nimmt einen Einkaufswagen, den jemand auf dem Parkplatz hat stehenlassen. Während sie auf den Supermarkt zugeht, nimmt sie ihren Einkaufszettel aus der Jackentasche.

»Du bist es ja tatsächlich«, sagt Betsy Stafford. »Aus der Entfernung war ich nicht sicher.«

Polly geht weiter, schiebt ihren Wagen die Rampe hoch der elektronischen Schwingtür entgegen.

»Polly, wir müssen reden«, sagt Betsy.

Du Ziege, denkt Polly. Sie schiebt ihren Wagen schneller.

»Ich weiß, daß du wütend bist«, sagt Betsy.

Polly bleibt wie angewurzelt stehen. Wenn sie eine Pistole hätte, würde sie sich umdrehen und Betsy erschießen, ohne sich etwas dabei zu denken. Sie würde stehenbleiben, um das Blut fließen zu sehen.

»Ich war in Panik«, sagt Betsy. »Ich bin immer noch in Panik.«

Polly sieht sich jetzt um und schaut Betsy an. Betsys Einkaufswagen ist mit Lebensmitteltüten gefüllt. Polly kann einen Beutel Orangen sehen, eine Schachtel mit Schokoladeneis, mehrere Rollen Papiertücher.

»Dir wäre es genauso gegangen«, sagt Betsy.

»Das bezweifle ich«, sagt Polly. »So dumm oder grausam bin ich nicht.«

»Glaubst du, daß es mir nicht das Herz bricht, die Jungen zu trennen?«

»Du atmest aber noch«, sagt Polly.

»Was glaubst du, wie ich mich fühle, wenn Sevrin nicht mit mir redet? Wenn er vor meiner Nase die Türen zuschlägt? Glaubst du, es gefällt mir, meinen Sohn nachts weinen zu hören?«

»Offen gesagt, wenn du dir über eine Ansteckung Sorgen machst, dann bin ich mehr mit Amanda zusammen als Charlie. Hast du keine Angst, ich könnte dich infizieren? Was ist, wenn die Wissenschaftler sich irren?« Polly weiß, daß sie hysterisch klingt, aber sie kann nicht aufhören. »Was ist, wenn du beim nächsten Mal diesen Einkaufswagen benutzt, wenn du in den Supermarkt gehst? Was ist, wenn du meine Bazillen bekommst?«

»Es bricht mir wirklich das Herz«, flüstert Betsy.

»Nein!« sagt Polly zu ihr. »Dir ist es nur peinlich. Mir bricht es das Herz.«

»Sevrin ist alles, was ich habe«, sagt Betsy. »Du hast Charlie. Sevrin ist mein einziges Kind. Ich konnte das Risiko einfach nicht eingehen.« Betsys Gesicht ist zerknittert; ihre Augen sehen geschwollen aus.

»Betsy, bitte«, sagt Polly. Sie ist erschöpft, und sie will nicht an all das denken.

»Ich möchte, daß du verstehst«, sagt Betsy.

Polly schließt die Augen und sieht Charlie mit 39,5 Fieber im Bett liegen. Sie sieht seinen Kopf auf dem Kissen und seine Schlafanzugjacke geöffnet und feucht von Schweiß. Die ganze Zeit, als sie dachte, Betsy und sie seien Berufskolleginnen, hat sie sich geirrt. Betsy war ihre Freundin.

»Ich verstehe ja«, sagt Polly. »Aber bitte mich nicht, dir zu verzeihen. Ich weiß nicht, ob Charlie und Sevrin das je tun werden.«

»Ich habe einen Keller voller Molche«, sagt Betsy. Sie versucht zu lachen, aber es hört sich erstickt an. »Ein paar davon müssen entkommen sein, und ich glaube, sie brüten da unten.«

»Dein Eis schmilzt«, sagt Polly.

Betsy schaut auf ihren Einkaufswagen hinunter und nickt.

»Ich muß etwas zum Abendessen einkaufen«, sagt Polly. »Ich möchte für Amanda Lammkoteletts machen und gebackene Kartoffeln und Schokoladenpudding. Nicht dieses Fertigprodukt, sondern selbstgemachten.«

»Der Fertigpudding kann nicht gut sein«, stimmt Betsy zu. »Er wird zu schnell fest.«

Polly nickt und geht; sie fühlt sich vollkommen ausgelaugt, unfähig, etwas anderes zu tun, als Speisen zuzubereiten, die niemand will, und zu warten. Da liegt der Mann, den sie liebt, neben ihr im Bett, und sie kann ihn nicht berühren; da sind ihre Familie, ihr Haus, die Vorhänge, die sie so liebevoll auswählte, die ersten Fotos, für die sie je bezahlt wurde, von Sevrins Geburtstagsparty. Polly kann nur einschlafen, wenn sie von tausend an rückwärts zählt. Das tat sie schon als kleines Mädchen; sie pflegte an einer Haarsträhne zu drehen, während sie zählte, und morgens wachte sie mit Knoten im Haar auf.

Heute nacht träumt sie, daß sie Amanda verloren hat und nicht finden kann. Im Traum kommt sie durch eine steinerne Allee. Sie kann Kinder weinen hören und das Geräusch von Schaufeln, die methodisch in die Erde fahren. Es regnet, und der Boden ist schlüpfrig. Beim Laufen spritzt Schlamm auf, legt sich auf ihre Beine und gibt ihnen die Farbe von Blut.

Eines weiß sie: Jemand hat ihr ihre Tochter weggenommen. Jemand hat einen mit Stacheldraht bewehrten Zaun aufgestellt. Jemand schreit in der Ferne. Da sind noch andere Kinder, die niemanden haben, der sich um sie kümmert, aber Polly hat keine Zeit für sie. Sie rennt schneller. Ihr Herz rast. Sie erreicht den Schuppen, nach dem sie gesucht hat, aber als sie ihn betritt, sieht sie nichts als ein Bett neben dem anderen. Reihen um Reihen eiserner Betten, die mit weißen Laken bezogen sind. Das ist das Kinderhaus. Das ist der Ort, an dem sie jeden Tag zu essen und zu trinken bekommen, aber noch immer ist niemand da, um sie in den Arm zu nehmen. Während sie durch den Schuppen geht, schreien Kinder nach ihr, Babys strecken die Arme aus und wollen aufgenommen werden. Das Schreckliche ist, daß sie für Polly alle gleich aussehen. Sie sehen aus wie Amanda, aber sie sind es nicht. Polly weiß, daß sie ihre eigene Tochter erkennen wird. Sie muß. Da ist sie, in einem kleinen Bett, das an die Wand geschoben ist. Amanda kann nicht mehr sprechen, aber Polly merkt, daß sie sie erkennt. Sie wickelt sie in ein Laken, und als sie den Schuppen verlassen und nach draußen gehen, schleift das Laken durch den Schlamm und macht ein zischendes Geräusch.

Die Allee, durch die sie herkam, ist der einzige Weg zurück, und ohne sie zu sehen, weiß Polly, daß Wächter da sind. Aber alle Wachposten werden einmal unaufmerksam, sie werden müde, wenn ihre Mägen gefüllt sind, wenn das Schreien weit entfernt ist. Polly duckt sich tief hinunter; noch ist es dämmrig, aber das wird nicht ewig dauern. Sie werden bis zur Dunkelheit warten. Wenn niemand hinschaut, wenn sie ihnen den Rücken zuwenden, wird Polly Amanda über ihre Schulter legen und sich auf den Weg machen. Das einzige, was sie wirklich fürchten müssen, ist der Vollmond, denn in diesem Traum ist sogar Mondlicht gefährlich.

14

Manchmal schläft Amanda den ganzen Tag, statt zur Schule zu gehen. Es gibt Tage, an denen ihr so übel ist, daß sie gar nicht vom Boden des Badezimmers hoch kommt. Ihre Mutter sitzt neben ihr auf den Fliesen und wischt ihr mit einem kühlen, nassen Waschlappen die Stirn. Sie sitzen neben der Toilette, und ihre Mutter hebt sie auf ihren Schoß und wiegt sie hin und her, und das verschafft ihr ein bißchen Erleichterung. Sachen, die sie früher gern aß, kann sie nicht einmal mehr sehen, weil ihre Kehle ganz zugeschnürt ist. Ihr Vater macht ihr eine süße Mischung aus Quellwasser, Honig und flüssigem Protein, und an ihren schlechten Tagen schlürft sie es aus einer Plastiktasse; das erinnert sie an kühles Teichwasser, das an den seichten Stellen grün aussieht.

An ihren guten Tagen besteht sie darauf, zur Schule zu gehen. Ihre Eltern haben es aufgegeben, sie zu Hause behalten zu wollen. Ihre Mutter gibt ihr ein gesundes Mittagessen mit, das sie nie anrührt. Ihr Vater läßt sie ein Röhrchen Vitamintabletten mitnehmen, das sie immer in einen Papierkorb ausleert. An guten Tagen geht sie zum Training, und sie trägt immer ihr Trikot. Sie ist so mager, daß sie weiß, sie sieht gräßlich aus, aber sie konnte es einfach nicht ertragen, ohne ihr Trikot in der Turnhalle zu sein. Sie trägt beim Training ihre glückbringende Halskette, und trotz seiner strengen Regel, die jeglichen Schmuck verbietet, verliert der Trainer nie ein Wort darüber, obwohl er sie letzten Dienstag mit einem Lutschbonbon erwischte und genauso behandelte wie alle anderen.

»Farrell!« rief er durch die Halle, und Amanda weiß noch immer nicht, wie er sie aus dieser Entfernung ertappen konnte. »Spuck das sofort aus!«

Heute war der Trainer wirklich grob zu den Mädchen, und auf der Bank herrscht Unzufriedenheit. Der nächste Wettkampf wird gegen Clarkson ausgetragen, eine Schule in einer reichen Gegend; die meisten Mädchen aus dieser Mannschaft gehen im Sommer in schicke Turncamps. Der Trainer spielt vor einem Wettbewerb gegen Clarkson immer verrückt, und vielleicht ist er deshalb so streng mit Jessie, als sie ihren Salto rückwärts verpatzt.

»Wenn du ihn nicht richtig kannst, dann mach ihn überhaupt nicht«, schreit der Trainer. »Nimm ihn aus deinem Programm raus.«

Jessie geht mißmutig und schweißgebadet zur Bank zurück. Für jedes Mädchen ist es schrecklich, vom Trainer angeschrien zu werden, aber für Jessie ist es am schlimmsten, denn sie muß mit ihm nach Hause gehen. Amanda sieht zu, wie Jessie sich neben Evelyn Crowley setzt. Sie haben viel Zeit miteinander verbracht, und jetzt stecken sie die Köpfe zusammen und flüstern. Amanda weiß, wo das Problem liegt. Jessie zieht die Beine nicht eng genug an. Amanda könnte im Schlaf einen Salto rückwärts machen. Sie träumt von den Turnbewegungen, und in ihren Träumen ist ihr Körper stark, und ihre Beine tun nicht weh.

Amanda wartet, bis Evelyn Crowley mit ihrer Übung auf dem Schwebebalken beginnt; dann geht sie hinüber zu Jessie. Amanda hinkt jetzt leicht, aber sie glaubt nicht, daß das wirklich jemand merkt. Sie setzt sich neben Jessie, aber keine von beiden schaut die andere an.

»Heute hat er's auf alle abgesehen«, sagt Amanda, während sie zuschaut, wie Evelyn den Balken besteigt.

»Er ist ein Scheusal«, sagt Jessie. Jeder kann sehen, wie sehr sie sich bemüht, nicht zu weinen.

»Er will einfach, daß du so gut bist, wie du sein kannst«, sagt Amanda. Der Trainer selbst hat ihnen das tausendmal gesagt.

»So gut wie du«, sagt Jessie. Sie schaut Amanda an. »Das meinst du doch.«

»Du vergißt das ›warst‹«, sagt Amanda.

Jessie sieht sie verständnislos an.

»So gut, wie ich war«, sagt Amanda.

Sie wenden die Blicke voneinander ab und starren den Trainer an. Er hat ein Klemmbrett und eine Punktetabelle und wertet die Leistung jeder Turnerin.

»Trainer müssen gemein sein«, sagt Amanda. »Das ist ihr Job.«

»Und abscheulich und fett und blöde«, fügt Jessie hinzu.

Darüber müssen sie beide lachen.

»Evelyn macht es ganz gut«, sagt Amanda.

»Ja«, sagt Jessie grollend. »Sie ist okay. Aber so gut wie du wird sie nie sein.«

»Och«, sagt Amanda, »vielleicht doch.«

Sie verstummen sofort, als sie den Trainer näher kommen sehen. Gespräche auf der Bank schätzt er gar nicht.

»Was zum Teufel ist los?« sagt Jack Eagan, als er sie erreicht. »Lupf deinen Hintern«, sagt er zu Jessie. »Du kommst hier nicht raus, bevor ich nicht einen perfekten Salto rückwärts gesehen habe.«

Jessie wirft ihm einen mörderischen Blick zu, steht auf und beginnt zu trainieren.

»Sie muß die Beine anziehen«, sagt Jack Eagan. Er setzt sich neben Amanda. Die Klemmtafel legt er zwischen sie. »Meinst du, wir haben eine Chance gegen Clarkson?«

Amanda will die Achseln zucken, aber als sie ihn ansieht, merkt sie, daß er es ernst meint. Er will ihre Meinung hören.

»Evelyn hat eine ganz gute Chance, Punkte zu machen.«

Der Trainer nickt, daher fährt Amanda fort. »Sue Sherman könnte beim Pferdsprung eine hohe Wertung bekommen.«

»Da könntest du recht haben«, sagt Jack Eagan. »Tu mir einen Gefallen.«

Amanda nickt, sprachlos.

»Wenn du diese Halskette beim Wettkampf gegen Clarkson trägst, dann schieb sie unter dein Trikot. Ich möchte keine Meuterei heraufbeschwören, bloß weil ein Mädchen Schmuck trägt. Okay?«

»Okay«, sagt Amanda. Sie hatte keine Ahnung, daß sie zu einem Auswärtswettbewerb mitgehen durfte; sie war nicht einmal sicher, noch in der Mannschaft zu sein.

»Wenn du Gelegenheit hast, könntest du Jessie sagen, daß sie die Beine anziehen soll«, sagt der Trainer. »Auf mich hört sie ganz bestimmt nicht.«

»Wenn Sie wollen, tu' ich es«, sagt Amanda.

»Braves Mädchen«, sagt Jack Eagan. »Ich wußte, daß ich mich auf dich verlassen kann.«

Polly wartet nach dem Training auf Amanda; sie parkt in der halbrunden Auffahrt direkt vor der Schule, die eigentlich den Bussen vorbehalten ist. Es bricht Polly das Herz, als sie sieht, wie langsam Amanda geht, aber sie bleibt, wo sie ist, und springt nicht aus dem Wagen, um ihr zu helfen.

Sie kann den Unterschied zwischen ihrer Wut und ihrem Kummer nicht mehr benennen. Ihr Haus könnte an der Eingangstür ebensogut ein Seuchenschild tragen. Wenn sie in ein Geschäft geht, sogar wenn sie an der Tankstelle den Wagen auftankt, ignorieren die Leute sie, Leute, die sie seit Jahren kennt, Nachbarinnen, mit denen sie früher Kaffee trank, Geschäftsleute, die sie beim Namen kennen. Wenn Amanda Krebs oder einen Gehirntumor hätte, würden sie ihr Eintöpfe und Kuchen bringen. Sie würden ihr den Tank gratis füllen.

Wer ist schuld daran, wen sollte man niederschlagen, bestrafen, in einen Hund verwandeln, der am Boden durch Schlamm kriechen muß? Polly haßt ihre Nachbarn, aber die Schuld gibt sie sich selbst. Sogar in ihren Träumen ist sie schuldig. Letzte Nacht träumte sie, ein verlassener Wohnwagen stünde am Stadtrand. Alle in der Stadt wußten davon; sie versuchten, Polly daran zu hindern, ihn zu betreten, aber sie öffnete die Metalltür. Innen war es fürchterlich schmutzig, die Küchenschränke waren leer, es gab kein fließendes Wasser, ein Dutzend weiße Katzen kauerten unter den Möbeln.

Die Frau, die in dem Wohnwagen lebte, versuchte, sich zu verstecken, als die Tür geöffnet wurde. Sie war nur Haut und Knochen, und überall auf ihren Armen waren blauviolette Striemen. Alle Leute in der Stadt wußten von ihr; sie waren es, die sie hier festhielten. Mach die Tür zu, riefen sie Polly zu. Mach sie schnell zu.

Polly stand in der Tür und verfluchte jeden in der Stadt. Frösche kamen aus ihrem Mund, und ihre Worte wurden zu Wespen. Sie schwor sich, für diese Frau einen anständigen Platz zum Leben zu finden, selbst wenn sich sonst niemand darum kümmerte. Sie würde ihr Nahrung und Wasser, Wärme und ein Bett mit sauberen Laken geben. Die Frau kroch aus ihrem Versteck; ihr Gesicht war tränennaß. Dankbar griff sie nach Pollys Hand und küßte sie. In ihrem Traum wurde Polly kalt, weil sie wußte, was niemand sonst in der Stadt wußte. Sie wußte, sobald ihr jeder den Rücken zudrehte, würde sie fließendes Wasser finden, je heißer, desto besser, und diesen Kuß wegwaschen.

Als sie aus ihrem Traum erwachte, war ihr übel. Noch immer verachtet sie sich für ihren eigenen Traum, fühlt sich beschmutzt durch ihre eigenen nächtlichen Ängste. Mehr denn je ist sie aber überzeugt, daß sie ihr Kind nicht beschützt hat, daß sie nicht verhindern konnte, daß ihrem kleinen Mädchen dies zustößt.

Amanda strahlt, als sie in den Wagen steigt. Jessie hat tatsächlich zugehört, als Amanda ihr vorschlug, für den Salto rückwärts solle sie die Beine mehr anziehen. Amanda muß dauernd daran denken, daß der Trainer sie um Hilfe gebeten hat. Sie fühlt sich sehr erwachsen, wie ein Hilfstrainer oder so etwas.

»Du mußt mit Dad reden«, sagt Amanda zu Polly, kaum daß sie in den Wagen gestiegen ist. »Ich muß mit zu dem Wettkampf gegen Clarkson. Der Trainer verläßt sich auf mich.«

»Ich werd' mit ihm drüber reden«, sagt Polly, die weiß, daß der Gedanke Ivan nicht gefallen wird.

»Rede nicht mit ihm«, sagt Amanda. »Sag ihm einfach, daß er mich gehen lassen muß.«

»Ich spreche mit ihm«, sagt Polly.

Heute mittag hat Polly Laurel Smith im Café in der South Street gegenüber dem Geschenkladen getroffen. Laurel trug einen karierten Rock und einen dicken grauen Pullover, und ihr Haar war geflochten. Polly war erstaunt, wie jung sie aussah. Sie beginnt sich zu fragen, ob kinderlose Frauen weniger schnell altern, da sie den anderen viele Jahre ungestörten Nachtschlaf voraus haben.

Polly bestellte sich einen Salat und Kaffee, Laurel einen Hamburger, Pommes frites und einen Milchshake. Polly fühlte sich, als führte sie eine der Freundinnen ihrer Tochter zum Essen aus. Nachdem sie gegessen hatte, schob Laurel ihren Teller weg und beugte sich zu Polly hinüber, die Ellbogen auf den Tisch gestützt.

»Amanda hat einen Wunsch«, sagte Laurel.

Polly setzte ihre Tasse ab. Sie wollte nichts von Wünschen hören; noch etwas, was Amanda nicht würde haben können.

»Sie möchte ihre Zahnspange nicht mehr tragen«, sagte Laurel Smith.

»Ich dachte schon, sie wollte Bruce Springsteen zum Abendessen einladen!« konnte Polly gerade noch hervorbringen. Am Ton ihres eigenen Lachens hörte sie, daß sie hysterisch wurde. »Oder eine Reise nach Hawaii machen.«

Polly rang nach Atem. Laurel reichte ihr ein Glas Wasser, und sie trank einen Schluck.

»O Gott«, sagte Polly. »Ein so bescheidener Wunsch.«

Und jetzt, auf der Heimfahrt mit Amanda, überlegt Polly, was mit zwölf ihr letzter Wunsch gewesen wäre. Sie hätte sich gewünscht, ausgeführt zu werden, in einen Nachtklub, bis Mitternacht aufzubleiben und rosa Champagner aus einem Glas zu trinken, in dem Kirschen schwammen. Wenn sie hätte wählen können, hätte sie sich ihren Vater als Begleiter für den Abend ausgesucht. Er hätte einen Frack getragen, mit richtigen Frackschößen, und sie hätte hochhackige Schuhe aus blauer Seide angehabt.

»Ich hoffe bloß, daß der Wettkampf nicht am gleichen Tag ist wie der Termin beim Kieferorthopäden«, sagt Polly an der Ampel in der Ash Street. Sie schaut hinüber zu Amanda, die sie anstarrt. »Du hast doch wohl nicht gedacht, du müßtest die Zahnspange bis in alle Ewigkeit tragen, oder?«

Amanda beugt sich hinüber und wirft Polly die Arme um den Hals. »Du bist die tollste Mutter der Welt«, jauchzt sie.

Polly lacht und macht sich los. »Ich fahre!« sagt sie zu Amanda, aber sie greift nach Amandas Hand und drückt sie.

»Das kann nicht am gleichen Tag sein wie der Wettkampf«, sagt Amanda. Sie denkt nach. »Es muß vorher sein.«

»Doktor Crosbie hat vielleicht keine Zeit«, sagt Polly. »Hast du daran schon gedacht?«

»Er braucht doch nur eine Zange zu nehmen und sie rauszuziehen«, sagt Amanda. »Vielleicht kann er es heute noch machen.«

Polly grinst und sagt Amanda, sicher habe der Kieferorthopäde heute nachmittag keine Zeit, doch sobald sie zu Hause sind, ruft sie Crosbies Praxis an. Zu ihrem Erstaunen erfährt sie, daß sein Terminkalender voll ist, nicht nur heute, sondern auch die nächsten drei Wochen.

»Aber wir können nicht drei Wochen warten!« sagt Polly zu der Sekretärin. »Meine Tochter stirbt! Sie kann nicht drei Wochen warten.«

Crosbies Sekretärin bittet Polly zu warten, und während Polly der Musik vom Band zuhört, die sich automatisch einschaltet, öffnet sie den Kühlschrank, damit sie statt an Amanda an das Abendessen denken kann. Für einen Salat ist nicht genug Gurke da. Es gibt ein Stück Steakfleisch, das sie Amanda gern braten würde, aber es reicht nicht für alle, und sie will nicht, daß Amanda sich unbehaglich fühlt, weil sie etwas Besonderes bekommt. Polly beschließt, einfach ihren Hackbraten zuzubereiten, weil der nicht viel Zeit beansprucht. Sie mischt gerade Paniermehl und Parmesankäse unter das Hackfleisch, als die Sekretärin sich wieder meldet und sagt, es gebe keinen Termin. Polly reißt ein Stück Küchenkrepp von der Rolle über dem Spülbecken und wischt sich die Hände ab.

»Aber er muß ihr einen Termin geben«, sagt sie zu der Sekretärin.

»Doktor Crosbie kann Amanda nicht behandeln«, sagt die Sekretärin fest.

»Natürlich kann er das«, sagt Polly. »Er muß sich einfach für sie Zeit nehmen.«

»Doktor Crosbie behandelt keine Patienten mit AIDS«, sagt die Sekretärin.

Polly legt den Hörer auf und setzt sich hin. Natürlich, denkt sie. Sie kann es sogar verstehen. Sie kann es nur nicht glauben. Noch immer hat sie Paniermehl an den Händen. Sie kann Charlie im Keller hören, und sie fragt sich, ob er freiwillig so viel allein ist, weil er Sevrin verloren hat, oder ob die Kinder in seiner Schule genauso wenig mit ihm zu tun haben wollen wie Doktor Crosbie mit

Amanda. Polly geht nach unten, zwei Stufen auf einmal nehmend. Charlie hat alle vier Hamster in einen Käfig gesetzt, während er die beiden anderen Käfige reinigt. Seine Feldmäuse sind in einem alten Vogelkäfig. Er hat sie bereits gefüttert und ihren Wasernapf nachgefüllt. Polly geht zu ihm hinüber und faßt seinen Arm. Charlie sieht sie erschrocken an.

»Sagen die Kinder irgendwas zu dir?« fragt Polly.

»Welche Kinder?« sagt Charlie.

»Die Kinder in der Schule!« sagt Polly. »Wollen sie wegen Amanda nicht mit dir befreundet sein?«

»Ich will nicht mit ihnen befreundet sein«, berichtigt Charlie sie. Dann fügt er hinzu: »Deine Fingernägel tun mir weh.«

Polly läßt seinen Arm los.

»Bevor wir die Versammlung hatten, wollten sie nicht mit mir spielen, aber jetzt sind sie okay«, sagt Charlie. »Ist mir sowieso egal. Ich meine, ich brauche sie bloß, um Fußball zu spielen, das ist alles.«

Polly setzt sich auf einen Holzstuhl. Charlie beobachtet sie. Er schwitzt. Das meiste von dem, was er ihr gesagt hat, ist wahr, aber er hätte alles mögliche gesagt, um sie aus dem Keller zu entfernen. Die Minolta liegt auf dem Regal neben dem Hamsterfutter. Neben der Kamera liegen zwei unentwickelte Filme und ein Belichtungsmesser, den er aus der Dunkelkammer gestohlen hat und benutzen möchte, wenn er das nächste Mal zum Teich geht.

»Die Leute sind dumm«, sagt Polly.

»Ja«, stimmt Charlie rasch zu. Wenn sie ihm einen Augenblick den Rücken dreht, kann er vielleicht einen Plastikmüllsack über die Kamera werfen.

»Sie haben Angst, wenn sie keine zu haben brauchen, und sie haben keine Angst, wenn wirklich etwas da ist, wovor man sich fürchten müßte.«

»Ich weiß«, sagt Charlie nickend.

In diesem Augenblick sieht Polly die Minolta.

»Die Leute sind wirklich komisch«, sagt Charlie.

Wenn jetzt Juli oder auch August wäre, würde Polly ihm den Kopf abreißen, weil er mit der Minolta herumgespielt hat. Sie würde ihn fragen, warum zum Teufel er nicht zuerst um Erlaubnis gebeten hat; warum er meinte, sie überhaupt benutzen zu dürfen, solange eine alte Polaroid da ist, die sie ihm vielleicht leihen würde. Aber jetzt ist Oktober, hier unten im Keller ist es kalt, und ihr liegt nichts an ihrer Kamera. Ihm aber scheint viel daran zu liegen. Die Minolta ist in ihrer Hülle, und die Filmrollen sind ordentlich aufgereiht.

»Siehst du jemals Barry Wagoner? Ist er nicht in deiner Klasse?« fragt Polly.

»Barry ist ein Blödmann«, sagt Charlie ihr. »Ich muß diese Käfige fertigmachen, Mami. Ich habe zwei Männchen zusammengesperrt, und sie könnten sich etwas tun, wenn ich sie nicht bald trenne.«

Polly nickt und geht nach oben. Aus Amandas Zimmer hört sie das Geräusch des Kassettenrecorders, der ein Band zurückspult. Sie hört das Klirren von Metall, als Charlie alte Sägespäne aus einem Käfig in eine Mülltonne schüttet. Polly nimmt die Gelben Seiten und blättert, bis sie ZAHNÄRZTE findet. Sie ruft drei Kieferorthopäden an, aber keiner ist bereit, eine Patientin zu behandeln, die nicht seine eigene ist. Danach räumt Polly das Telefonverzeichnis wieder fort.

In diesen Tagen wird es um halb sechs dunkel; Polly beobachtet, wie das Licht verblaßt, und sitzt noch immer in der Küche, als Ivan aus dem Institut nach Hause kommt. Sobald sie ihn sieht, beginnt Polly zu schluchzen. Ivan setzt sich ihr gegenüber an den Tisch und sieht sie an.

»Alles in Ordnung?« fragt er, als Polly zu schluchzen aufhört.

Polly nickt und erzählt Ivan, daß der einzige Wunsch, den Amanda hat, nicht erfüllt werden kann; kein Kieferorthopäde ist bereit, sie zu berühren.

»O doch, sie werden«, sagt Ivan düster.

Er steht auf und geht zum Telefon.

»Crosbie will es nicht machen«, sagt Polly zu ihm.

»Scheiß auf Crosbie«, sagt Ivan. Er wählt Brians Nummer. Er muß warten, bis Adelle das Telefon in Brians Schlafzimmer getragen hat. Er sagt Brian genau, was sie brauchen, nämlich einen Kieferorthopäden, der bereit ist, eine AIDS-Patientin zu behandeln, und Brian sagt, er werde herumtelefonieren, sich erkundigen und dann zurückrufen. Als er den Hörer auflegt, merkt Ivan, daß Polly ihn beobachtet hat.

»Der Freund, für den du Blumen gekauft hast«, sagt Polly.

Ivan geht zum Kühlschrank und nimmt sich ein Bier. »Koch heute abend nicht«, sagt er. Er spürt einen scharfen Schmerz der ganzen Wirbelsäule entlang. »Ich hol' uns Pizza.«

»Ist es der, der im Sterben liegt?« fragt Polly.

»Richtig«, sagt Ivan wild. »Er ist achtundzwanzig Jahre alt.«

Polly nickt und weist auf sein Bier. »Kann ich auch eins haben?«

Ivan stellt ein weiteres Bier auf den Tisch.

»Ist dein Freund Zahnarzt oder so was?« fragt Polly.

Unwillkürlich muß Ivan lachen. »Er hat bei einem AIDS-Notdienst gearbeitet. Er hat Freunde.«

»Oh«, sagt Polly. Sie denkt darüber nach. »Gut.«

Ivan ist unterwegs, um Pizza zu holen, und Amanda deckt gerade den Tisch, als das Telefon läutet.

»Hier ist Brian«, sagt die Stimme am anderen Ende der Leitung.

»Brian«, sagt Polly. »O Brian.« Sie kann nicht glauben, wie jung er klingt, wie weit weg. »Ivan ist unterwegs, er holt Pizza.«

»Schon gut«, sagt Brian. »Sie sind Amandas Mutter. Ihnen kann ich die geheime Parole verraten. Sie lautet Rothstein. Bernard Rothstein. Er wird es machen.«

Polly wartet draußen auf der Veranda, als Ivan zurückkommt. Sie stehen da, die Pizza zwischen sich; Hitze steigt aus der Pappschachtel.

»Er hat angerufen«, sagt Polly zu Ivan. Ivan streckt die Hand aus und berührt ihr Gesicht; ihre Wange ist kühl und weich. »Er hat jemanden gefunden«, sagt Polly.

»Das ist gut«, sagt Ivan. »Das ist wirklich gut. Ich war außer mir. Ich war bereit, irgendeinen armen, unschuldigen Zahnarzt umzubringen.«

Polly muß wider Willen lachen. »Hör auf«, sagt sie.

»Wirklich. Irgendein armer, ahnungsloser Dummkopf würde gerade eine Füllung machen, und ich würde mit einem Gewehr hereinspazieren.«

Polly muß so lachen, daß er nicht verstehen kann, was sie sagt.

»Was?« fragt Ivan verwirrt.

»Du hast kein Gewehr«, bringt Polly mühsam hervor.

»Dann mit Pfeil und Bogen«, sagt Ivan. »Oder mit einer Pistole.«

Die Hintertür öffnet sich, und Charlie streckt den Kopf heraus. »Mami?« fragt er, verwirrt, als er Polly lachen hört.

»Wen hast du denn erwartet?« fragt Polly. »Graf Dracula?«

»Ist das Mami?« sagt Amanda.

Amanda ist hinter Charlie getreten und späht an ihm vorbei auf die Veranda. Polly dreht sich in einem verrückten Tanz; die Kinder können sie in der Dunkelheit gerade noch erkennen. Ivan lacht tief unten in der Kehle; er hört sich an wie früher.

»Die spinnen«, flüstert Amanda ihrem Bruder zu.

»Tja«, sagt Charlie, »ganz bestimmt.«

Am Tag vor Amandas Termin bei Dr. Rothstein ruft Polly Ed Reardon an, um ihm zu sagen, daß sie zu der Zeit, zu der er gewöhnlich vorbeikommt, nicht zu Hause sein werden. Ed hat sich angewöhnt, abends auf seinem Heimweg bei ihnen Station zu machen. Manchmal trinken Polly und er zusammen ein Bier; sie sitzen am Küchentisch und reden über ihre Traumvorstellungen von Ferien. Pollys erste Wahl ist Frankreich; Ed hebt immer die Vorzüge eines Monats in Edgartown hervor. Sie werden nie auch nur die Hälfte der Orte sehen, von denen sie gesprochen haben, weder allein noch zusammen. Ed macht sich nichts vor; er weiß, daß ihre Gespräche weniger die zweier Liebender sind als die von zwei Menschen, die Wache halten. Und außerdem ist er ein Mann, der seinen Verpflichtungen nachkommt, auch wenn er sich in letzter Zeit wie ein Scharlatan fühlt. Er soll fähig sein, seine Patienten zu heilen, und das kann er nicht, doch grundlos glauben die Leute weiterhin an ihn. Heute abend ist er zu einem Hearing des Schulkomitees eingeladen, weniger als Gast denn als Zeuge. Der Schuldistrikt beruft ein solches Hearing ein, wenn eine Petition auftaucht wie die, in der Linda Gleasons Rücktritt verlangt wurde. Zwei weitere Kinder sind von der Cheshire-Schule genommen worden, doch ansonsten hat sich der Wirbel etwas gelegt. Einige der Lehrer, die die Petition gegen Linda Gleason unterschrieben hatten, haben sich jede erdenkliche Mühe gegeben, nett zu ihr zu sein; vielleicht ist es ihnen peinlich, vielleicht haben sie auch nur Angst um ihre Stellen. Nach dem Hearing gehen Ed und Linda Gleason gemeinsam hinaus zu ihren Autos. Die Nacht ist feucht, und es riecht nach Holzfeuer.

»Vielen Dank für Ihre Unterstützung«, sagt Linda. »Die haben ja keine Ahnung, daß ich selbst mit dem Gedanken spiele, mich zurückzuziehen.«

»Ich auch«, sagt Ed.

Beide holen ihre Autoschlüssel hervor.

»Aber wir werden es beide nicht tun«, fügt Linda Gleason hinzu.

Zu Hause werden sie beide von Kindern erwartet und von Abendessen, die noch warm im Ofen stehen.

»Wir könnten in unsere Autos steigen und nach Neu-Mexiko fahren«, sagt Ed. »Sie würden Jahre brauchen, um uns zu finden.«

Linda sieht ihn aufmerksam an. Schwer zu sagen, ob er spaßt oder nicht.

»Vergessen Sie für eine Nacht alles«, rät Linda ihm. »Nehmen Sie zwei Aspirin und rufen Sie mich morgen früh an.«

»Das wird wahrscheinlich nichts ändern«, sagt Ed.

Natürlich erwähnt er nicht, daß er sich wünschen würde, Polly säße neben ihm in dem Wagen, der nach Neu-Mexiko fährt. Ed weiß, wenn er das laut ausspräche, würde er den Eindruck eines Mannes machen, der verzweifelt. So geht er nach Hause, steigt neben seiner Frau ins Bett, aber das Gefühl, am richtigen Platz zu sein, hat er erst am nächsten Morgen, als er zu den Farrells fährt. Ivan hat Pfannkuchen gebacken; er hat die Schürze noch an.

»Ein freier Tag«, sagt Ivan, als er Ed einläßt.

»Nicht für alle«, scherzt Ed, aber er ist schockiert, als er sie alle zusammen beim Frühstück sieht. Er hat eher einzeln an sie gedacht statt als Familie. Polly winkt ihm vom Tresen her zu. Sie gießt kochendes Wasser durch einen Kaffeefilter; sie trägt ein Leinenkleid und Schuhe mit hohen Absätzen. Ed kann sich nicht erinnern, sie je zuvor so sorgfältig gekleidet gesehen zu haben. Er fühlt sich benommen. Etwas in ihm ist verwirrt, als Charlie und Amanda sich darum streiten, wer den Sirup zuerst bekommt.

»Gerade richtig zum Frühstück«, sagt Polly zu Ed.

Ed steht hinter Amanda und legt sanft die Hand auf ihren Halsansatz. Er drückt ihn leicht, zur Begrüßung, aber auch, um ihre geschwollenen Drüsen zu befühlen. Amanda hat zwei Bissen von ihrem Pfannkuchen gegessen, das ist alles.

»Leider hab' ich keine Zeit«, sagt Ed. »Ich muß heute ungefähr dreihundert Patienten untersuchen.«

Er wird in seinen Wagen steigen und in seine Praxis fahren. Den ganzen Morgen lang wird er Patienten untersuchen, dann wird er sich aus dem South Street Café ein Sandwich kommen lassen und es an seinem Schreibtisch essen. Um kurz nach sechs wird er nach Hause fahren. Er weiß, was er tun wird und wann er es tun muß, und Weglaufen gehört nicht dazu. Weder nach Neu-Mexiko noch nach Martha's Vineyard, noch nach Frankreich.

»Spar dein erstes Lächeln ohne Zahnspangen für mich auf«, sagt Ed zu Amanda.

»Keine Chance«, sagt Ivan. »Ich hab's mir bereits reserviert.«

»Viel Glück«, sagt Ed zu Amanda, aber er sieht Polly an.

»Danke, daß Sie vorbeigekommen sind«, ruft Polly, als habe er ihnen einen Höflichkeitsbesuch gemacht. Sie dreht sich bewußt nicht um, bis er gegangen ist.

Sie setzen Charlie vor der Schule ab und fahren dann in Richtung Boston. In der Praxis in Brookline braucht Doktor Rothstein länger als erwartet, um die Zahnspangen zu entfernen. Polly und Ivan sitzen im Wartezimmer und versuchen, nicht an die Rechnung zu denken, die er ihnen schicken wird, nicht daran, was die Versicherung für Amandas weitere medizinische Behandlung ersetzen und nicht ersetzen wird. Sie werden den Blazer verkaufen, wenn es sein muß. Polly kann wieder Hochzeiten und Geburtstagsparties fotografieren.

Bis zur allerletzten Minute, als Doktor Rothstein tatsächlich ins Wartezimmer kam, um sie zu begrüßen, waren Polly und Ivan nicht sicher, ob er nicht seine Meinung ändern würde. Als er aus seinem Behandlungszimmer kam, gab er Amanda die Hand und führte sie dann durch den Flur. Sobald sie auf dem Stuhl saß, streifte er zwei Paar Gummihandschuhe und eine Chirurgenmaske über und machte sich an die Arbeit. Er spricht zu Amanda hauptsächlich über Hunde; er ist ein fanatischer Liebhaber von West-Highland-Terriern. Er stellt sie in ganz Neuengland aus, und er ist im Begriff, eine Zucht zu beginnen. Amandas Mund schmerzt, weil sie ihn so lange geöffnet halten muß. Manchmal gibt sie ein Krächzen von sich, wenn Doktor Rothstein in seinem Monolog Platz für einen Kommentar läßt.

Als er den Bohrer benutzt, um die Metalldrähte zu durchtrennen, schließt Amanda die Augen. Der Lärm geht ihr durch und durch, und sie klammert sich an den Armlehnen des Stuhls fest, denn das Abnehmen der Zahnspangen tut fast genauso weh wie das Einsetzen. Rothstein sagt ihr, man dürfe nie einen Hund darauf abrichten, die Zeitung zu holen, denn damit schaffe man eine weitere Angewohnheit, die man ihm wieder abgewöhnen müsse. Amanda nickt zustimmend. Er legt etwas Metallenes in eine Metallschüssel, und das Geräusch läßt Amanda erschauern.

»Denk mal über einen Westie-Welpen nach«, sagt Doktor Rothstein. »Ich könnte dir einen aus dem Wurf aussuchen.«

Als er fertig ist, spült Amanda sich den Mund aus und spuckt in das kleine Becken. Sie fährt mit der Zunge über ihre Zähne. Der nackte Zahnschmelz fühlt sich kalt an. Doktor Rothstein legt Maske und Handschuhe ab. Nachdem er sich die Hände gewaschen hat, nimmt er einen Spiegel und sieht Amanda an.

»Bereit?« fragt er sie.

Amanda nickt, obwohl sie gar nicht so sicher ist. Was, wenn sie häßlicher ist als vorher? Was, wenn ihre Zähne noch genauso schief sind?

»Bist du sicher?« fragt der Kieferorthopäde.

»Ich bin sicher«, sagt Amanda.

Er hält ihr den Spiegel hin, und Amanda atmet tief ein und erst wieder aus, als sie ihr Gesicht vor sich sieht. Sie beugt sich vor und öffnet zögernd den Mund. Dann lächelt sie. Und obwohl sie versucht, den Mund geschlossen zu halten, lächelt sie noch immer, als sie hinaus ins Wartezimmer geht, weil sie es jetzt weiß. Sie wäre schön gewesen.

15

In der Halloween-Nacht kommt niemand an ihre Tür. Sie können Gelächter hören, als Kinder draußen über die Gehsteige tanzen, an Türen klingeln und mit ihren Bonbondosen rasseln. Im Hausflur stehen eine Schüssel mit Schokoladen- und Mandelriegeln und ein Glas mit Pennies für UNICEF. Charlie, der allen gesagt hat, er sei zu alt für Späße, hat den Fernseher eingeschaltet. Kurz nach acht setzt Ivan sich neben ihn auf die Couch und wirft ihm einen Schokoladenriegel zu. Sie können sie ebensogut selbst essen, niemand anderer will sie haben.

»Na, was für einen Film gibt es denn«, fragt Ivan, während er selbst einen Schokoriegel auspackt. Amanda und Polly sind oben in Amandas Zimmer und spielen im Bett Scrabble; Amanda hat Halsweh, und ab und zu kommt Polly nach unten, um Hustenbonbons oder Tee zu holen.

»Halloween III«, sagt Charlie tonlos.

Auf dem Bildschirm sieht man jemanden mit einem großen Messer und viele entsetzte junge Mädchen.

»Ich glaube, dafür bist du noch zu jung«, sagt Ivan.

»Ich hab' ihn schon gesehen«, sagt Charlie. »Er wird wirklich hart.«

»Was hältst du davon, wenn wir beide zusammen losgehen?« schlägt Ivan vor.

»Dad«, sagt Charlie müde. »Ich hab' wirklich keine Lust. Ehrlich.«

Als die Türglocke läutet, sehen Charlie und Ivan einander an.

»Da kommen welche«, sagt Ivan triumphierend.

Er greift nach ein paar Schokoladenriegeln und geht zur Tür. Draußen steht eine erwachsene Hexe in schwarzem Cape und mit einem hohen schwarzen Hut. Ivan starrt sie an und umklammert die Schokoriegel.

»Schon in Ordnung«, sagt Laurel Smith zu ihm. »Ich bin eine gute Hexe.«

Ivan lacht und öffnet die Tür. Als Laurel hereinkommt, weht kalte, duftende Luft herein. An ihren Stiefeln kleben einige gelbe Blätter. Auf den Augenlidern trägt Laurel silberne Lidstriche.

»Es ist eine Hexe«, ruft Ivan Charlie zu. »Was ist das?« sagt er zu Laurel, als er den Korb an ihrem Arm bemerkt.

»Süßigkeiten«, sagt Laurel.

»Sie bringen das ein bißchen durcheinander«, sagt Ivan. »Eigentlich müßten wir Ihnen etwas geben.«

Charlie steht mit offenem Mund in der Tür des Wohnzimmers. Er ist barfuß, und sein Hemd ist ihm zu klein; zwischen Hemd und Hose erscheint ein Streifen Haut, und seine Handgelenke sind zu schmal. Laurel Smith greift in ihren Korb und holt eine Papiertüte heraus, auf der sein Name steht; darin befinden sich Süßigkeiten und ein Jo-Jo, das im Dunkeln glüht.

»Das ist für dich«, sagt Laurel Smith.

»Nicht nötig«, sagt Charlie. Er hat sich nicht von der Tür weggerührt. »Ich brauche nichts.«

Ivan nimmt die Papiertüte. »Ich werd's für ihn aufheben«, sagt er zu Laurel. »Falls er es sich anders überlegt.«

Charlie tritt zur Seite, so daß Laurel Smith an ihm vorbei und die Treppe hinaufgehen kann. Selbst ganz in Schwarz ist sie wirklich hübsch. Charlie will haben, was immer sie ihm mitgebracht hat, aber er selbst wollte eigentlich auch losgehen und Leuten Streiche spielen. Er und Sevrin hatten geplant, ihren Vätern Rasiercreme zu stibitzen und alle auf der Straße geparkten Autos damit zu verzieren. Charlie geht zurück ins Wohnzimmer und wirft sich auf die Couch. Er stellt den Ton des Fernsehers so lange lauter, bis er Laurels Schritte oben auf dem Gang nicht mehr hören kann.

Laurel klopft zweimal an und öffnet dann die Schlafzimmertür. Sie hat diesen Besuch bereits mit Polly besprochen, aber Polly tut genauso überrascht wie Amanda, als Laurel in den Raum wirbelt.

»Süßigkeiten her, oder ihr könnt was erleben«, ruft Laurel grinsend.

»O meine Güte, eine Hexe!« schreit Polly.

Amanda kommt unter den Decken hervor und springt so schnell auf, daß das Scrabble-Brett abrutscht und alle Buchstaben auf den Fußboden fallen.

»Du siehst so schön aus!« sagt Amanda heiser.

»O vielen Dank!« sagt Laurel. »Dafür bekommst du einen ganzen Korb voller Süßigkeiten.«

Polly steht auf. »Ich mache Tee«, sagt sie zu ihnen. »Eßt nicht alles auf, bevor ich zurückkomme.«

Laurel setzt sich neben Amanda auf das Bett, den Korb auf dem Schoß. Amandas Nachthemd ist zu groß, und ihr Haar ist wirr. Sie rückt enger an Laurel heran.

»Sind viele Kinder draußen, die den Leuten Streiche spielen?« fragt Amanda.

Laurel Smith nickt.

»Ich hab' Angst«, sagt Amanda.

»Ich weiß«, sagt Laurel.

Laurel beugt sich vor und stellt den Korb auf den Boden. Er enthält Schokoladentörtchen und Stränge mit Plastikkugeln, die wie Rubinen und Perlen aussehen. Es gibt Schokolade aus Holland in Form von Äpfeln und Orangen und ein goldenes Stirnband mit Glitzersteinen. Heute abend, als Laurel über die Straße im Sumpfgebiet fuhr, stand ein großer Vollmond am Himmel, so vollkommen und weiß wie die Kinderzeichnung eines Mondes.

»Ich hab' wirklich Angst«, flüstert Amanda mit einer kleinen, rauhen Stimme.

Als Laurel Smith ihre Arme um das Mädchen legt, macht ihr schwarzes Cape ein raschelndes Geräusch. Sie halten sich fest umschlungen, wiegen sich hin und her, und sie bleiben lange Zeit so umarmt, nicht weil sie meinten, das würde irgend etwas ändern, sondern weil sie einander noch nicht loslassen wollen.

Amandas Temperatur steigt erst um Mitternacht. Danach erhöht sich das Fieber weiter bis zum nächsten Nachmittag, dem Tag des Clarkson-Wettkampfes, und erreicht 39,8 Grad.

Amanda hat schreckliche Schmerzen in den Gelenken, vor allem in den Handgelenken und den Knien. Wenn sie atmet, tut es weh, und wenn sie versucht, sich umzudrehen, weint sie. Sie fühlt sich elend und verzweifelt, weil sie den Wettkampf versäumt, und sie weigert sich, etwas zu essen oder zu trinken. Polly, die Dehydrierung fürchtet, bringt ihr Gläser mit Wasser und Limonade.

»Du mußt trinken«, sagt Polly zu Amanda, aber Amanda behauptet, sie könne nicht schlucken.

Die ganze Nacht über sitzen Ivan und Polly abwechselnd an Amandas Bett, zwingen sie, kleine Schlucke Wasser zu trinken, und tragen sie ins Badezimmer, wenn sie zur Toilette muß, weil ihre Beine zu sehr schmerzen, als daß sie gehen könnte. Draußen beginnt es zu regnen, ein kalter Regen, der an die Fenster prasselt und die letzten paar Blätter von den Bäumen reißt. Um halb sechs morgens ruft Polly bei Ed Reardon an und sagt seiner Frau, sie brauche Ed sofort. Noch vor sechs ist er bei ihnen. Er gibt Amanda eine Spritze mit Antibiotika und kann sie überreden, etwas Wasser zu trinken. Dann horcht er an ihrer Brust. Polly hat ihm gegenüber keine Atemschwierigkeiten erwähnt, aber Amandas Lungen sind voller Flüssigkeit.

»Du hast Schwierigkeiten mit dem Atmen«, sagt Ed.

»Nein, hab' ich nicht«, behauptet Amanda hartnäckig.

»Okay«, sagt Ed zu ihr. Er weiß, daß sie nicht weit von einer neuen Lungenentzündung entfernt ist. Diese Art Rückfall hat er die ganze Zeit befürchtet.

»Versuch zu schlafen«, sagt er zu Amanda.

»Können Sie mir Charlie raufschicken?« fragt Amanda. »Nur für einen Augenblick.«

»Aber sicher«, sagt Ed Reardon.

Er geht nach unten in die Küche, wo Polly und Ivan warten. Charlie sitzt am Tisch und ißt ein Brötchen mit Erdnußbutter. Er ist noch im Pyjama und sieht schläfrig aus.

»Sie möchte dich für eine Minute sehen, alter Junge«, sagt Ed zu ihm.

»Mich?« fragt Charlie überrascht und ein bißchen ängstlich.

»Na los«, sagt Ed Reardon zu ihm.

Charlie sieht seinen Vater an, der ihm zunickt. Sobald Charlie die Küche verlassen hat, sagt Ed: »Finden Sie jemanden, der bei Charlie bleibt. Sie muß möglicherweise morgen wieder ins Krankenhaus. Vielleicht schon heute abend.«

»Nein«, sagt Polly. »Diesmal nicht.«

Solange Amanda zu Hause ist, ist sie einfach ein Mädchen, das krank ist, das mit Grippe im Bett liegt wie Hunderte, wie Tausende anderer kranker Mädchen auch.

»Wir alle wußten, daß es dazu kommen könnte«, sagt Ed Reardon.

Ivan dreht sich zur Wand und boxt dagegen. Putzstückchen fallen als weißer Staub zu Boden. Ivan weint; er gibt keinen Laut von sich, aber er zittert am ganzen Körper. Es ist schrecklich anzusehen, seine Wut lähmt Polly. Ed geht hinüber zu Ivan und legt eine Hand auf seine Schulter, aber Ivan schüttelt sie ab. Als er sich endlich zu Ed umdreht, ist sein Gesicht naß.

»Sie ist meine Tochter!« sagt Ivan. »Sie ist elf Jahre alt.«

Oben steht Charlie auf der Schwelle zu Amandas Zimmer. Er klopft einmal an die offene Tür.

»Komm her«, sagt Amanda, als sie ihn sieht. »Schnell.«

Charlie schluckt und tritt ein.

»Ich möchte, daß du zu meinem Trainer gehst. Du mußt ihm sagen, warum ich gestern nicht zum Wettkampf gekommen bin.«

Amandas Stimme ist aufgebracht und heiser. Sie wirkt erregt, sogar außer sich.

»In Ordnung«, sagt Charlie.

»Du mußt es ihm erklären«, sagt Amanda.

»Gut. Mach' ich.«

»Wirst du's auch nicht vergessen?« sagt Amanda.

Charlie schüttelt den Kopf. Sie sieht alt aus, wie sie da im Bett liegt. Sie sieht zu weiß aus.

»Kannst du auch für mich herausfinden, wie die Wertung war?« fragt Amanda.

»Ich komme direkt nach der Schule nach Hause«, sagt Charlie zu ihr.

Auf dem ganzen Schulweg hat Charlie Angst. Er radelt schnell und schwitzt, als er in sein Klassenzimmer kommt. Den Vormittag über läßt er die Uhr nicht aus den Augen. Sie nehmen noch immer den Bürgerkrieg durch, aber selbst wenn Charlie wollte, könnte er nicht zuhören. Um elf stellen sich alle in einer Reihe auf, um in den Zeichensaal zu gehen. Jeden Freitag haben sie Kunstunterricht, und Charlie hat an einem Brontosaurus aus Pappmaché gearbeitet, dem ständig der Kopf abfällt. Charlie wartet, um sicherzugehen, daß er der letzte in der Reihe ist. Auf dem Gang bleibt er hinter den anderen Kindern zurück, und als sie in den Zeichensaal gehen, schlüpft er in die Jungentoilette. Klopfenden Herzens bleibt er in einer abgeschlossenen Kabine stehen, bis es auf dem Gang still wird. Dann geht er wieder hinaus und macht sich auf den Weg in die Turnhalle. Er kommt an einem Lehrer der fünften Klasse vorbei, aber Charlie tut so, als habe er ein Recht, auf dem Gang zu sein, und der Lehrer macht sich nicht die Mühe, ihn zu fragen, wohin er geht.

Als er die Turnhalle erreicht, hat Charlie noch mehr Angst. Den ganzen Tag hat er diese Angst gehabt, und er kann sie nicht abschütteln. Im Turnsaal ist Unterricht, aber Charlie öffnet trotzdem die Tür und schlüpft hinein. Die Fünftkläßler haben Sport, und Charlie erkennt einige der Jungen, die den Dritt- und Viertkläßlern immer das Leben schwermachen. Einige Jungen turnen an den Ringen, und Reihen von Jungen und Mädchen schlagen abwechselnd Purzelbäume. Charlie sieht Trainer Eagan nicht, weil er ganz hinten in der Halle ist und das untere Ende des Seils hält, an dem ein Junge hochklettert.

»He, du!« schreit der Trainer durch die Halle.

Erschrocken dreht Charlie sich zu ihm um.

»Ja, dich meine ich! Was hast du hier zu suchen?«

Einige der Fünftkläßler kichern.

»Also los!« sagt der Trainer zu Charlie. »Raus!«

Charlie bleibt stehen, wo er ist.

Der Trainer gibt das Seilende einem großgewachsenen Jungen und geht dann auf Charlie zu.

»Hör zu, mein Sohn«, sagt der Trainer. »Das ist kein Spaß. Verschwinde dahin, wo du jetzt zu sein hast.«

»Amanda hat mich geschickt«, sagt Charlie. Er wünscht sich jetzt, er hätte gepinkelt, als er auf der Jungentoilette war.

Der Trainer schaut Charlie aufmerksam an. Er kennt nicht

viele der Kinder aus den unteren Klassen; gewöhnlich werden sie von Rose im Turnen unterrichtet.

»Ich bin ihr Bruder Charlie.« Charlies Stimme bricht. »Sie konnte nicht zu dem Wettkampf kommen, weil sie krank war. Sie wollte nur, daß Sie das erfahren.«

Der Trainer nickt und tritt neben Charlie. Er legt eine Hand auf Charlies Kopf. Die Hand ist schwer. Charlie könnte schwören, daß sie zehn Pfund wiegt.

»Sie ist ein fabelhaftes Mädchen«, sagt Jack Eagan.

»Ja, Sir«, stimmt Charlie rasch zu. Er weiß nicht, ob er je zuvor jemanden mit Sir angeredet hat. Er schaut gerade vor sich hin, ängstlich, sich zu bewegen. Ihm direkt gegenüber müht sich ein Junge an den Ringen ab.

»Das war mein bestes Gerät«, sagt Jack Eagan, als er bemerkt, daß Charlie auf die Ringe starrt. Er nimmt seine Hand von Charlies Kopf. »Hast du's schon mal ausprobiert?«

»Nein, Sir«, sagt Charlie.

»Komm mit«, sagt der Trainer. Als Charlie ihm nicht folgt, dreht er sich um und sagt noch einmal: »Komm mit«, als sei Charlie taub. Als sie bei den Ringen angekommen sind, sagt der Trainer: »Komm runter, Simpson.«

Der Junge, der sich abmühte, springt auf den Boden.

»Laß mal sehen, wie du hochkommst«, sagt der Trainer zu Charlie.

Charlie sieht den Trainer an. Dann, angstvoll, springt er, so hoch er kann, und greift nach den Ringen.

»Gut«, sagt der Trainer. »Und jetzt zieh dich hoch.«

Charlie kann jeden Muskel in seinem Körper spüren, als er sich hochzieht.

»Streck die Beine gerade durch«, sagt der Trainer.

Charlie tut es, obwohl seine Beine zittern. Es ist verrückt, aber er könnte schwören, daß er sich stärker werden fühlt. Seine Beine hören auf zu zittern, und dann läßt er los und fällt auf die Füße.

»Nicht schlecht«, sagt der Trainer. »Hast du je an Kunstturnen gedacht?«

»Nein, Sir. Ich hasse Sport. Bis auf Fußball.«

Jack Eagan nickt unzufrieden. Was ihn betrifft, ist Fußball nicht einmal ein amerikanischer Sport.

»In welche Klasse gehst du?«

»In die dritte«, sagt Charlie.

»Nun, laß es mich wissen, wenn du bis zur fünften deine Meinung geändert haben solltest«, sagt der Trainer.

»Ja, gut«, sagt Charlie.

Der Trainer nimmt sein Klemmbrett und schreibt einen Zettel für Charlie.

»Gib das deiner Lehrerin, wenn sie fragt, wo du gewesen bist.«

»Amanda wollte wissen, wie der Wettkampf gestern ausgegangen ist«, sagt Charlie.

»Sag ihr, daß wir gewonnen haben«, sagt Jack Eagan.

Charlie kommt kurz nach zwei heim. Sein Vater ist zu Hause, und seine Großeltern sind schon da, obwohl erst Freitag ist. Charlie weiß, daß es schlecht steht, weil es im Haus so still ist, und als er nach oben gehen will, hält sein Vater ihn auf.

»Wir wollen keinerlei Geräusche da oben«, sagt Ivan zu ihm.

»Ich muß ihr etwas sagen«, sagt Charlie.

»Das kann warten«, sagt Ivan.

»Nein, kann es nicht!« beharrt Charlie.

Charlie beginnt, die Treppe hinaufzurennen, und als sein Vater ihm folgt und ihn am Arm packt, reißt Charlie sich los und schlägt Ivan. Er schlägt ihn hart, und dann, entsetzt über das, was er getan hat, weicht Charlie zurück. Sein Atem geht stoßweise, und seine Brust schmerzt. Er kann seinen Vater nicht ansehen, aber er hört, daß Ivan ebenfalls heftig atmet.

»Entschuldigung«, sagt Charlie.

Ivan setzt sich auf die Treppe. Er sieht müde aus, und er sieht alt aus, und das macht Charlie noch elender.

»Was hast du ihr denn so Wichtiges zu sagen?« fragt Ivan.

»Ich sollte herausfinden, ob ihre Mannschaft gestern gewonnen hat«, sagt Charlie.

»Und?« fragt Ivan.

»Ja, sie hat gewonnen«, sagt Charlie. Sein Gesicht ist heiß, und er fühlt sich, als werde er gleich weinen. »Das ist alles.«

»Ich werd's ihr sagen«, sagt Ivan. »Mach deine Hausaufgaben heute unten.«

»Warum?« sagt Charlie nervös.

»Weil ich's dir sage«, sagt Ivan zu ihm. Er steht auf und will nach oben gehen, dann überlegt er sich's anders. Er kommt zurück zum Treppenabsatz. »Weil Amanda sehr krank ist«, sagt er.

»So krank, daß sie stirbt?« sagt Charlie.

»Ja«, sagt Ivan. »So krank, daß sie stirbt.«

Ivan steht auf der Treppe und weint.

»Okay«, sagt Charlie nach einer Weile. »Ich mach' meine Hausaufgaben unten.«

Ivan wischt sich die Augen und nickt. »Guter Junge«, sagt er.

Oben bemühen sich Polly und Claire, Amandas Fieber niederzuhalten. Amanda hat sich die Gegenwart ihres Vaters und Großvaters strikt verbeten, wenn sie ausgezogen ist, und sobald sie Ivan sieht, versucht sie, sich mit dem Laken zu bedecken.

»Charlie hat eine Nachricht für dich«, sagt Ivan zu Amanda. »Ihr habt gestern gewonnen.«

Amanda lächelt und hält das Laken fester.

»Raus hier«, sagt Claire zu Ivan. »Kein Zutritt für Männer. Richtig?« fragt sie Amanda.

Amanda nickt, und Ivan verläßt das Zimmer.

»Das hilft immer«, sagt Claire. Sie taucht einen Waschlappen in eine Schüssel mit Wasser und fährt dann damit über Amandas nackte Arme.

»Oh«, sagt Amanda und erschauert.

Über das Bett hinweg sehen Polly und Claire einander an. Claire hatte keine Zeit, ihren Koffer so zu packen wie gewöhnlich, und sie hat sich von Polly ein Kleid geliehen, dessen Knöpfe über der Brust spannen. Nachdem sie Amanda von oben bis unten kalt abgerieben haben, decken Polly und Claire sie rasch wieder zu. Polly ist ruhig, bis ihr einfällt, wie sie selbst vor langer Zeit einmal Fieber hatte und ihre Mutter sie den ganzen Nachmittag lang abrieb; nicht einmal verließ sie das Zimmer, außer, um mehr kaltes Wasser zu holen.

»Geh und leg dich fünf Minuten hin«, sagt Claire zu Polly. Polly nickt und geht in ihr Schlafzimmer, aber sie legt sich nicht hin. Als Ivan kommt, um nach ihr zu sehen, sitzt sie noch immer auf dem Bettrand. Ivan setzt sich neben sie und streicht ihr mit der Hand über den Rücken. Polly sieht ihn an, als kenne sie ihn nicht.

»Komm nach unten«, sagt Ivan. »Deine Mutter hat Kaffee gemacht. Du weißt ja, daß dein Vater immer sagt, sie mache den besten Kaffee der Welt.«

Polly schüttelt den Kopf; dann steht sie auf und geht zum Schrank. Sie kramt in den Fächern hinter den Schuhen, bis sie findet, was sie sucht. Ihre alte Polaroid. Zwei Filmschachteln liegen daneben.

»Polly«, sagt Ivan.

Sie beachtet ihn nicht. Sie öffnet das Blitzgerät.

»Das letzte gute Bild, das ich von ihr gemacht habe, war noch vor dem Sommer. Ich habe keine Zeit, einen Film zu entwickeln, und so habe ich das Foto sofort. Was, wenn es passiert, und ich habe kein Bild von ihr?«

Ivan schweigt.

»Ich habe kein einziges Bild von ihr ohne Zahnspange, aber dir ist das egal«, sagt Polly. »Allen ist es egal.« Sie reißt die Filmpakkung auf und schiebt sie in die Polaroid. »Schau mich nicht so an«, sagt Polly zu Ivan, nachdem sie die Kamera geladen hat. »Ich bin nicht verrückt.«

Ivan versucht zu lachen, aber seine Stimme bricht. Er steht auf und geht auf Polly zu.

»Bleib stehen, wo du bist«, sagt Polly.

Ivan steht mitten in ihrem Schlafzimmer. Seine Hände hängen herunter, als zerre die Schwerkraft an ihnen. Er trägt ein blaues Hemd, eine braune Cordhose und einen alten Pullover mit Lederflicken an den Ellbogen. Polly hebt die Kamera und fotografiert ihn. Der Blitz flammt auf, und dann ertönt ein quietschendes Geräusch, als die Polaroid das Bild ausschiebt.

»Das bist du«, sagt Polly.

Sie geht zu Ivan und reicht ihm das Bild. Während es sich entwickelt und auf dem leeren weißen Papier sein Abbild erscheint, hält Polly Ivan fest umarmt. Er riecht gut, und er fühlt sich auch gut an, so gut wie immer; dies könnte Jahre her sein, es könnte am

Tag ihres Kennenlernens sein. Sie hat es nie jemandem gesagt, aber sie wußte, sobald sie ihn gesehen hatte, daß sie Ivan heiraten würde. Es war weniger Liebe auf den ersten Blick als irgendein tiefes Wissen, daß er der Mann war, den sie eines Tages lieben würde.

Polly geht mit der Kamera in den Flur. Sie bleibt vor Amandas Zimmer stehen und schaut hinein. Al sitzt auf einem Stuhl neben dem Bett. Er hat Amanda die Comics vorgelesen, aber sie ist eingeschlafen, und der *Globe* liegt aufgeschlagen auf seinem Schoß.

»Hallo, Kind«, sagt er leise zu Polly, als er sie sieht.

Amandas Haar ist auf dem Kissen ausgebreitet. Sie liegt zusammengerollt, die Knie an der Brust, und ihr Atem geht schwer und laut. Wenn Polly diesen Raum verläßt, wird sie Ed Reardon anrufen und ihn bitten, sie im Krankenhaus zu treffen. Aber jetzt gleich hebt sie die Polaroid und fotografiert ihre Tochter. In der Nacht, in der Amanda geboren wurde, gab es ein Gewitter. Polly konnte fühlen, wie der Luftdruck auf ihren Körper preßte, und das erste, was sie dachte, als das Fruchtwasser abging, war: »O nein, ich will dieses Baby nicht verlieren«, denn so fühlte es sich an. Zu gebären, das Kind aus ihrem Körper herzugeben, erschien ihr wie ein schrecklicher Verlust. Und als sie Amanda hochhielten und Polly sie zum ersten Mal sah, brach sie in Tränen aus. Nach all den Jahren kann sie sich noch erinnern, wie sie sich in diesem Augenblick fühlte, kann sich noch an die Blitze erinnern, die am Himmel zuckten.

Polly steht neben ihrem Vater, die Hand auf seiner Schulter, bis Amanda die Augen öffnet.

»Hi«, sagt Amanda, als sie sieht, daß sie sie betrachten.

»Wir fahren ins Krankenhaus«, sagt Polly.

Amanda nickt und richtet sich ein wenig auf. »Ich will nur noch eins tun«, sagt sie. »Ich will ein Testament machen.«

»Auf keinen Fall«, sagt Polly rasch. »Das ist lächerlich.«

Amanda sieht ihren Großvater an und ist erleichtert, als er nickt.

»Dad!« sagt Polly, als er aufsteht und an Amandas Schreibtisch geht.

Al nimmt ein Notizbuch und einen Filzschreiber. Er kommt zu Polly zurück und legt eine Hand an ihre Wange.

»Laß es sie machen«, sagt Al so leise, daß Amanda ihn nicht hören kann.

Polly beißt sich auf die Lippen und nickt. Sie muß sich abwenden, als Al sich hinsetzt und das Notizbuch öffnet, aber sie geht nicht aus dem Zimmer.

»Jessie soll all meinen Schmuck bekommen«, sagt Amanda. »Das meiste ist in meiner Schmuckschachtel, aber ein paar Sachen habe ich in meiner obersten Schublade versteckt. Und du und Großmutter sollen meine Zeichenmappe haben.«

»Ah«, sagt Al. »Eine Zeichenmappe.« Er muß nur die Worte hinschreiben, ohne darüber nachzudenken.

»Ich möchte, daß Laurel alle meine Kassetten und meinen Kassettenrecorder bekommt.«

»Laurie?« sagt Al. Er weiß, wie wichtig es ist, daß er alles richtig aufschreibt.

»Laurel«, verbessert Amanda ihn. »Ich habe nicht viel, was Charlie gefallen würde, aber er kann meine Sporttasche haben, um Tierexemplare zu sammeln. Alles andere sollen meine Mutter und mein Vater bekommen.«

»Ich hab' es alles aufgeschrieben«, sagt Al. Er schreibt zu Ende und legt den Stift hin.

»Ich glaube, ich muß meinen Namen drunterschreiben«, sagt Amanda.

»Du hast recht«, sagt Al. Er bringt das Notizbuch an ihr Bett und schiebt Amanda den Stift in die Hand, damit sie unterschreiben kann. In diesem Augenblick dreht Polly sich um, damit sie sich immer an Amanda erinnern kann, wie sie jetzt gerade ist, wie sie sich bemüht, über alles zu verfügen, was sie besitzt, und noch immer etwas findet, das des Gebens wert ist.

Charlie und Al und Claire stehen lange im Vorgarten. Auf der anderen Seite der Straße hängen noch immer Kürbisse auf den Veranden, und schwarze Papierkatzen sind an die Fensterscheiben geklebt. Nachdem sie in den Blazer getragen worden war, schaute Amanda aus dem Fenster und winkte ihnen zu. Charlie kann nicht aufhören, daran zu denken, wie ihre Hand sich bewegte wie ein weißes Blatt Papier.

»Es ist kalt hier draußen«, sagt Claire.

»Du hast recht«, stimmt Al zu.

Sie gehen auf das Haus zu und bleiben dann stehen.

»Charlie?« sagt Al.

»Ich geh' nicht rein«, sagt Charlie. Er schaut immer noch auf die Stelle in der Einfahrt, wo der Blazer geparkt war.

»Charlie«, sagt Claire.

»Laß ihn«, sagt Al zu ihr.

Charlie steht auf dem Rasen, während seine Großeltern hineingehen. Nach einer Weile öffnet sich die Tür wieder, und Charlie stöhnt innerlich auf. Er will mit niemandem reden, aber es ist nicht seine Großmutter, es ist nur Al. Al kommt zu ihm heraus und bleibt bei ihm stehen.

»Amanda hat dir etwas hinterlassen«, sagt Al. Als Charlie nicht antwortet, fragt Al: »Hast du mich gehört?«

»Ich hab's gehört«, sagt Charlie.

»Ich glaube, sie würde wollen, daß du es jetzt gleich bekommst.«

Charlie schaut sich nach Al um, und als er die Sporttasche seiner Schwester sieht, nimmt er sie und geht ins Haus. Er geht hinunter in den Keller und holt die Minolta, den Belichtungsmesser, den Blitz und einen neuen Film, steckt alles in die Sporttasche und geht wieder nach oben.

»Ich weiß, was wir jetzt machen«, sagt seine Großmutter, als sie ihn sieht. »Wir spielen Canasta.«

»Ich will mit dem Rad wegfahren«, sagt Charlie.

»Erlaubt deine Mutter dir das?« fragt Claire besorgt.

»Natürlich erlaubt sie das«, sagt Al. »Gönn dem Jungen eine Pause.«

»Ich möchte, daß du in einer Stunde wieder hier bist«, sagt Claire zu Charlie. »Bleib nicht länger weg.«

Al klopft Charlie auf die Schulter und läßt ihn dann gehen. Charlie läuft hinaus zu seinem Fahrrad, steigt auf und tritt in die Pedale, so schnell er kann. Er radelt lange. Er fährt am Sumpfland vorbei und hinaus auf die Straße zum Strand, wo er nicht fahren darf. Die salzige Luft hier läßt seine Augen brennen; seine Lungen tun weh, wenn er zu tief atmet. Er fährt weiter, als er je allein gefahren ist. Als er umkehrt und zum Teich radelt, ist mehr als eine Stunde vergangen. Seine Großmutter wird wahrscheinlich verrückt, aber das ist ihm egal. Der Weg, auf dem er fährt, ist mit nassen Blättern bedeckt; der Regen gestern abend hat den Boden aufgeweicht, es ist gefährlich, hier radzufahren, aber Charlie fährt nur noch schneller. Um diese Jahreszeit kann man hier Rehe sehen, und manchmal findet man auch frische Einschußlöcher in den *Wildwechsel*-Schildern.

Charlie steigt vom Fahrrad und hockt sich auf den Boden. Ganz gleich, was geschieht, es wird immer zwei Kinder in ihrer Familie geben. Selbst wenn alles, was ihr gehörte, weggeworfen wird, selbst wenn ihre Schränke leer sind, ihr Zimmer wird immer ihr gehören, und immer, wenn ihn jemand fragt, in der Schule oder ein Fremder, den er kennenlernt, wird er sagen: »Ich habe eine Schwester, Amanda«, weil er immer eine Schwester haben wird. Er wird sie noch haben, wenn seine Eltern schon längst alt geworden und gestorben sind, und wenn er je eigene Kinder hat, wird er ihnen alles von ihr erzählen, was ihre Lieblingsmusik war, die Schimpfnamen, die sie ihm gab, damit sie sich auch an sie erinnern.

Mehr als eine Stunde lang sitzt er da neben seinem Fahrrad. Es kümmert ihn nicht, was seine Großeltern denken, er will nicht nach Hause. Als er endlich aufsteht, um näher an den Teich heranzugehen, sinken seine Turnschuhe im Schlamm ein. Er trägt seine Kameraausrüstung in der Sporttasche und setzt sich hin. Es kümmert ihn nicht, daß seine Jeans ganz naß und schmutzig werden, aber er ist behutsam mit der Sporttasche und stellt sie auf eine Stelle mit Kiefernnadeln. Eine lange Libelle mit blauen Flügeln schwebt über dem Wasser. Ein dicker grüner Frosch, der bald für den Winter verschwinden wird, wenn der Teich zufriert, sitzt im letzten Sonnenlicht. Etwas Größeres als ein Frosch bewegt sich in der Teichmitte, und Charlie schleicht leise näher heran. Er öffnet mit einer Hand die Sporttasche, nimmt die Minolta heraus und hält sie ans Auge. Er hört ein surrendes Geräusch, und es dauert eine Weile, bis er registriert, was das ist: ein

Fahrrad, das über nasse Blätter fährt. Charlie läßt die Kamera sinken, dreht sich um und sieht Sevrin, der sein Rad hinlegt. Rasch wendet Charlie sich wieder dem Teich zu und hebt erneut die Kamera. Was immer sich da bewegte, jetzt rührt es sich nicht mehr.

»Deine Großmutter ruft deine Freunde an, weil sie dich sucht«, sagt Sevrin. »Ich dachte mir, daß du hier bist.«

»Glänzende Schlußfolgerung«, sagt Charlie.

»Ja«, sagt Sevrin mit einem Lachen. »Was fotografierst du?«

Sevrin tritt etwas näher an den Teich und verliert auf den schlüpfrigen Blättern fast das Gleichgewicht.

»Weiß deine Mutter, daß du hier bist?« sagt Charlie.

»Nein«, sagt Sevrin abwehrend. »Deine aber auch nicht. Und auch nicht deine Großmutter.«

»Das ist was anderes«, sagt Charlie.

Sevrin setzt sich in einiger Entfernung hin.

»Die Typen in meiner neuen Schule sind Arschlöcher«, sagt Sevrin. »Einer bringt seine Hausaufgaben in einem Diplomatenkoffer in die Schule mit. Ich schwör's dir.«

»Ach ja?« sagt Charlie.

Er schaut scharf auf die Mitte des Teichs. Wenn Amanda hier wäre, würde sie wahrscheinlich schwimmen wollen. Kaltes Wasser machte ihr nie etwas aus. Es wird schnell dunkel, und Charlie greift nach dem Belichtungsmesser in der Sporttasche.

»Die ist doch von Amanda«, sagt Sevrin.

Charlie wendet sich zu ihm um und starrt ihn an. »Na und?« sagt er und wartet darauf, daß Sevrin etwas Gemeines über die Sporttasche sagt, weil sie rosa ist.

»Der Dinosaurier-Aufkleber ist gut«, sagt Sevrin.

Charlie dreht sich um und schaut wieder auf den Teich. Am Geräusch hört er, daß Sevrin mit dem Fuß auf den Boden klopft. Das tut er immer, wenn er nervös ist.

»Hör mal, es macht mir nichts aus, wenn du mich haßt«, sagt Sevrin. »Du bist immer noch mein bester Freund.«

Durch die Kamera sieht alles gelber aus, als es ist. Die Schatten wirken dunkler, dauerhafter. Charlie wird nie zulassen, daß er sie vergißt. Nicht in einer Million Jahren.

»Gib mir den Blitz«, sagt Charlie.

Sevrin eilt hinüber zu der Sporttasche und holt das Blitzgerät für ihn heraus.

»Vielleicht solltest du besser heimgehen«, sagt Charlie. »Deine Mutter macht sich sicher Sorgen. Du verschwendest bloß deine Zeit. Ich hab' die Schildkröte nicht mehr gesehen, seit wir zum letzten Mal hier waren.«

Sevrin denkt sorgfältig darüber nach. »Das ist okay«, sagt er. »Wenn jemand sie sieht, dann sind wir es.«